全国交通运输职业教育教学指导委员会规划教材
教育部中等职业教育汽车专业技能课教材

Qiche Xiaoshou Liucheng

汽车销售流程

全国交通运输职业教育教学指导委员会
中国汽车维修行业协会   组织编写

李雪婷 主　编
崔　丽 副主编

人民交通出版社股份有限公司
China Communications Press Co.,Ltd.

内 容 提 要

本书全国交通运输职业教育教学指导委员会规划教材,全书共九个项目,内容包括:汽车销售流程概述、客户开发流程、接待客户流程、需求分析流程、车辆推介流程、异议处理流程、成交签约流程、交车流程、汽车销售系统。

本书可作为中等职业学校汽车整车与配件营销等专业的教材,也可供汽车销售从业人员参考阅读。

图书在版编目(CIP)数据

汽车销售流程 / 李雪婷主编. —北京:人民交通出版社股份有限公司, 2017.7

全国交通运输职业教育教学指导委员会规划教材. 教育部中等职业教育汽车专业技能课教材

ISBN 978-7-114-12442-6

Ⅰ.①汽… Ⅱ.①李… Ⅲ.①汽车—销售—中等专业学校—教材 Ⅳ.①F766

中国版本图书馆 CIP 数据核字(2015)第 192387 号

书　　名:	汽车销售流程
著 作 者:	李雪婷
责任编辑:	刘　洋
出版发行:	人民交通出版社股份有限公司
地　　址:	(100011)北京市朝阳区安定门外外馆斜街 3 号
网　　址:	http://www.ccpress.com.cn
销售电话:	(010)59757973
总 经 销:	人民交通出版社股份有限公司发行部
经　　销:	各地新华书店
印　　刷:	北京虎彩文化传播有限公司
开　　本:	787×1092　1/16
印　　张:	15.25
字　　数:	337 千
版　　次:	2017 年 7 月　第 1 版
印　　次:	2024 年 1 月　第 3 次印刷
书　　号:	ISBN 978-7-114-12442-6
定　　价:	36.00 元

(有印刷、装订质量问题的图书由本公司负责调换)

编审委员会

主　　任： 王怡民(浙江交通职业技术学院)

副 主 任： 刘建平(广州市交通运输职业学校)　　杨经元(云南交通技师学院)
　　　　　　赵　琳(北京交通运输职业学院)　　　张京伟(中国汽车维修行业协会)
　　　　　　陈文华(浙江交通职业技术学院)　　　王凯明(中国汽车维修行业协会)

特邀专家： 朱　军(中国汽车维修行业协会)　　　魏俊强(北京祥龙博瑞汽车服务有限公司)
　　　　　　张小鹏(庞贝捷漆油(上海)有限公司)　　刘　亮(麦特汽车服务股份有限公司)

委　　员： (按姓氏笔画排序)

毛叔平(上海市南湖职业学校)　　　　　　王　健(贵阳市交通技工学校)
王彦峰(北京交通运输职业学院)　　　　　王　强(贵州交通职业技术学院)
占百春(苏州建设交通高等职业技术学校)　刘新江(四川交通运输职业学校)
刘宣传(广州市公用事业技师学院)　　　　齐忠志(广州市交通运输职业学校)
吕　琪(成都工业职业技术学院)　　　　　李　青(四川交通运输职业学校)
李雪婷(成都汽车职业技术学校)　　　　　李春生(广西交通技师学院)
李文慧(新疆交通职业技术学院)　　　　　李　晶(武汉市东西湖职业技术学校)
陈　虹(浙江交通技师学院)　　　　　　　陈文均(贵州交通技师学院)
陈社会(无锡汽车工程中等专业学校)　　　张　炜(青岛交通职业学校)
杨永先(广东省交通运输高级技工学校)　　杨承明(杭州技师学院)
杨建良(苏州建设交通高等职业技术学校)　杨二杰(四川交通运输职业学校)
陆松波(慈溪市锦堂高级职业中学)　　　　何向东(广东省清远市职业技术学校)
邵伟军(杭州技师学院)　　　　　　　　　周志伟(深圳市宝安职业技术学校)
林育彬(宁波市鄞州职业高级中学)　　　　易建红(武汉市交通学校)
林治平(厦门工商旅游学校)　　　　　　　胡建富(浙江交通技师学院)
赵俊山(济南第九职业中等专业学校)　　　赵　颖(北京交通运输职业学院)
荆叶平(上海市交通学校)　　　　　　　　郭碧宝(广州市交通技师学院)
姚秀驰(贵阳市交通技工学校)　　　　　　崔　丽(北京市丰台区职业教育中心学校)
曾　丹(佛山市顺德区中等专业学校)　　　蒋红梅(重庆市立信职业教育中心)
喻　媛(柳州市交通学校)

秘书组： 李　斌　翁志新　戴慧莉　刘　洋(人民交通出版社股份有限公司)

前言

为深入贯彻落实全国职业教育工作会议精神和《国务院关于加快发展现代职业教育的决定》，促进职业教育专业教学科学化、标准化、规范化，教育部组织制定了《中等职业学校专业教学标准（试行）》。全国交通运输职业教育教学指导委员会具体承担了汽车运用与维修（专业代码082500）、汽车车身修复（专业代码082600）、汽车美容与装潢（专业代码082700）、汽车整车与配件营销（专业代码082800）4个汽车类专业教学标准的制定工作。

根据教育部《关于中等职业教育专业技能课教材选题立项的函》（教职成司函[2012]95号）文件精神，人民交通出版社申报的上述4个汽车类专业技能课教材选题成功立项。

2014年10月，人民交通出版社联合全国交通运输职业教育教学指导委员会、中国汽车维修行业协会在北京召开了"教育部中等职业教育汽车专业技能课教材编写会"，并成立了由全国交通运输职业教育教学指导委员会的领导、中国汽车维修行业协会的领导、知名汽车维修专家及院校教师组成的教材编审委员会。会上，确定了4个汽车类专业34本教材的编写团队及编写大纲，正式启动了教材编写。

教材的组织编写，是以教育部组织制定的4个汽车类专业教学标准为基本依据进行的。教材从编写到成稿形成以下特色：

1. "五位一体"的编审团队。从组织编写之初，就本着"高起点、高标准、高要求"的原则，成立了由国内一流的院校、一流的教师、一流的专家、一流的企业、一流的出版社组成的五位一体的编审团队。

2. 精品化的内容。编审团队认真总结了中职院校的优秀教学成果，结合企业的职业岗位需求，吸收发达国家的先进职教理念。教材文字精练、插图丰富，尤其是实操性的内容，配了大量实景照片。

3. 理实一体的编写模式。教材理论内容浅显易懂，实操内容贴合生产一线，将知识传授、技能训练融为一体，体现"做中学、学中做"的职教思想。

4. 覆盖全国的广泛适用性。本套教材充分考虑了全国各地院校的分布和实际情况，涉及的车型和设备具有代表性和普适性，能满足全国绝大多数中职院校的实际需求。

5. 完善的配套。本套教材包含"思考与练习"、"技能考核标准"，并配有电子课件和微视频，以达到巩固知识、强化技能、易教易学的目的。

《汽车销售流程》是本套教材中的一本。与传统同类教材相比，本书不过度强调销售理论知识的系统性和全面性，而是从实际工作任务出发，根据教学目标和任务要求，将各个知识点分解成实际工作任务，以企业岗位标准为学生检验考核标准，以学习任务为线索，模拟真实工作情景，强化学生操作技能。

本书的编写分工为：成都汽车职业技术学校的李雪婷编写了项目一～项目四，成都汽车职业技术学校的李顺华编写了项目五，成都汽车职业技术学校的毛建编写了项目六，成都汽车职业技术学校的马泽编写了项目七，北京丰台职业教育中心的崔丽编写了项目八，成都汽车职业技术学校的薛元老师编写了项目九。全书由成都汽车职业技术学校的李雪婷担任主编，由北京丰台职业教育中心的崔丽担任副主编。

限于编者水平，又是完全按照新的教学标准编写，书中难免有不当之处，敬请广大院校师生提出意见建议，以便再版时完善。

编审委员会
2016 年 3 月

目录 Contents

项目一　汽车销售流程概述 ······················ 1
　学习任务 1　顾问式销售 ······················ 1
　学习任务 2　汽车销售流程 ···················· 13

项目二　客户开发流程 ·························· 24
　学习任务 3　集客活动 ························ 24
　学习任务 4　电话及网络客户开发 ·············· 33

项目三　客户接待流程 ·························· 42
　学习任务 5　接待前准备 ······················ 42
　学习任务 6　接待客户 ························ 52

项目四　需求分析流程 ·························· 64
　学习任务 7　需求分析流程 ···················· 64

项目五　车辆推介流程 ·························· 83
　学习任务 8　汽车产品介绍流程及要点 ·········· 83
　学习任务 9　六方位绕车介绍 ················· 104
　学习任务 10　试乘试驾 ······················ 123

项目六　异议处理流程 ························· 134
　学习任务 11　客户异议类型 ·················· 134
　学习任务 12　客户异议处理技巧 ·············· 144

项目七　成交签约流程 ························· 154
　学习任务 13　签订购车合同 ·················· 154
　学习任务 14　一条龙服务 ···················· 164

项目八　交车流程 ····························· 184
　学习任务 15　新车 PDI 作业 ················· 184
　学习任务 16　车辆交付 ······················ 194
　学习任务 17　跟踪服务 ······················ 204

项目九　汽车销售系统 ························· 212
　学习任务 18　操作汽车销售单 ················ 212
　学习任务 19　操作一条龙服务 ················ 224

参考文献 ····································· 236

项目一　汽车销售流程概述

学习任务1　顾问式销售

学习目标

★ 知识目标
1. 掌握顾问式汽车销售的概念；
2. 掌握汽车销售岗位的基本工作内容。

★ 技能目标
1. 能够区别顾问式汽车销售与传统汽车销售的不同；
2. 能运用顾问式销售的理念分析汽车销售工作。

建议课时

4课时。

在许多企业中，一般都会有一个令人尊敬的法律顾问；在不少家庭里，一般都会有一个值得信赖的医生顾问。法律顾问在为企业提供法律服务、法律支持的同时获得一定的报酬；家庭医生顾问在为一个家庭提供医药服务及健康咨询的同时获得相应的报酬。那么，在法律顾问给出建议的时候，是否会让人觉得是在推销呢？当然不会。医生顾问在为家庭成员推荐药品的时候，是否会被认为是在推销呢？当然也不会。因为在大家心中，他们是专业的、诚实的，值得我们信赖的。同样，作为一名汽车销售人员，你是否仅限于做一名产品推销员呢？还是要成为客户的专业汽车销售顾问呢？今天我们就一起来学习顾问式销售。

一 理论知识准备

（一）顾问式汽车销售

❶ 传统的汽车销售

在传统的汽车销售中，由于市场和消费者的不成熟，销售的竞争往往是价格的恶性竞争，销售过程关注更多的是产品（Product）、价格（Price）、渠道（Place）、促销（Promotion）（以下简称"4P"），汽车销售只是卖出汽车或服务换取报酬，没有关注客户的真实需求，汽车销售人员的兴奋点在所销售的汽车产品上，强调的是销售人员和企业的盈利，忽视了销售过程中对客户的服务，也忽视了客户的利益，这种销售我们称为传统汽车销售。随着市场竞争的加剧，这种销售方式和销售理念将逐渐淡出，取而代之的是顾问式汽车销售。

❷ 顾问式汽车销售

实际上客户花钱买的不单是汽车产品本身，而是汽车带给他们解决问题的好处，同时还更在意购买汽车产品过程中所享受到的服务。随着汽车销售市场和消费者的不断成熟，汽车销售也由传统的 4P 观念转向 4C 观念，即客户需求（Customer-need）、成本（Cost）、便利性（Convenience）、与客户的沟通（Communication），汽车市场的竞争也由价格竞争转向服务的竞争。现在，汽车销售是在满足客户需求的基础上进行的，根据客户需求，提供汽车产品及服务换取应得的报酬，同时让客户在购买汽车过程中感到满意，实现客户与汽车销售企业的双赢。这种销售，我们称之为顾问式汽车销售。顾问式汽车销售的前提是要发现客户的潜在需求，并通过汽车销售过程中的服务满足客户的这些需求，最终创造企业、销售人员、客户的共赢局面。

❸ 顾问式销售与传统销售的区别

我们首先来看两个关于"如何将梳子卖给和尚"的案例。

【案例1】　王婆式：简单的推销，就产品论产品

推销员拿着梳子到几家寺院简单推销，一把也没卖出去，只是在下山时见到一个和尚一边晒太阳一边挠着又脏又硬的头皮，他见状忙递上一把梳子，小和尚用后很高兴，当即买下一把。

【案例2】　诸葛式：帮助客户提出解决方案

推销员找到一座遐迩闻名香火很旺盛的寺庙对方丈说："这么多心诚的朝拜者，购票买香还买纪念品，是寺院的财神。如果方丈对这些善男信女有所馈赠，定能温暖人心，招来更多的回头客。再说方丈的书法超群，可以在梳子上题写'积善梳'三个字，让人们带着题字梳子将佛教的真善美广传天下。"方丈听后大喜，当即买梳子 1000 把，并同卖梳子者一起进行向行香客赠梳子的仪式。寺庙向香客赠梳子施善之事不胫而走，吸引着朝圣者纷纷而来，寺庙香火越来越旺，方丈乐开了怀，又找到卖梳人续签合同，保证今后让他源源不断地供梳子。

从两个案例中我们不难看出，虽然都是向和尚推销梳子这个看似比较滑稽的销售任务,但销售模式与销售理念不同,势必带来截然不同的效果。传统销售如王婆式推销,单纯推销产品,强调产品本身的好处及作用,完全忽略客户需求。而顾问式推销则通过帮助客户发现其潜在需求,并通过提供的产品极大地满足了客户的需求,最终实现共赢。

顾问式汽车销售与传统汽车销售的不同点,如图1-1所示。

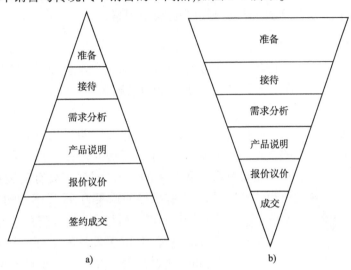

图 1-1　顾问式销售与传统销售的不同
a)传统汽车销售；b)顾问式汽车销售

从图1-1中可以看出,图1-1a)是传统销售,图1-1b)则是要向大家介绍的顾问式销售。不难看出他们所用的销售流程都是一样的,所不同的是销售人员在每个阶段所用的时间和耗费的精力。顾问式销售注重的是前期准备工作,有自身的销售资料的准备,名片及销售工具齐全,尽可能多的收集客户方面的资料。顾问式销售还重视客户的了解与分析,做到满足客户需求排除异议,帮助客户为其选择最合适的产品。在这种销售模式下,由于前期工作的到位,从而大大减少了在议价成交阶段的时间,使销售人员更容易与客户达成协议。综上所述,学习顾问式销售最重要的目的在于提升销售成交比例,强化销售流程。

❹ 销售顾问的附加值

传统上,销售人员因为销售产品而得到适当报酬,在此情况下,产品是报酬高低的关键。但是,如果我们从另外一个角度来思考,销售人员是因为提供服务给客户而得到适当的报酬,那么,销售酬劳的来源可能就不只是产品销售,任何相关的物件或服务都有可能是收入的来源。也就是说,对客户服务的质量优劣就成为报酬高低的关键。

附加价值是一个值得探讨的话题,它就如同"功劳"与"苦劳"的关系。如果你作为一名销售顾问将工作按照要求如期完成后,老板会支付适当的薪水给你,这是为了表示对你辛勤劳动的补偿,但这并非是造就你获取薪水和升职的关键。值得注意的是,除了你应做的工作外,你是否能创造出你工作之外的附加价值？根据调查显示,一名销售顾问只要能让客户认为他有五项以上的附加价值,则其成交的契机将会比一般人多出3～5倍。那么,附加价值对销售顾问而言又代表什么呢？实际上,创造客户满意服务的独特卖点正是销售顾问的附加价值。常见的独特卖点是：第一次就将工作做好；能控制问题；说"是的，我们能做好"，要有积极主动的态度；按照客户的要求去做，但要做得更好，亦即超出客户的期望；不要轻易丢掉一位客户；我们回答一位客户的询问、解决一位客户的问题，都会使客户以不同的角度认识我们；不要只是被动地应付问题，要预期问题的发生；做好每一件事情，就需要一定的程序，而此程序就是过去经验的积累。

（二）汽车销售的三要素

一个汽车销售的完成，通常要了解构成汽车销售的三个要素：客户对汽车产品及服务的信心，客户对汽车产品和服务的需求，客户是否具备购买力。我们称之为信心、需求、购买力（图1-2）。

图1-2　销售三要素

客户只有有了需求，才会考虑购买相应的产品和享受相应的服务。有了需求后，还要考虑对产品和服务的信心。有了需求但没有对产品和服务的信心，同样不会有购买意愿。有了需求和信心后，如果没有足够的购买力，同样不能购买产品和享受服务，也就不会产生销售。所以，构成销售的三个要素缺一不可。在汽车销售的过程中，销售人员的主要工作就是挖掘和创造客户的需求，同时建立客户对汽车产品及服务的信心，进而促使客户购买，最终达成汽车销售的完成。

比如一位家长因接送孩子上学的需要考虑购买一辆汽车（需求），他首先会根据自己的经济情况（购买力）确定所购买车辆的价格区间，然后会根据自己掌握的信息考虑汽车的品牌和在哪家4S店购买（对产品和企业的信心）。在汽车销售的这三个要素中，汽车销售人员能够影响的往往是客户购买的信心和挖掘客户真实的需求，而对于购买力的影响往往作用较小。

❶ 信心

客户对产品的信心往往建立在产品本身、品牌、企业信誉、服务人员等因素上。所以企业和汽车销售人员最需要做的就是建立客户对产品的信心，要不然客户就不会购买我们的产品，或者不通过我们的店（或不通过某个销售人员）购买。

❷ 需求

客户的需求分为感性需求、理性需求、主要需求、次要需求等。客户表面上告诉我们的需求，往往是他本人真实需求的一部分（图1-3）。所以挖掘客户的真实需求，对客户需求进行分析，帮助客户购买到真正符合他的汽车产品，也是汽车销售人员的本质所在。另据调查，大多数客户是不知道自己的真实需求的，他们购买汽车产品的决定中感性需求占的比例很大。所

图1-3　需求的冰山模型

以汽车销售人员要学会创造客户的需求并分析客户的需求,帮助客户一起分析购车的用途、用车的成本、购买后能给客户带来的价值等,使其买到真正符合其需求又称心如意的汽车,从而体现汽车销售人员作为售车顾问的价值。

3 购买力

客户的购买力取决于他的"决定权"和"使用权"。汽车销售的完成,一定要看客户的购买力,要帮助客户一起分析他的购买力,同时让客户去影响决定他购买力的人或者建议客户采用汽车贷款和汽车金融的方式提前消费。

(三)顾问式汽车销售人员需要具备的工作理念

理念可以指导工作,理念可以帮助摆正工作的心态,作为一名汽车销售顾问,应该具备哪些先进的工作理念呢?汽车经销店的利润来源于销售,不论是售前、售中还是售后,汽车销售人员无时无刻不处在销售自己、销售公司、销售品牌的过程中。因此,汽车销售人员在与客户接触的各个关键点,应全力提高客户的满意度,取得客户的信赖,发现潜在客户的需求并满足这些需求,创造双赢的局面,这就是商家倡导的"客户关怀"的顾问式的销售理念(图1-4)。

图1-4 汽车销售核心——"客户关怀"理念

通过前面的分析,我们发现顾问式汽车销售更关注客户的需求和满足客户的需求,强调销售过程的服务和让客户满意。客户满意是评价销售活动质量的尺度,销售人员应与客户建立良好的关系,不断扩大自己的销售业务,高质量的产品和高质量的销售服务则是达成客户满意的关键因素。

客户满意度是每个汽车品牌和厂家都在关注的一个工作指标,客户满意度的提升将会给企业带来极大的利润提升空间,因此汽车销售人员一定要将客户满意度这个工作理念时刻放在自己的工作过程中。客户满意度是"客户的期望"与"客户的实际体验"相对比的结果。它不是一个绝对值,而是一个相对值,客户满意度与客户的期望和现实中客户所获得的现实体验有很大的关系。客户满意度不是一个瞬间值,而是一项需要长期进行的管理工作，它只会在踏实的日常管理中不断提升。提升客户满意度，关键要转变观念，主要体现在以下3个方面。

❶ 客户期望值与客户满意度

客户购买产品或服务时常会体验到满意、失望、感动等心理感觉。这些心理感觉，是客户内心的期望值与实际值经过比较得出的一种心理体验。客户根据已有的体验，掌握的信息或通过别人的介绍对即将要购买的产品和服务有一种内心的期待，这种内心的期待值我们称之为客户的期望值。企业或工作人员现实给予客户的体验我们称之为客户的实际体验值，期望值与实际值的比较，客户可以有三种不同的心理感觉：失望、满意、感动。

客户如果对产品或服务感觉到失望了就绝不会再回来购买；客户如果对产品或服务感觉满意时可能会回来，也可能会尝试其他的产品或服务；客户如果对产品或服务感动时，大多数时候会再次光临。所以我们要尽量超越客户的期望值(图1-5)。

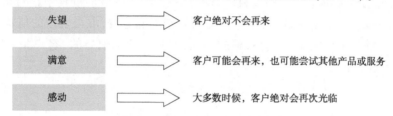

图1-5　客户心理感觉对销售的影响

如何超越客户的期望值？根据对期望值的理解我们发现要想让客户满意或感动有两种方法：一是降低客户的期望值；二是提高给客户的实际值。不花钱也能超越客户期望值的方法：记住客户的姓名、情况；记住客户的生日、结婚纪念日，打电话表示祝贺；态度热情、保持微笑、工作勤奋；整洁的环境，个人清洁；迎送客户；24h电话随时有人接听。花钱不多超越客户期望值的方法：赠送小礼品、卡片、饮料、茶水、报刊、音乐、药品、免费的工作午餐；统一制服，形象；接送客户的服务；提供幽雅的环境；节日、生日给有记录的客户送鲜花、礼物。

❷ 关键时刻(MOT)的概念

在竞争日益激烈的市场，产品本身所能带给客户的感动已不是非常明显，在众多的汽车销售公司里，由于每种品牌、每种型号的汽车，都以完全相同的规格出厂，汽车本身的品质事实上都是大同小异的，无论是性能或是价格，那么怎样使客户在众多汽车销售公司里选择在你的展厅购买，这就取决于客户是否能够在你这里得到超越期望值的感动！在你提供服务给客户，以期望取得客户的满意与感动时，我们提出这样一个概念：关键时刻(MOT)的概念。

我们举几个其他行业的小故事，以更加具体深刻的了解关键时刻的重要性。

(1) 某年，瑞典航空公司由于管理、经营等各方面的因素面临严重的危机，经由瑞典航空公司上级决定，立即聘用一位新执行总裁，新总裁所做的第一个决策便是提升服务品质。曾有一位旅客在检票档口突然发现机票不见了，检票小姐立即做出反应，安定旅客焦虑的心情，让旅客静心回想机票放到了哪里，当旅客回忆起机票可能落在宾馆房间时，检票小姐立即为该名旅客补票,旅客上飞机后,检票小姐马上通知相关人员去宾馆寻找,旅客的机票确实留在了房间的桌上。

新总裁赋予了检票小姐为旅客补票的权力,大大提高了服务人员为客户服务的质量与效率,新总裁为此定义:任何一名员工与客户接触的机会都是提升服务品质的关键时刻。

(2)曾有位朋友喜欢在咖啡店里完成他的一些作业,随机选择了一家咖啡店,而那家咖啡店确实给了他感动的服务:

"欢迎光临!您好,请问先生几位?"

"您需要用电脑吗?我带您去有插座的位子。"

"请问您是否需要上网"

服务生简单的几句话着实超出了这位朋友的期望值。虽然并非只有这样一家咖啡店,但在以后相当长的一段时间内,他会决定来这家店,而不再去尝试其他的咖啡店。

这些互相接触的短时间内的真实一刻,都发挥着它的重要作用,我们称之为关键时刻。正是这些小小的一刻给客户留下了小小的印象,许许多多的小印象最后形成了客户大大的印象。

由此可见,客户最终的购买决定是由许许多多个真实一刻决定的。重视汽车销售活动中每个小小的一刻(图1-6),让客户留下小小的印象,从而在购买时做出小小的决定。这些小小的决定最终会影响到客户最终的购买决定,所以汽车销售人员在销售过程中要关注客户需求的细节。

❸ 舒适区的概念

日常生活中,做一些每天自己都在做的事情,我们感到毫无压力;回到自己的家我们感到很舒适。这是因为这些事和空间是我们所熟知的,我们称这些自己熟知的事情和空间是我们的舒适区(图1-7)。在自己的舒适区内人们会感觉很舒适。相反在舒适区外时,人会有一种不确定、未知的感觉。比如去别人的家做客我们就会感到拘谨,因为自己的家是自己的舒适区,别人的家是别人的舒适区。

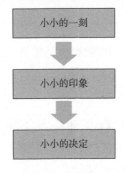

图1-6 关键时刻

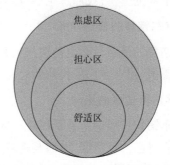

图1-7 舒适区的概念

客人进入展厅后,由于没有熟悉认识的人,对环境也感觉陌生,这种状况可能会导致焦虑情绪的产生;客户在与销售人员还未产生信任关系时,客户会担心选错品牌,担心价格买贵了,担心产品是否会有瑕疵等,此时客户处于担心区内。在舒适区这个阶段,由于客户与销售顾问已建立了一定的信任关系,客户对于销售顾问的服务也产生了信心。

把这个概念引入到汽车销售服务中,我们就会发现,经销店的销售大厅对汽车销售人员来说是舒适区,对客户来讲就是客户的担心区或者焦虑区,客户会感觉到不自在,所以站在客户的角度考虑,销售人员要通过自己热情的服务尽快将销售大厅变为客户自己的舒适区,让客户放松下来,而不要自我暗示经销店是自己的地盘,不管客户的感受。

舒适区的概念是一个重要的销售理念,它的目的就是提供无压力的销售环境。在三个阶段内销售顾问要分别能做到:

(1)在客户的焦虑区内要关心客户。在焦虑区中,从迎接客户开始,建立良好的第一印象以后,并非要直切主题,可与之闲聊,让客户与销售人员有一见如故的感觉。

(2)在客户的担心区内要影响客户。在担心区中,对客户真诚的态度,对各种产品的了解,对市场的熟悉,以及销售人员的专业知识,都开始慢慢对客户产生一种影响力。

(3)在客户的舒适区内要控制客户。在舒适区中,销售顾问需要更多地了解客户,了解购买需求,并为其提供合理建议,满足客户的需求,增加客户对销售顾问的信任感。所以,销售顾问要以最快的速度使客户达到舒适区,客户一旦进入舒适区,那么接下来的销售工作就更容易开展。

我们要从客户及销售员两个角度来讨论舒适区内、外他们的感受及行为。客户进入汽车展厅问的第一个问题往往是这车多少钱?"多少钱"表面上看是购买力的问题,其实不是。但为什么很多不同的客户都会问这同样的问题呢?因为客户进入展厅,展厅里的一切对他来说不是舒适区,他要寻找舒适区,要询问自己购买车辆的心理价位。当得到的答案是这么贵,马上退回到他们的舒适区。因为他们并不了解产品,也没有得到应有的服务。由此看出,经销店和汽车销售人员要多从客户的角度看自己的服务,最大限度地扩大客户的舒适区。

(四)顾问式汽车销售的原则

通过上面的分析,我们总结出顾问式汽车销售的原则。

❶ 汽车销售的最终目标

汽车销售的最终目标是销售人员和客户的双赢。在这个原则的执行中要与前面介绍的超越期望值、建立客户的长期的忠诚联系起来执行。

❷ 善用舒适区的概念

在汽车销售过程中要善于将舒适区的理念应用到销售过程中,解决客户心中的不安,建立起客户自己的舒适区,增加与客户的沟通空间和缩小与客户之间的距离。并与大家公认的标准、价值观联系起来,用对客户的坦诚赢得客户的信任和信心。

❸ 时刻把握客户的需求

在汽车销售过程中识别并挖掘客户的真实需求是第一位的工作,汽车销售人员要善于辨别并理解客户的需求和他的购买动机,在整个销售过程中要集中在客户的需求上,并与销售的三要素、舒适区等概念联系起来。

项目一 汽车销售流程概述

❹ 帮助客户做出正确的决定

顾问式销售与传统销售最大的区别就是不强硬地进行推销,而是将舒适区及期望值的概念和理念应用到销售的实际工作中,从帮助客户的角度出发尽可能多的提供客户需要的购车资讯,解除客户心中的购车疑虑,帮助客户做出购车的决定。

❺ 超越客户期望值

提高客户的满意度会增加销售的成功机会,汽车销售人员在销售的每个环节和细节要时刻想到超出客户的期望值,以此激发出客户的热情,建立长期的客户关系,并通过客户的转介绍提升汽车销售人员的销售业绩。

二 任务实施

❶ 准备工作

(1)场地准备:汽车营销实训场地(模拟汽车专营店销售展厅)。

(2)人员准备:根据学生人数分为汽车营销小组。

(3)任务设定:上海通用别克公司正在推广一款新君越新车,此时一名客户来店咨询,你作为销售顾问,是首推这款新车,还是问清楚客户需求后再为其推荐一款更适合他的车型呢?为什么?顾问式销售应该首先赢得顾客的信任,还是应该首先了解客户呢?为什么?

❷ 技术要求与注意事项

(1)本次任务,明确传统式汽车销售与顾问式汽车销售在销售过程中的区别,重在理解并掌握顾问式销售人员的服务理念,能够在焦虑区内关心客户,在担心区内影响客户,在舒适区内控制客户。

(2)注意把握客户的需求,超越客户的期望值,提升客户满意度。

❸ 操作步骤

(1)客户进店后,提供无压力的销售环境,将客户引入舒适区。

——立即带着微笑问候客户;即使正在做其他工作,也要向客户问候致意;如招待家里的客人那般邀请客户参观展厅。

(2)平易近人的招呼客户,通过进一步的沟通,了解客户需求,帮助客户分析新君越轿车能否满足客户需求,以此取得客户信任,建立客户购车信心。

——记住客户姓名,说话时称呼对方的姓名;不要以貌取人,平等对待客户;说话时彬彬有礼,吐字清晰;正确回答客户的提问;提供资料;适时灵活地随身附和。

(3)用心服务,树立客户至上,一切以客户需求为出发点的服务理念,以期超越客户期望值。

——首先要倾听客户说话;留心倾听客户说话的内容;等客户说完之后再讲述自己的意见;倾听客户讲话时,姿势得体礼貌;不要一直跟着客户,而是在一旁留心观察,等候客户;当客户表示想问问题时,主动上前提供咨询;"看您开车过来的,您开车多少年了";

"咱们先坐下来喝水休息,慢慢聊";"您平时有哪些方面的兴趣爱好"。

三 学习拓展

北京现代——汽车销售客户关系维护指引

(一)如何与客户建立互信的关系

❶ 增加客户好感

(1)健康、漂亮的外表,天生丽质并不是每个人都生来具有的。没有漂亮的面孔没有关系,可以通过"个人的修养、素质、专业知识、诚信、口碑以及良好的服务"等方面来弥补先天的不足。

(2)具有良好的个人修养与专业知识,可以赢得客户对你的尊重与信赖。

(3)真正地把客户的利益放在首位,这也是我们要大力倡导的"以客户为导向"的销售理念。

(4)创造一个安心、舒适、愉悦的销售环境,与客户保持适当的距离。

(5)尊重和重视同来的每一位客户(包括老人和小孩),认真对待和处理客户的每一个问题、意见和建议。

(6)适时正确地运用销售技巧,适时地赞美和感谢客户,努力创造客户满意度。

❷ 做好与意向客户联系的各项准备

(1)备好记有客户姓名、电话号码、信息来源和先前联系记录的文件。销售人员使用"意向客户级别状况表"、"销售活动日报表"、"意向客户管理卡"等对自己的意向客户进行定期的跟踪服务,同时填写登记表并归档。

(2)制定今天要联系的客户名单和最低联系的数量。

(3)与潜在的客户联系,并确定你已找到要找的人,介绍你自己和你专营店详细的情况。

(4)说明你来电的理由,并确认该客户有足够的交谈时间。注意在你们约定的时间内完成交谈,不要随意占用客户的时间。

❸ 以客户为导向,帮助客户解决问题

(1)与客户讨论对车的需求及用途,了解该客户目前所使用车辆的情况。

(2)了解客户购买新车的实际使用人、主要用途及其家庭成员等信息,从而知悉客户需要一部什么样的汽车,为客户选车当好参谋。

(3)给予客户切合实际的建议,以便获得可以相约的机会,例如,提出可以将车开到客户家或办公地点进行试乘试驾。

(4)通过与客户的交流,以你对专业知识的了解,从客户的角度出发,帮助客户解决一些实际问题,让你成为客户的朋友。

(5)建立互信关系后,请客户定下有具体日期、时间和地点的约定。

❹ 建立相关的销售业务表单

①能够赢得客户信任的销售人员,最有可能影响客户的购买决定。

②客户的重要信息及主要的洽谈经过及时记入"销售活动日报表"中。将访问后的客户级别和客户的相关资料结果分别记入"意向客户级别状况表"和"意向客户管理卡"中。

(二)客户关系的维护

(1)客户期望:我希望在我离开之后仍能感受到专营店对我的关心。销售人员在销售汽车过程中,还要做好细致的售后跟踪和优质服务,这样才能换得客户对你长期的信任和友好,才会心甘情愿地帮你介绍新客户。

(2)事先准备好一些精美的"试乘试驾名片",上面印有你的联系电话及可供试乘试驾的车型。交车时,你告诉客户:"如果您的朋友看上了这款车要求试乘试驾的话,您可以把这张'试乘试驾名片'交给他,由我们给他提供试乘试驾服务,这样就可以避免您的新车因情意难却而被别人随便试驾体验了。"

(3)量开发新客户,让相同数量客户购买的金额比别人多,赢得更多的忠诚客户。

(三)提供满意的售后服务

(1)要赢得更多的忠诚客户,销售人员只有做好售后的追踪和服务,才能真正满足客户的需求,赢得客户的信赖和满意。

(2)在客户交车的24h内发出第一封感谢信,传递专营店做事规范、令人满意、值得信赖的良好信息。

(3)在交车后的24h内由4S店的销售经理负责打出第一个电话:一是感谢客户选择4S店并购买该品牌的汽车;二是询问客户对新车的感受,有无不明白、不会用的地方;三是询问客户对4S店、对销售人员的服务感受;四是了解员工的工作情况和客户对4S店的看法及好的建议,以便及时发现问题加以改进;五是及时处理客户的不满和投诉。

(4)在交车后的7天内由售车的销售顾问负责打出第二个电话。内容包括:询问客户对新车的感受;新车首次维护的提醒;新车上牌情况,是否需要帮助;如实记录客户的投诉并给予及时解决,如解决不了,则及时上报,并给客户反馈。

(5)每两个月安排与客户联系一次,其主要内容包括:维护提醒,客户使用情况的了解,选择适当时机与客户互动,增进友谊,变商业客户为真诚的朋友,协助解决客户的疑难问题等。

(6)4S店平常客户关怀活动:免费维护检测活动,经常举办汽车文化讲座和相关活动,新车、新品上市的及时通知,天气冷热等突发事件的短信关怀,遇到客户的生日或客户家人的生日及时发出祝贺等。

四 评价与反馈

1 自我评价

(1)通过本学习任务的学习你是否已经知道以下问题:

①什么是顾问式销售?

②顾问式销售与传统式销售有哪些区别？

_____。

(2)如何做好顾问式销售工作？

_____。

(3)通过本学习任务的学习，你认为自己的知识和技能还有哪些欠缺？

_____。

签名：_____　　____年__月__日

❷ 小组评价（表1-1）

小组评价表　　　　　　　　　　　　　　　　　　　　表1-1

序 号	评价项目	评价情况
1	是否理解顾问式销售	
2	是否能运用顾问式销售的原理分析问题	
3	客户是否对本次服务满意	
4	是否遵守学习、实训场地的规章制度	
5	是否能保持学习、实训场地整洁	
6	团结协作情况	

参与评价的同学签名：_____　　____年__月__日

❸ 教师评价

_____。

教师签名：_____　　____年__月__日

五　技能考核标准（表1-2）

技能考核标准表　　　　　　　　　　　　　　　　　　表1-2

序号	项目	操作内容	规定分	评分标准	得分
1	对顾问式销售的理解	正确掌握顾问式销售的概念及工作原理，分清与传统销售的区别	50分	是否熟悉顾问式销售理念，是否能够阐述顾问式销售与传统式销售的区别	
2	解决客户问题	运用顾问式销售理念，帮助客户解决购车过程中遇到的问题	50分	是否能够运用顾问式销售的原理解决问题并令客户满意	
		总分	100分		

项目一 汽车销售流程概述

学习任务 2 汽车销售流程

 学习目标

⭐ 知识目标

1. 掌握客户购车一般流程；
2. 掌握顾问式汽车销售标准流程各实施环节及标准。

⭐ 技能目标

1. 能够阐述顾问式汽车销售标准流程；
2. 能够分析顾问式汽车销售流程实施要点；
3. 能够说明顾问式汽车销售流程各个环节应对措施。

 建议课时

4课时。

 任务描述

随着汽车行业竞争的加剧，汽车市场逐渐由卖方市场转向买方市场，客户在购买车辆的过程中会越来越看重服务。汽车销售过程是一个比较复杂的过程，对销售过程的控制将会对提高客户的购车满意度起到决定性的作用，为此，各个品牌的厂商都推出了属于自己品牌的汽车销售服务流程及流程标准，立足于将无形的服务进行有形化和可控化，逐渐提高客户对自己品牌的满意度。通过本学习任务的实施完成，同学们将会对顾问式汽车销售流程有更加深刻的认识。

一 理论知识准备

（一）客户购车的一般流程

汽车是一种高科技且价值比较高的产品，其购置过程设计较多的程序和手段，从客户角度来看，购车的一般流程如下。

1 选车

现在，每座城市各种形式汽车的销售企业有很多，最近还出现了网上购车的形式。客户会根据自己的需求、价格定位、品牌喜好查找购买自己喜欢的车。常见的购买地点目前还是以汽车4S店为主。

❷ 交付车款

交付车款一般有四种形式。

(1)全款购车:客户交车款时需要提供相应的证件。汽车经销商提供"汽车销售发票"、"车辆保修手册"、"车辆使用说明书"等材料。

(2)定金购车:客户交定金后与汽车经销商签订《订购合同》,办理好定金手续,等经销商现车到了之后,客户交清车款,再按正常手续提车。

(3)按揭购车:客户首先交首付款,然后再签订合同,等待银行审批、银行放贷后,办理牌照、办理还贷等手续。

(4)二手车置换购车:客户将现有车辆交由第三方进行二手车评估,确定是否置换,确定后将二手车所得支付新车车款,再办理正常手续购车。

❸ 工商验证发票

交付车款后,购车发票需要到就近的工商管理部门盖章验证,这个手续一般由销售顾问代办或陪同一起办理。

❹ 办理保险

保险的办理需要选择相应的保险公司和保险品种,可以选择在4S店办理,也可以由客户自己联系车辆保险公司办理。

❺ 缴纳车辆购置附加费

购买新车时,需要到相应的车辆购车附加费缴纳网店缴纳相关费用,目前大多数车辆购置附加费由4S店算进购车款,代为缴纳。

其他的流程还有领取机动车牌照、办理备案手续等。

(二)汽车销售人员工作职责

汽车销售服务企业设立专门的汽车销售部门,通过专门的汽车销售服务人员提供客户的接待、汽车的介绍、相关购车手续的办理等服务,以此得到客户的满意。这里仅以汽车销售服务部门的两个典型岗位为例进行说明。

❶ 销售顾问的岗位职责

销售顾问的岗位职责主要有以下几方面。

(1)开发新客户(展厅接待/陌生拜访),完成销售主管下达的任务。

(2)对客户进行有效管理,让客户满意,培育忠诚客户。

(3)负责向客户介绍车辆的主要性能和价格。

(4)负责向客户说明购车程序并协助客户办理相关手续。

(5)负责签订订单,负责对有望客户和成交客户的跟踪回访。

(6)负责竞争对手资料信息搜集、处理、分析和反馈。

❷ 销售主管的岗位职责

销售主管的岗位职责主要有以下几方面。

(1)带领销售顾问完成销售经理下达的任务,做好展厅内的销售工作。

(2)分析销售个案,协助销售顾问成交。

(3)汇集销售信息,建立客户档案,并对客户进行分级和分类。

(4)检查公司和销售部各项有关流程和规章的执行情况。

(5)负责市场信息搜集、处理、分析和反馈。

(三)销售人员应具备的工作能力

❶ 工作态度

良好端正的工作态度是销售人员首要的工作能力要求,具体要求如下。

(1)对待客户的态度:站在客户的角度,帮助客户作正确的选择。

(2)对待销售的态度:对待销售工作就像对待个人爱好一样,赋予其精力、热情、期待、投入,并从中获得乐趣。

(3)对待企业的态度:销售人员要对企业忠诚,有与企业互利、共存的态度。

❷ 具备知识

销售人员要具备扎实的专业知识和行业知识,基本要求如下。

(1)行业内知识:主机厂及汽车品牌的历史、理念和品牌背景的优势;汽车市场状况和趋势;产品主要卖点、配置、技术指标、奖项等知识;竞争对手信息。

(2)跨行业知识:金融、股票、体育、经济、时事、地理、风俗、习惯、人文等。

(3)商务礼仪知识:仪容仪表、接待、沟通、表达等礼仪。

❸ 工作能力及技巧

汽车销售人员在具备相应的专业知识外,还应在工作实践中积累并提高自己的工作能力。例如:潜在客户开发能力、展厅销售能力、集团客户(大客户)销售能力、抗拒处理能力、客户抱怨处理能力、客户管理与跟踪能力等。

(四)汽车销售顾问的工作内容

汽车销售顾问在经销店内的主要工作是执行顾问式的销售流程。目前,每个汽车品牌都有自己的销售流程,但是主体上都是根据顾问式销售流程结合本品牌汽车特点发展而来的。销售服务流程是确保工作达到预期效果的手段和基础,流程为销售及售后业务的运营提供了正确的行为规范和业务标准,同时也为管理提供详尽的检查要点。"客户关怀"的顾问式销售流程,为经销商提供了一个很好的销售和售后平台。

二 任务实施

❶ 准备工作

(1)根据学生人数分为学习小组若干。

(2)每小组选定任一汽车品牌,可通过实地调研、查阅资料、问卷调查等多种方式搜集该品牌销售流程案例。

(3)总结归纳该品牌标准销售流程。

❷ 技术要求与注意事项

(1)调研工作分工明确。

(2)该品牌销售标准流程具有一定代表性。

(3)在整个过程中注意对顾问式销售工作的全方位体验。

❸ 操作步骤

下面以长城汽车标准销售流程为例说明顾问式销售流程的各个环节。

长城汽车各专营店遵循长城汽车制定的标准销售流程,将销售顾问与客户接触过程中的每一个步骤都设立标准的行为要求。销售顾问按要求执行,都能给客户留下真诚、专业、积极的正面印象,有效建立客户的信任,不断满足并超越客户期望值。在为客户提供专业的销售服务的同时,确保专营店与客户间建立信任的、共享喜悦的长期关系。

(1)潜在客户开发流程。

①客户期望。我只想和诚实可信并理解我时间宝贵的人打交道;我希望通过各种途径保持与4S店的联系,例如:车主俱乐部、爱车讲堂、车辆巡展等执行流程。

②执行流程及行为标准。

a.销售顾问了解潜在客户:来电/到店的客户、保有客户推介、户外活动(车展、巡展等)、维修的外来客户、沿街拜访、跨行业交叉合作、个人或他人社会关系推介的客户、互联网方式收集的客户信息、同行业推介等。

b.制订潜在客户开发计划:销售顾问根据自己的销售任务和目前成交率来确定需要开发多少潜在客户,制订本月的《潜客开发计划书》上报销售经理。

c.确定潜在客户优先等级:根据客户的主动性、信息来源的准确性、客户登记时间等因素在《潜客开发计划书》中确定跟进客户的先后顺序。

d.潜在客户开发的方法:车辆展示法、关系拓展法、网络行销法、客户推荐法、同业交流法等。

e.开发前准备工作:准备好潜在客户开放前的名单及相关资料(名片、笔、本、小礼品、产品介绍、公司优势介绍、竞品对比信息、报价清单等)。

f.与潜在客户建立关系:通过电话与潜客建立联系,询问客户对汽车的需求(潜客用车情况、车辆用途等),找到实际的潜在购车者。

g.邀约潜在客户:建立良好关系后,邀约客户到店赏车,一定要与客户确定具体日期和时间,如果客户拒绝邀约可采用上门拜访。

h.记录潜客信息:将有关该客户的重要信息和谈话内容都记入《客户管理卡》中。

(2)售前准备流程。

①客户期望。我只对干净、整洁的专营店产生进店愿望;我只对专业的销售人员才能

产生信任。

②执行流程及行为标准。

a. 知识素养准备：汽车行业状况、国家与地方政策、竞争对手信息、汽车的历史、品牌含义、曾获奖项等、长城汽车主要卖点、配置变化、技术优势等。

b. 仪容仪表准备：必须穿着公司统一配发的服装、胸牌（实习人员胸牌一定标明实习字样）；销售办公室设置一面整容镜，每天晨会前整理仪容仪表。

c. 销售工具准备：准备名片、笔（红、黑各一支）能正常使用；准备好常用的表单资料，每类表单保证至少有10页空白，能持续记录。

d. 饮料茶水准备：展厅内必须准备3种以上的饮料；保证纸杯的充足，纸杯不少于20只，准备好托盘，人多时使用。

e. 车辆准备：展车保持正常销售状态，按《长城汽车终端布置标准》执行；试乘试驾车每天进行清洁，符合《长城汽车终端布置标准》。

f. 排班准备：做好前台轮班人员的安排，制定《前台轮班表》，保证展厅内有两人接待；做好当日值班人员的安排；值班人员应每小时巡视展厅一次。

g. 电话准备：销售热线营业时间安排值班人员接听，非营业时间有转接功能。

h. 展厅准备：检查展车及展厅内部环境整洁与否；展厅卫生有专人维护，自8:30开始（依据当地作息时间），每隔2h对展厅进行一次维护；展厅内音响、温度、绿化符合《长城汽车终端布置标准》；销售经理每日9:00之前使用《营业前5S检查表》对展厅实施检查，如有问题立即整改。

(3) 客户接待流程。

①客户期望。我希望打电话咨询时，电话很快接通，直接由人工接听，疑问迅速解决，获得更多感兴趣的信息；我希望在走进展厅时有销售顾问接待，得到我希望的服务，而不是被强拉来听介绍，即使不购车，希望离开时也能受到重视。

②执行流程及行为标准。

a. 接听客户来电：在电话铃响三声之内（彩铃15s内）接听所有电话，清楚说明专营店的名称和自己的姓名；铃响超过三声接听客户电话，应该先向客户致歉；如果接到客户不满和抱怨，要聆听、记录转交、第一时间处理回答客户问题，如果问到价格时，按要求只报价，不谈价。

b. 客户在门口时：有客户来时，1名销售顾问主动出门迎接；雨雪天和炎日里，到门口外迎接客户，主动为客户打伞遮雨挡日，雨雪天气，为客户提供雨伞和雨衣存放处。

c. 客户进店后：客户进店时，前台人员以微笑相迎，并鞠躬10°～15°，亲切问候"上午好/下午好，欢迎光临"；如果有1名销售顾问去接待客户，则前台接待通过耳麦告之办公室内销售顾问补充到前台；若有儿童随行，征询家长意见，协助客户照看好儿童；向客户递上自己的名片，同时索要客户名片；询问客户称谓，在和客户沟通中，至少3次提到客户的尊称；询问客户如何才能为他提供帮助，通过询问了解客户目前所处的购车决策阶段和购车预算，并引导客户到洽谈舒适区；专营店的所有员工在接近客户3m内时都主动点头示意、问候（即使忙于其他工作）。

d. 客户离店时:客户离店时这是争取留下客户联系方式的最后机会了;提醒客户带走产品资料及名片;及时补充填写《到店客流量登记表》和《客户管理卡》;客户离店后10min内发送接待短信,加深客户的印象。

(4)提供咨询流程。

①客户期望。我只想随便搜集一下信息,不希望总是逼迫我去订车;我希望销售顾问是诚实和值得信赖的,并能够听取我的诉求和给我提供我所需要的信息;我希望销售顾问能够帮助我选择适合我需要的车。

②执行流程及行为标准(针对不同客户情况,询问具体问题以确定客户具体需求)。

a. 客户希望了解产品配置:询问客户希望获得哪种车型的资料;询问客户对车辆什么信息感兴趣和比较关注;告知客户将回答客户可能提出的任何问题;告知客户如有什么问题随时电话联系,指出名片里的电话号码;询问客户是否愿意提供其基本信息;询问客户今后是否可与其联系,什么时间联系方便。

b. 客户希望看车,但不知道应选哪种车:开放式询问客户的基本信息,以便确定客户的需求与购车动机;仔细倾听客户谈话,关注客户表情,点头表示赞同;用自己的话将客户的购车动机重述一遍,使其相信已经理解;根据客户的需求和购车动机推荐一种或两种车型;向客户提供他所感兴趣车型的资料;提出带客户去看推荐的车型,避免和客户争论价格。

c. 客户希望看一种具体车型:询问客户是否知道选哪种车辆型号,如客户不知道,需先了解客户车辆使用情况;询问客户以前是否看过其所要的车,是否去过同类车型的专营店;询问客户的生活方式及要求,以确定向其推荐车型型号;仔细倾听客户谈话,关注客户表情,点头表示赞同;用自己的话将客户的要求重述一遍,使其相信已经理解;根据客户所提供信息,向他推荐一种具体的车型供其考虑,避免迫使客户去看一种他所不喜欢的车型。

d. 客户希望讨论一种具体车型的价格:询问客户是否已看过其所要的车;询问客户是否需要去看其所要的车;确认车型的报价和档次;与客户确认该种车型和配置;判断客户是否真的购买;如果确定客户只需要讨论价格,则转入交易谈判。

(5)产品介绍流程。

①客户期望。我只想和能真诚且乐意帮助我购买合适车的销售人员打交道;我希望有一位对产品十分了解的销售人员,她能够明白、准确地回答我的问题;我希望在介绍车辆时是客观公正的,对竞争车型分析到位。

②执行流程及行为标准。

a. 确认客户需求:提出满足客户需求的解决方案,推荐具体车型(颜色、配置)。

b. 绕车介绍车辆:从客户最有兴趣的地方开始介绍车辆,并突出介绍针对客户购车动机的车辆特性;介绍车辆时配合肢体语言自然热情地向客户解释车辆性能;在车辆介绍时,调整站姿以保持与客户视线水平;在车辆介绍时,要不断地确认客户的需求,并寻求其认同;展示经销商自身的优势特点,如服务、技能、设备等。

c. 邀约客户试乘试驾:询问客户其推荐的车型和介绍的内容是否已满足其要求与希

望;只有在其满意回答之后才询问客户是否想试车,否则给予补充介绍,在此避免讨论价格问题。

(6)试乘试驾。

①客户期望。我希望可以试乘试驾到所期望的车型,有丰富驾驶经验的销售人员陪同,体验到符合实际需求的路况;我希望既能试乘也能试驾,专营店提供的试乘试驾服务规范,不敷衍了事,整个试乘试驾的时间长度合适。

②执行流程及行为标准。

a. 提供试乘试驾:根据专营店拥有的试驾车型,必须为客户提供试乘试驾的机会;告知为客户提供的试乘试驾车型和试乘试驾能带来的好处;告知客户可以为客户提供接送亲朋好友试驾的服务;说明后面的流程和相关要求,并请客户出示驾驶证。

b. 试乘试驾前准备:引导客户进入客户休息区,为客户提供刚才客户选择的饮品;利用耳麦告知销售助理准备试乘试驾车辆,并为客户预先打开空调;保证驾驶室内温度在25°左右;复印客户驾驶证,并向客户解释《试乘试驾协议》,请其签字;在《试乘试驾登记表》上记录客户姓名。

c. 客户试驾车辆:让客户自己驾驶,避免与客户过多谈话;为客户指示方向和提醒注意事项,回答客户问题。

d. 客户试驾结束后:当客户驾驶车辆回展厅时,应协助客户倒车进入停车区,或由销售助理停放车辆;为客户打开车门,同时通过关闭车门让客户体验车门的厚重感;总结客户试乘试驾过程的体验,适时夸赞客户驾驶技术;引导客户回展厅,为其提供饮品,填写《试乘试驾评估表》,归还客户驾驶证;如果客户还有其他产品问题,转向产品介绍;如果客户对车辆已经满意,转向交易谈判,试乘试驾过程中避免谈论价格问题。

(7)交易谈判。

①客户期望。我希望这次交易是公平、透明的;我只想和诚实可信的销售人员打交道,他将帮我获得最大的优惠;我希望销售人员根据我的需求推荐保险和精品;我只想和有权作决定的人打交道。

②执行流程及行为标准。

a. 车辆确认:询问客户车辆需求的时间限制以及是否需要其他决策人参与等问题的敏感程度;介绍各款车型排量和配置等级的价格差异,并参考客户需求重点推荐,此时对库存、计划订单一定要心中有数;询问客户的颜色选择以及车外和车内颜色组合,告知客户最受欢迎的颜色以及颜色对残值的影响;查询客户所需的车是否可以立即提货,如果需要订购,查询订单销售的交付时间;向客户介绍车辆在最终促销价或包牌价是如何计算出来的,提供详细的《价格明细清单》。

b. 提供贷款购车:询问客户对贷款购车的兴趣;如果客户有意,了解客户的贷款购车经历和相关知识;向客户解释贷款购车的条件、流程和优缺点;为客户提供相关文件和详细的贷款方案打印件。

c. 提供二手车置换:询问客户是否有兴趣置换其车辆,并愿意参加二手车的估价;向客户解释二手车的估价流程,与客户一起做估价;说明估价结果,并和最新的二手车价格市场行情做比较;为客户打印详细的评估明细,并解释二手车与新车之间的差价。

d. 寻求客户认同:适时的试探客户签订合同;细心听取客户意见,询问了解客户犹豫不决或反对的原因;根据客户的要求和专营店的政策的调整方案;如客户仍然不接受,请求允许让主管或经理协助。

(8)跟进成交流程。

①客户期望。我希望销售人员适当与我联系并随时提供最新信息;我希望财务方面已经考虑到了我的便利性和利益;我希望在签署文件时能清楚地给我解释而不是像命令一样。

②执行流程及行为标准。

a. 客户跟进:客户没有达成成交时,询问客户在接下来的几天什么时候可以给他打电话;对没有成交的客户,进行关爱活动和节假日问候,不要总以购车为话题,有些跟进只是问候和关怀;按照先前约定的时间,给客户打电话确定是否需要进一步的信息,是否期望更好的交易条件;邀请客户到店,进一步进行产品展示、试乘试驾或价格协商。

b. 车辆付款签约:解释《销售合同》/《订车协议单》条款,并完成文件签署;陪同客户到收银台付款/付定金,证明交易达成;感谢客户购买,并再次夸赞客户选购这辆车的好处。

c. 签订合同后:订车客户签约后,设计精美的交车流程资料,提前送达给客户;与客户确认一个方便的联系方式和时间进行跟踪服务;通过先前约定的方式和时间联系订车客户,保证至少每星期一次电话或短信告知客户车辆状态;假如车辆延迟,务必打电话给客户致歉并告知新的交车时间。

(9)诚悦交车流程。

①客户期望。我希望我的新车能够按时交货;我需要了解的车辆操作和维护的全部问题;交车时,我希望销售顾问要兑现全部承诺客户期望;交车当天顺利、愉快;不要浪费我的时间。

②执行流程及行为标准。

a. 邀约客户交车:车到达后,销售顾问进行检验,以确保车辆配置与订单相同;电话通知客户车辆到达并约定交车时间;向客户介绍交车步骤及所需时间,还有交车流程带来的好处,如果客户安装精品,一定要解释精品安装的时间;确认陪客户一起来的人员。

b. 交车前准备:检查交车区整洁状况,必须使用交车区为客户交车;对交付车辆清洗干净;和交车前检验(PDI)部门协调,以确保车辆检测好,如果销售顾问没有亲自检查车辆,严禁交车;交付车辆的时钟调整为当地时间,储存至少3个以上的当地广播频道;告知展厅经理,在LED屏上显示感谢交车客户信息;为交车的客户准备交车笑脸胸卡;预先准备好所有新车相关资料(含复印件),将文件资料分类好,装入资料袋中;预约服务经理/服务顾问,确保交车时在场,订车客户提前一天预约确认;准备好《交车确认表》。

c. 车辆点检验收:引领客户到指定交车区为客户交车;销售顾问引导客户按《交车确认表》逐项检查车辆;请客户在《交车确认表》上签字确认;向客户讲解各个功能及部件的操作使用。

d. 车辆交付后:预估客户到达目的地的时间,销售顾问致电客户确认安全到达;在《客户管理卡》中记录客户所选择的跟踪方式和时间;将客户档案转交给客户关系部;3天内将客户合影照片,以电子邮件或信件的形式邮寄给客户。

(10)售后联系。

①客户期望。我希望能持续受到关注;我希望能帮助解决车辆使用过程中的问题;我希望遇到问题,销售顾问无法解决时能有其他人来帮助我。

②执行流程及行为标准。

a.销售顾问联系:查看《客户管理卡》,掌握客户基本资料、兴趣爱好、方便的联系时间等信息;交车后3天之内与客户电话联系(打电话前,调整坐姿、表情和语气);告知客户以后将提供任何可能的帮助和24h救援电话;在车主拥有车辆期间,至少每3个月和客户联系一次。

b.客户关系部联系:查看客户档案,掌握客户基本资料和方便的联系时间;交车后7日内与客户电话联系,使用正确的自我介绍;询问客户是否有时间进行谈话,不方便的话,预约方便的时间回电,记下约定时间以提醒给客户打电话;核实客户信息、车型信息、联系方式、车辆使用人等资料;参考销售满意度回访问卷对客户开展满意度回访,记录评分结果和任何有关投诉的状况;提醒客户首次维护里程和时间;感谢客户,核实以后喜欢的联系方式(电子邮件、QQ、短信等),不要先与客户挂断电话。

三 学习拓展

1 一汽丰田经销店的销售流程和标准

一汽丰田经销店的汽车销售流程共分8个步骤(图2-1),其核心是围绕客户满意度展开。其销售理念是CS(客户满意度)活动量与销售业绩是成正比的;提高CS,使企业经营可持续发展;以"客户第一"概念为本,"关键时刻"为纲。

一汽丰田奉行的是"产品+服务"的销售策略(图2-2),销售流程中,通过对流程及工作标准的制定,要求销售人员严格执行流程的各个标准,以此提高销售过程中的服务质量,建立客户对销售和服务人员的信赖,增加对产品的信心。

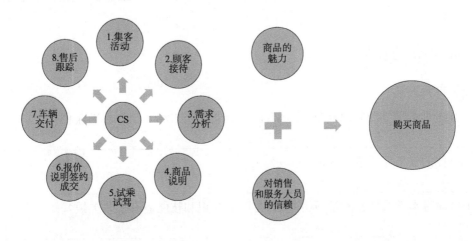

图2-1 一汽丰田经销店销售流程　　图2-2 一汽丰田销售理念

❷ 东风日产经销店的销售流程和标准

东风日产经销店的销售流程共分9个步骤。该销售流程围绕消除客户的疑虑、建立客户的信心、着手建立长期客户关系展开销售,流程中各个步骤通过采取关键行为对销售带来的促进作用来体现流程的好处;同时,将销售顾问在销售过程中的表现和客户期望之间的落差产生的实际表现差距作为改善点,以此增加客户满意度,进而促进销售。

❸ 沃尔沃(VOLVO)轿车的销售流程和标准

沃尔沃的标准销售流程共分为8个步骤(图2-3),分别是寻找潜在客户、初次联系和需求认定、产品展示和试驾、贴旧换新估价和报价、达成交易和下订单、订单跟进和交车准备、客户交付、交付跟进和后续联系。

图2-3 沃尔沃轿车标准销售流程

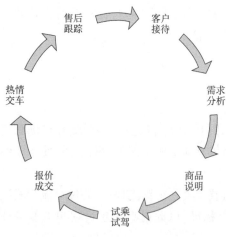

图2-4 汽车展厅顾问式销售流程

通过以上不同汽车品牌的销售流程分析,不难发现各个汽车品牌都把顾问式客户服务融进了销售的过程中。虽然不同品牌的流程步骤不太一样,但都涉及了比如客户开发、客户接待、需求分析、车辆介绍、试乘试驾、报价成交、交车服务、售后跟踪等内容。根据不同品牌销售流程的共同特点形成一个顾问式的展厅销售流程并针对该流程展开说明(图2-4)。目前,各汽车厂商的展厅汽车销售基本上是按照流程执行的,当然流程没有严格的顺序,重要的是每个环节有很多执行的要点和标准,整个流程正是目前汽车销售的全部内容,对即将或正在从事汽车销售的人来讲具有很好的参考意义。

四 评价与反馈

❶ 自我评价

(1)通过本学习任务的学习,你是否已经熟知顾问式汽车销售标准流程?

_____。

(2)你的任务完成情况如何?

_____。

(3)通过本学习任务的学习,你认为自己的知识和技能还有哪些欠缺?

_____。

签名:_____ ___年__月__日

2 小组评价(表2-1)

小组评价表 表2-1

序 号	评 价 项 目	评 价 情 况
1	任务总结是否符合要求	
2	销售流程分析归纳是否全面	
3	是否能够叙述完整的标准销售流程	
4	是否遵守学习、实训场地的规章制度	
5	是否能保持学习、实训场地整洁	
6	团结协作情况	

参与评价的同学签名：_____　　___年__月__日

3 教师评价

_____
_____。

教师签名：_____　　___年__月__日

五 技能考核标准(表2-2)

技能考核标准表 表2-2

序号	项 目	操 作 内 容	规定分	评 分 标 准	得分
1	搜集资料	通过走访汽车专营店、网上查阅资料、客户问卷调查等多种方式搜集销售资料	40分	资料是否全面、详细,案例是否真实、实用	
2	归纳流程	根据所搜集资料详细归纳出顾问式销售标准流程	40分	是否与该品牌标准销售流程一致	
3	总结反思	根据完成任务所得,反思自我将如何做到在汽车销售过程中严格执行标准化流程	20分	是否完全掌握标准化汽车销售流程,是否能在下一步任务中进行实践销售流程各个环节	
		总分	100分		

项目二　客户开发流程

学习任务3　集客活动

  学习目标

　　★ 知识目标

1. 掌握汽车专营店集客活动的重要性;
2. 了解汽车专营店主要集客方式;
3. 掌握外展集客活动的方法。

　　★ 技能目标

1. 能分析潜在客户与现实客户;
2. 能完成外展集客活动方案设计。

  建议课时

4课时。

　　集客量的获得来自于集客活动,集客活动的过程,同时也是客户资源的争夺和获取的过程,集客活动的成败将关系到销售成败和市场占有率;在汽车销售过程中,集客活动的主要目的在于通过各种集客手段和方式吸引更多客户关注产品和经销店,进而吸引足够的客户来展厅。本学习任务,需要同学们帮助某汽车品牌设计具体集客活动,吸引客户关注该汽车品牌,帮助该品牌发掘更多潜在客户。

一 理论知识准备

❶ 案例导入

体验新刺激　东风风神的成功营销方式

东风风神 S30"我是车王"操控大赛从 9 月 1 日至 12 月 5 日，历时两个月、途径 9 个城市、全程接近 2 万 km 的体验式营销活动把 1 万多人直接吸引到赛事之中，现场观众达到 4 万多人，收集到的意向客户资料有 619 份，这其中有 190 人直接下了订单，而报纸、杂志、电视台传统媒体的参与以及论坛、博客等网络工具的运用将这一传播效果进一步放大，影响人群超过百万人。它通过线上线下等立体化多维度的手段将媒体、经销商、大众、专家、专业车手、技术人员等多重资源最大限度地调动起来，同时以更具亲和力的形象同步扩展知名度和美誉度，甚至直接促成了销售。2009 年圣诞节前夕，上市 5 个月的东风风神 S30 已经提前完成全年 1.8 万辆的销售目标。

分析：销售的首要环节就是集客，即寻找潜在客户的过程，没有这个步骤就无法持续稳定地进行销售活动；集客活动的过程，同时也是客户资源的争夺和获取的过程，集客活动的成败将关系到销售成败和市场占有率的高低。

东风风神的案例告诉我们，有效的集客活动是保证客户量的有力措施。那么我们应怎样开展好集客活动呢？下面主要介绍汽车销售人员常规工作中经常参与的几种形式。

❷ 现场集客活动的形式

（1）店头活动。在汽车销售过程中，展厅仍然是进行销售活动的主要场所，集客活动的主要目的在于通过各种集客手段和方式吸引更多的客户关注产品和经销店，进而吸引足够的客户来展厅。汽车经销商可在节假日或者选定的时间，在经销商展厅举办各种小型促销活动，如试乘试驾活动、店头新品发布会、节油冠军比赛等，通过展厅吸引、主动邀约的方式使更多的客户来到展厅。

（2）路演。汽车营销的路演活动是销售企业与消费者亲密接触、树立品牌形象、吸纳客源的常用方法。活动现场可以进行产品展示、现场咨询、填表抽奖、礼品派送、有奖问答、卡拉 OK 比赛、文艺表演、游戏比赛等多项内容吸引客源。

（3）巡展。巡回展览，就是同一个展览按隔段时间在不同的地点展览。汽车巡展是通过深入目标市场，开展现场宣传，拉近生产厂家和公众之间的距离，这种贴近必然会增加相互间的了解和信任，从而促进汽车品牌的影响力及理念的渗透力。

（4）扫街。所谓扫街，就是销售代表拿着名片和宣传手册去我们认为目标消费群集中的地方去派发。比如，宣传轿车，就去住宅区附近以及商业圈附近；宣传商务车，就去写字楼以及政府办公区附近；货车则会在物流以及相关地区。在这些地区，销售代表着装整齐，用统一的标准用语，去派发名片以及宣传手册。

❸ 集客活动的要点

（1）明确集客活动根本目标：吸引客户来展厅，体验标准化服务过程。

通过集客活动吸引的客户中偶然成交客户属于少数客户,大多数客户为意向客户或者潜在客户。销售人员必须强化销售理念,吸引足够的客户来到展厅,按照标准销售流程提供专业化服务,促进成交。

(2)活动前期准备阶段:客户分析和活动策划。

集客活动要有目标、有计划、有步骤地进行,通过客户服务部对客户背景特征的分析,做好活动策划等工作,销售部门在目标客户明确的情况下,通过活动预测控制活动进程和预期可能达到的活动效果。

(3)活动执行阶段:从客户利益出发,刺激购买欲望,全面掌握客户信息。

在活动执行阶段,要时刻以"客户为中心",从客户利益出发,刺激其购买欲望,强化其对产品的认识和信心,通过各种方式全面了解客户信息,为进一步的客户分析和客户跟踪奠定基础。集客活动通常由销售部门、客服部门、售后服务部门配合完成,客服部门负责活动整体策划和组织,销售部门负责客户信息的搜集和整理,售后服务部门提供支持。

(4)活动后续阶段:集客活动是个延续性活动,后续跟踪和成效分析必不可少。

活动结束后,根据所掌握的客户信息和销售预测,进行有计划的客户跟踪活动,通过寄发感谢信等方式保持与客户的联系;活动结束的效果分析至关重要,应及时总结活动经验。

4 集客活动的组织

(1)集客活动准备阶段。

①汽车专营店召开工作会议,讨论活动开展的具体内容、开展计划,开展计划包括通知客户的方式、到场客户的礼品计划、活动会场的布置风格、样车的展示计划。

②在会议上,还需要设定活动目标,预估订单数、到场客户数、收集问卷数、联络客户的数量。

③明确服务部门需要配合的内容,例如:设立停车引导员、对到场客户车辆进行免费检修等。

④明确销售部门各位员工的职责,例如:谁负责发送邀请函,谁负责接待,谁负责展品说明,谁负责事后跟踪。

⑤制订学习交流会计划,对选定的活动进行温习,通过角色扮演的实施,商品知识和客户接待的再确认,保证活动的顺利进行。

(2)集客活动的活动期间。

①以销售顾问为中心,全体人员都要参与到接待和引导活动中。

②除了接待到场客户之外,还需要电话联系未到场客户。

③要大方积极地接待客户,自接待至送走客户,始终保持实现目标的意识;在推销时要表现出十足的信心;说明商品时做到能够迎合客户的喜好。

④保持尽量获取客户任何信息的心态,不论结果如何都以热情的态度送走客户。

⑤及时向领导汇报活动的情况。

(3)集客活动结束后。活动结束后,应对全体到场客户进行感谢,赠送礼品,并且明确以下事项,并制订行动计划。

①必须马上做的事情:对到场客户进行致谢性联络,例如电话致谢、寄发感谢函等。

②分析汇整客户信息资料(一周内)。

③两周之内必须要做的事情:回访跟踪,判断潜在客户和将要购车客户。

④随时需要做的事情:客户资料的保存。

⑤活动总结:集客与宣传效益分析总结,客户满意度分析总结,活动举办的优点/缺点总结。

二 任务实施

1 准备工作

(1)活动任务:为宝马爱民汽车专营店设计集客活动计划。

(2)任务安排:按学生人数进行分组,4~5名同学为一任务小组;学生通过讨论,整理集客活动的思路,总结集客活动的形式,并进行小组讨论,互相论证可行性;对自己设计的集客活动进行总结和反思,进行完善修改;学生互相帮助修正活动计划中的疏漏;活动结束由小组成员、小组长和教师三方面对小组汇报、变化展示进行评价。

2 技术要求与注意事项

(1)在活动准备阶段,通过前期宣传,召集客户,争取吸引更多客户来店。

(2)在对客户进行分析后,对特定的客户群体发出邀请,在选定的地点进行"体验式"销售,刺激消费者购买欲望,让更多的客户亲自感受产品的优越性能,从而建立良好的口碑宣传。

(3)及时掌握客户动态,为新客户建立客户服务档案,通过客户信息情况主动与客户联系。

3 操作步骤

(1)通过车展集客。地方性车展对汽车市场的扩大能起到促进作用。在车展上,厂商或经销商都会给购车者以较大的让利或赠礼,更能调动客户参观车展、激发购买欲望,达到现场销车及收集大量有效销售线索的目的(图3-1)。

图3-1 地方性车展

①活动策划:根据车展级别、规模以及费用预算,策划整个车展活动,设定现场订购目标、现场物料设计及布置、展示车辆、活动形式、活动流程、媒体、客户的邀约。

②前期造势宣传:通过网络、短信、微信、信函等方式,车展前一周密集宣传,邀约客户及媒体。

③团队协作:组建车展执行团队,确定参与人数及职责分工。

④制订优惠政策:结合专营店当期促销活动及新品宣传,制定现场购车优惠政策,有一定力度,吸引客户现场订购。

⑤现场执行分工:物料布置到位情况;人员到位情况(工作人员、表演人员、支持人、媒体、客户等);活动流程执行;车展结束扫尾工作。

⑥活动后期跟踪:媒体落地跟踪;订车用户购车手续完善;车展销售线索跟踪;车展情况总结。

(2)通过店内促销活动集客。

①维修服务吸引新老客户(图3-2)。

a. 活动当天消费每满100元赠送一张刮刮卡刮奖。

b. 维修享受会员优惠,工时八折、配件九折、精品七折。

c. 活动期间做四轮定位,工时享受六折、汽车养护享受七折优惠。

d. 活动当天可参加汽车装饰精品"0"元拍卖。

e. 2012年12月前购车的老客户进店送68元消费券。

②以旧换新回报新老客户(图3-3)。

图3-2 售后维修服务

图3-3 店内活动现场

a. 老客户以旧换新最高享受5000元补贴。

b. 新客户购车享受总经理亲自签售的接近成本优惠价。

c. 活动当天购车每满10000元赠送一张刮刮卡刮奖。

d. 老客户带新客户来店看车送价值100元礼品一份。

e. 活动当天可参加汽车装饰精品"0"元拍卖。

三 学习拓展

1 潜在客户

很多汽车销售人员有疑问,需要自己去寻找客户吗?客户在看了广告或者决定购车之后，就会通过电话或直接到门店来咨询看车了，销售人员只要做好接待工作就可以了。

这种观念形成的主要原因就在于目前我国大多数汽车销售商采取"门市销售"的方式，对于大多数的销售人员来说只要守住门店被动地等待客户来店或来电咨询、购车。事实上，在日本，汽车销售商平均要家访30次才能卖出一辆汽车；而在美国，最能"纠缠"用户的依次为保险销售人员、汽车销售员和房地产经纪人。我们一起来看一下世界著名汽车销售大王乔·吉拉德的故事。

乔·吉拉德的经验

许多年前，当我看到别人在漫天发名片时，我发现这是一个非常不错的主意。通过名片，我能够与更多人认识。我只要跟人一见面，首先就是递上自己的名片。递名片时，我也在想，他拿到了你的名片，或者留下，或者扔掉，谁知道。或许他需要，或许他知道我是个推销员，买车就会找我。在我看来，递名片的行为就像是农民在播种，播完种后，农民就会收获他所付出的劳动。

我过去常常提着1万多张名片去看棒球赛或足球赛。当进球的时候，或者比赛进入到高潮的时候，我就会站起来，大把大把将名片撒向空中，让我的名片在空中漫天飞舞，更多人会拿到我的名片，为我销售出更多的汽车创造了更多的机会。

当我去餐厅吃饭的时候，我在付账时通常是多付一些小费给服务生，然后给他一盒我的名片，让他送给其他用餐的顾客。每当我寄送电话或网费账单的时候，我也夹两张名片，人们打开信封就会了解到我的产品和服务。我在不断地推销自己，我没有将自己藏起来。给我一张你的名片，同时我也给你一张我的名片。我要告诉我认识的每个人，我是谁，我在做什么，我在卖什么，我要让所有想买车的人都知道应该和我联系。我坚信推销无时无刻不在进行，但是很多销售人员往往意识不到这一点。

所谓潜在客户，是指对某类产品（或服务）存在需求且具备购买能力的待开发客户，这类客户与企业存在着销售合作机会。经过企业及销售人员的努力，可以把潜在客户转变为现实客户。简单的理解，潜在客户指的是对企业或者销售商销售的东西有需求同时又具有购买力的人。

潜在客户包含一般潜在客户和竞争者客户两大部分。所谓一般潜在客户是指已有购买意向却尚未成为任何同类产品或组织的客户，以及虽然曾经是某组织的客户但其在购买决策时，对品牌（也即组织）的认可较为随意的客户；所谓竞争者客户是相对于本企业的客户而言的，也就是竞争者所拥有的客户群体；这类客户即可以是中间客户（如代理商、批发商、零售商），也可以是最终的消费者即我们一般意义上所说的客户。

❷ 现实客户

所谓现实客户是已经实现了的需求的客户，或需求已经得到满足的客户。这类客户既有购买需求，又有购买能力，且与企业或组织已发生交易关系。

现实客户包含与企业或组织发生一次交易关系的新客户和与企业或组织发生多次交易关系的老客户。由于客户购买心理、购买行为的复杂多变性，市场竞争的日趋白热化，所以潜在客户与现实客户之间的界限是比较模糊的，况且两者本身就是处在不断的动态转化之中。

❸ 潜在客户与现实客户的区别与联系

现实客户与潜在客户之间很难划清界限。潜在客户与现实客户互为前提，互为条件，作为企业目标客户群体的组成部分，共同作用于市场和企业。因此，企业及销售员只有弄清两者之间的本质联系，才能更好地做好营销与销售工作。

(1) 约束性。当潜在客户购买了产品(或服务)后，也就成了企业的现实客户。作为现实客户，会把其购买中的所见、所闻、所感有意或无意地通过各种途径、采取种种方式，直接或间接地传达给其可以影响到的其他潜在客户群体，从而对其他潜在客户的购买心理、购买行为产生影响和制约作用。如果现实客户发现所购买的产品(或服务)无法满足其需要时，就会开始否定自己早期的购买行为，并产生以后不再购买的想法或念头。这时，这个现实客户就会摇身一变成为企业的潜在客户，并且可以对其他潜在客户的购买产生影响力。

(2) 相对性。相对性主要体现在三个方面：第一，企业的现实客户往往是竞争对手的潜在客户，而竞争对手的现实客户也是企业的潜在客户；第二，客户既可以是一个企业的现实客户，也可以是另一个企业的潜在客户或现实客户；第三，客户可以是企业一个品牌的现实客户，也可以是另一个品牌的潜在客户或现实客户。实际上，这种相对性恰恰说明了市场竞争的本质，即客户资源争夺战。并且，企业在客户资源争夺上难免会有得有失。

(3) 转化性。对于转化性，是指潜在客户与现实客户在一定条件下可以相互转化。在此，把潜在客户转化现实客户的现象，称为有利于企业营销的正向转化，而把现实客户转化为潜在客户的现象，称为不利于企业营销的逆向转化。实际上，这为企业及销售员指出了营销的工作方向，即强化对现实客户的维系与挽留，防止逆向转化；加速潜在客户的发掘与开发，促进正向转化。如此行事，才能使企业获得更大的客户收益。否则，一旦出现逆向转化，尤其是大客户出现逆向转化，出现大客户流失，将会使企业经营遭受重创。

❹ 寻找潜在客户的方法

一个优秀的汽车销售人员不会放过每一种寻找潜在客户的手段。客户的来源有很多渠道，如：咨询电话、汽车展销会、朋友或客户的介绍等。

(1) 连锁介绍。连锁介绍也叫"滚雪球法"，就是根据消费者的消费需求和购买动机的相互联系与相互影响这个性质，根据各客户之间的社会关系，通过客户之间的连锁介绍来寻找更能多的新客户。

有些汽车销售人员认为，汽车作为一件大宗消费品，普通老百姓在短时间内通常只能消费一次，不会重复购买，因此对那些已经购买了汽车的客户就不在加以重视，其实，随着居民收入和消费水平的不断提高，很多客户都有能力换新车甚至是购买第二辆车。并且，即使这些客户没有能力再次购买，他们也可帮你介绍客户，使你获得更多的准意向客户。

进行连锁介绍的方法有很多，比如，你可以请现有的客户代为转送海报等宣传资料及名片等，从而促使现有客户的朋友转为准意向客户，并建立一定的联系，你还可以尽可能成为客户的朋友，融入他们的生活圈，进而赢得更多的客户。要想让客户为你介绍新客户,关键是要取信于现有的客户。因为现有的客户与被介绍者往往有着共同的社会关系和利害关系,所以他们往往团结一致、互相负责。明确了这一点,就要求我们销售人员树立全心全意为客户服务的意识,急客户之所急,想客户之所想,千万不可故意隐瞒或欺骗客户。如果客户发现你在欺骗他,那他不但不会为你介绍新客户,反而会在他的亲朋好友想购买你的汽车时加以劝阻。

(2)权威介绍。权威介绍也叫"核心介绍法",其实是连锁介绍法的延伸使用。任何一家企业都有其明确的客户群体,而每个消费群体都有自己的核心代表人物,我们可以利用这些核心人物帮助推介产品。

运用权威介绍法是有很大难度的,主要就在于你很难有机会和核心人物接触。有些时候,你可以通过查阅相关资料的方式去寻找核心人物,比如工商企业名录等。

(3)交叉合作。每个销售人员都在马不停蹄地与人打交道,不断地发现、挖掘新客户,所以他既是某个行业某企业的销售人员,同时又是其他众多行业、企业和产品的销售人员的客户。可以说销售是这个世界上最庞大的职业群体之一。

不同行业的销售人员不存在业务上的竞争,并且能够更好地和你进行互补,除了让他们直接为你提供线索和机会之外,还可以向他们学习推销的经验和技巧,有很多触类旁通之处。

(4)参加车展。现在展会成为一种越来越重要的销售手段,在北京,每年大大小小的展会有几百个。一般来说,众多的汽车厂商和经销商都会有针对性地派人去参加车展的。我们完全可以借此机会来扩展我们的客户源。

由于展会现场汽车品牌、型号众多,客户通常是无暇顾及每个摊位的,这就需要我们掌握一定的技巧,并保持主动热情的态度,给客户留下一个良好的印象。对于来我们展位咨询的客户,都应该认真对待,不可以貌取人或敷衍了事,并且尽可能地取得他们的联系方式,以便日后跟踪联系。对于那些对你的汽车特别感兴趣或购买意向特别强的客户,你要尽可能地邀请他们去门店参观,做进一步的洽谈。

(5)售后渠道。汽车的售后服务组织渠道主要指汽车销售以后,为保证汽车的正常使用而提供的维护、修理以及其他服务的各类服务性汽车组织机构,这些汽车服务组织因为业务需要通常都会拥有大量的汽车客户信息,汽车销售顾问首先要想方设法拿到这些客户信息,然后再对这些信息通过一定的管理工具按照自定义字段进行汇总、筛选并做进一步分析,从而锁定潜在客户并制定具体的潜在客户开发对策。比如对于汽车4S店中有重大维修记录的客户,汽车销售顾问可以断定在最近一段时间内该客户定会有选购新车的倾向,而汽车维修记录中维修比较频繁的客户也有可能隐藏着重购汽车的信息。

四 评价与反馈

1 自我评价

(1)通过本学习任务的学习你是否已经知道以下问题:
①什么是集客活动?

②什么是潜在客户？

_____

(2)怎样通过集客活动来发掘潜在客户？

_____

(3)在设计集客活动的过程中我们收获了什么？

_____

(4)通过本学习任务的学习,你认为自己的知识和技能还有哪些欠缺？

_____

签名：_____   ___年__月__日

❷ 小组评价(表3-1)

小组评价表   表3-1

序号	评价项目	评价情况
1	活动思路是否清晰有条理	
2	是否符合集客活动宗旨	
3	客户是否对本次活动的方案设计满意	
4	是否遵守学习、实训场地的规章制度	
5	是否能保持学习、实训场地整洁	
6	团结协作情况	

参与评价的同学签名：_____   ___年__月__日

❸ 教师评价

_____

教师签名：_____   ___年__月__日

五 技能考核标准(表3-2)

技能考核标准表   表3-2

序号	项目	操作内容	规定分	评分标准	得分
1	活动构思	通过集客活动设计,能有效推动该品牌轿车的市场占有率	30分	是否新颖、合理,符合该品牌汽车的市场战略	
2	活动设计	分析该品牌轿车实际市场情况,设计集客活动详细方案	30分	设计方案是否详尽妥当,是否体现以客户为本的服务理念	
3	活动设计前期准备	设计集客活动准备阶段相关事项	20分	准备工作是否设计合理,考虑是否周详	
4	活动设计后期总结	进行客户分析,客户满意度总结,活动效果分析总结	20分	分析总结是否到位,对后期销售活动是否有帮助	
	总分		100分		

学习任务4　电话及网络客户开发

学习目标

  知识目标

1. 掌握电话接待礼仪；
2. 掌握接听客户来电技巧；
3. 掌握拨打客户电话技巧；
4. 熟悉汽车网络营销主要平台。

技能目标

1. 能够通过接听客户来电进行客户开发活动；
2. 能够通过主动拨打客户电话进行客户开发活动；
3. 能够进行网络客户开发。

建议课时

4课时。

 任务描述

汽车销售工作过程中，许多与客户之间的沟通多是通过电话来进行的，再加上近年来，随着互联网技术的普及，越来越多的客户希望足不出户，就能够了解到车辆的相关信息。所以，本学习任务：一是训练同学们可以通过接听客户来电或主动拨打客户电话，以完成客户开发工作；二是学习如何利用各个网络平台进行客户开发活动。

一　理论知识准备

（一）电话接待礼仪

在汽车销售工作过程中，与客户之间的联系很多都是通过电话进行的，在电话中，你和客户都无法看到对方，只能从对方的声音、谈话速度及谈话内容来了解对方的状况，通电话的内容可以决定留住客户或是流失客户，因此，拨打电话和接听电话都关系销售顾问在客户心中的形象，销售顾问的形象不但代表公司的形象，而且代表汽车品牌的形象，电话应答时要保持良好的状态，尽可能给对方好感。

1 接听电话的四个基本原则

电话铃响在三声之内接起,第一声最好不要接;告知对方自己的姓名、公司、职务;电话旁边准备好笔和纸进行记录;确认记录下的时间、地点、对象和事项等重要信息。

常见的汽车销售顾问接听电话礼仪标准如下。

(1)铃声响起三声之内接起电话,如三声之内未能接起电话,需向对方表示歉意,如"不好意思,让您久等了!"

(2)电话接通后要说:"您好,这里是×××汽车4S店,我是销售顾问×××。"

(3)通话过程中不得长时间沉默,对方会认为你没在听或者没兴趣。

(4)电话内容应记录,要求完整、简洁,记录要点包括时间、地点、任务、事件等。

(5)如果环境嘈杂听不清对方的声音需如实说明,请对方重复或留下联系方式,换个环境联系对方。

(6)如果需要对方等待时要说明情况,征得对方同意。

(7)转接电话时应了解客户需求,以免转接错误引起客户的不满,可能的情况下问清对方姓名、身份等并记录。

(8)当对方找的人不在时,要向客户说明:"请问您可以留言吗?我帮您转达。"对方留言需清晰记录;未征得同意,不得将同事的电话、行踪及联系方式提供给对方。

(9)电话结束前,要总结本次通话的重点内容,与对方确认。

(10)如果遇到对方喋喋不休,迟迟不能挂断电话时,不可直接催促对方挂机或自己首先挂机,要婉转地告诉对方"您的事情我记下了,还有其他需要帮忙的吗?""那就不占用您的宝贵时间了。"然后等待对方挂机后再挂断电话。

(11)不要使用免提接听电话。

(12)遇到打错电话时,态度要和蔼,提醒对方"对不起,您打错电话了,这里是×××汽车4S店"。

2 拨打电话的基本礼仪

定期与客户保持电话联系,对新客户的跟踪,对老客户的回访,都是每一个汽车销售顾问的日常工作,拨打电话时也有很多需要注意的地方。

(1)事先准备好谈话内容,并准备好电话记录表。

(2)打电话时尽量使用短句,句子间要停顿。

(3)打电话时要先报自己的单位、职务与姓名,说明打电话的目的。

(4)通话时尽量选择安静的环境,同时考虑不影响同事的工作。

(5)尽量拨打对方座机电话,联系不上时再拨打移动电话。

(6)选择合适的时间与对方通话,避开繁忙时间、休息时间等。

(7)通话时间最好控制在3min以内,如确认需较长时间的通话,要先询问对方是否方便。

(8)当拨错电话时要主动表示歉意。

(9)如果对方不在,而事情不重要或不保密时,可请代接电话者转告。如果不方便转告的,可把自己的联系方式留下,请对方回电话,并感谢对方或代接电话者,有礼貌地说"再见"。

3 手机接听电话礼仪

很多时候,客户会通过各种方式得到销售顾问的手机号码,会直接通过手机与销售顾问取得联系,所以我们使用手机接听客户电话时,同样要注意礼仪。

(1)手机应放置在合适的位置,保持畅通,方便接听,不炫耀。

(2)不使用怪异的铃声,如果手机随身携带,最好调整到振动模式,以不漏接电话为原则,避免在接待客户的过程中被打扰。

(3)在与客户交谈过程中原则上不接听电话,遇到必须接听电话时,应向客户说明情况,并表示歉意,然后接听电话。

(4)展厅内接听手机时,说话声音要轻,内容简短,不要影响其他同事的工作,并注意内容的私密性,接打手机时不要不停走动。

(5)会议中关闭电话铃声,原则上不接听电话。

(二)网络集客

我们首先来看下面一则案例。

赵先生是某一汽马自达专营店的一名销售顾问,有着8年的销售经验。与其他销售顾问不同的是,他平时很少在展厅内接待到店客户,他的工作就是在各类论坛发布车型信息,解答网友留言提出的各种问题,维系与老客户的关系。目前,他同时管理着万车网网上商店、马自达团购群、七车网管理群等多个渠道。

赵先生说,拓展网络销售渠道困难重重,很多客户并不相信网上发布的消息,最初几个月甚至一辆车也无法销售出去。在度过"困难期"后,如今赵先生已经尝到网络销售带来的甜头。本月,赵先生已通过在论坛、网站发布信息的方式卖出了13辆马自达6轿车。赵先生介绍,目前已与超过100位客户建立联系,很多客户甚至会再介绍客户到店。虽然客户都是被邀请到店里看车,并最终完成交易,网络平台仍然只是客户与经销商联系的桥梁。更多的销售顾问则是对网络销售并不感兴趣,销售顾问李小姐认为,网络销售是一个漫长的过程,很难确定对方是否是目标客户,电话拜访的方式更加有效,如果没有意向购买就可以放弃追访,避免了无谓地浪费时间。销售顾问岳先生则认为,在销售任务的压力下,网络销售可以作为销售顾问的拓展客户的补充,真正到店的意向客户的成交机会更大。

近年来,随着信息科技的发展,尤其是网络的普及,大大拓宽了人们获取信息的渠道,而网络几乎成为消费者了解汽车产品和品牌的主要渠道。消费者通过网络来了解车市行情、选择车型和商家等,汽车经销商也开始大胆采取网络营销这一新的营销方式。网络营销能充分发挥企业与客户的互相交流优势,而且企业可以为客户提供个性化的服务,是一种新型的、互动的、更加人性化的营销模式。

由于汽车市场竞争比较激烈,客户可以选择的空间很大,所以大部分买车的人还是会上网去搜集一些相关信息,并且进行对比,这些除了厂家在网络上发布的一些广告是远远不够的。因为客户不仅仅想在网上知道这车的性能参数、售后情况怎么样,还想通过网络知道在哪有这种车卖,所以作为销售第一线的各个经销商就得担负起通过网络告诉客户在哪能买到这种车的职责,这就需要我们去做网络集客了。目前,国内大多数汽车经销商采用的模式即通过互联网进行集客活动，吸引客户最终到店完成整个销售。网络集客的平台或方式也日趋呈现多样化的趋势，大致可分为以下几种。

❶ 商机平台

商机平台指汽车经销商网络营销的专业平台，如车易通、腾讯汽车、网易汽车等。

❷ 社会化媒体平台

社会化媒体平台是由微商提供的社会化商业解决方案之一。主要面向各种类型的企业、品牌、媒体、代理以及政府机关、高校等企事业单位，帮助这些机构从零开始接触和使用社会化媒体，全面了解整个社会化平台动态，与微众实时互动。帮助企业在社会化商业初期，塑造品牌形象、扩大品牌影响力、防范口碑危机、提高顾客忠诚度，从而转型为适应社会化商业环境的社会化企业。

❸ 电子商务平台

电子商务平台即是一个为企业或个人提供网上交易洽谈的平台。企业电子商务平台是建立在互联网(Internet)上进行商务活动的虚拟网络空间和保障商务顺利运营的管理环境；是协调、整合信息流、物质流、资金流有序、关联、高效流动的重要场所。企业、商家可充分利用电子商务平台提供的网络基础设施、支付平台、安全平台、管理平台等共享资源有效地、低成本地开展自己的商业活动。

❹ 自媒体——APP

一开始APP只是作为一种第三方应用的合作形式参与到互联网商业活动中去的，随着互联网越来越开放化，APP作为一种盈利模式开始被更多的互联网商业大亨看重，如淘宝开放平台(参考买家应用中心优秀APP：开心赚宝)、腾讯的微博开发平台、百度的百度应用平台都是APP思想的具体表现，一方面可以积聚各种不同类型的网络受众，另一方面借助APP平台获取流量，其中包括大众流量和定向流量。

调查显示，智能手机正在快速改变着中国城市人群的生活方式。人们随时随地都在使用智能手机，其中家中(66%)、旅途中(59%)、乘坐交通工具中(52%)、餐厅(38%)及商场(30%)是使用最频繁的地方。调查还发现，用户使用智能手机上网的时间已经远远超过了打电话的时间，英国一家调研机构指出，智能手机用户使用最多的是浏览网页，调查对象平均一天用手机上网24.49min；其次为登录社交网站，平均一天用时17.29min。

在美国，目前有超过110万个的智能手机应用程序，半数百人以上的企业都已有自己的移动应用程序，消费者开始期望每个企业都提供APP，世界五百强企业90%以上都做了自己品牌的APP，传统企业运用APP与9亿用户互动，将是移动互联网行业一个巨大的市场。

全球各大品牌商已经意识到应用商店可以作为其提供推广品牌、接触消费者，甚至销售内容的渠道。媒体、商业服务以及汽车制造业在这一方面的认识更加深刻，非常积极地把应用商店作为他们发布内容的渠道。从2008年苹果APP Store、GooglePlay Store上线以来，大众、奔驰、丰田、宝马、本田、保时捷等国际汽车品牌，都相继在主流平台应用商店推出了自己的品牌APP。

二 任务实施

(一)接听客户来电

① 准备工作

情景设定:客户王先生欲致电某汽车专营店咨询购车相关事宜,请接听客户来电,并做好记录工作。

② 技术要求与注意事项

(1)铃声响起3声以内必须接听,整个过程销售顾问严格按照接听电话礼仪规范要求完成。

(2)音量适度,语速适中,注意使用礼貌语言。

(3)边听边作记录,接听完后能够进行客户分析。

③ 操作步骤

(1)铃声响起时接听电话。

①铃声响起1声后,3声内接听电话。

②准备好记录用纸和笔。

(2)报上公司名称、你的姓名及职务,表达内容清楚完整且有礼貌。

——您好,这里是×××汽车销售服务公司,我是销售顾问×××。

(3)确认客户的身份。

①如果有需要,请客户重复姓名。

②如果客户未表明身份,则询问客户。

——抱歉,请问先生/女士怎么称呼?

——请问是×××先生/女士吗?

(4)使用寒暄话术,与对方简短寒暄问候。

——早上好/下午好。您之前来过我们店吗?

(5)询问对方来电目的,并记录要点,主要确认要点及倾听技巧。

——好的,我记下了。您继续说。

(6)重复客户要点(内容)。

①确定正确无误。

②确定客户咨询车型或来店看车时间。

③确定客户要找的人,重复姓名(注意尊称)及部门,并将电话转给当事人。

——对不起,您方便再重复一次吗?您什么时候过来看车?

——您好,我现在再确认一下您刚才所说的几点要求好吗?

——好的,您是要找销售部门的×××,请您稍后,我现在帮您转接。

(7)挂断前,再次彼此问候,确定客户先挂断电话,然后再挂电话(挂电话时轻放话筒)。

——谢谢您的来电。

——如果您还有什么疑问,请您随时来电。

——期待您的光临,再见。

(二)拨打客户电话

❶ 准备工作

情景设定:客户张先生3天前曾到店看车,销售顾问王明接待了他并留下联系方式,今天王明将主动电话联系客户做进一步沟通。

❷ 技术要求与注意事项

(1)铃声响起3声以内必须接听,整个过程销售顾问严格按照接听电话礼仪规范要求完成。

(2)音量适度,语速适中,注意使用礼貌语言。

(3)边听边作记录,接听完后能够进行客户分析。

❸ 操作步骤

(1)准备资料。

①准备好客户有关资料,记录本、笔等。

②安排好说话的内容和说话的顺序,切忌与客户沟通无条理。

③注意周围环境,外界的杂音或私语不能传入电话内。

(2)报上公司名称、你的姓名及职务,表达内容清楚完整且有礼貌。

——您好,这里是×××汽车销售服务公司,我是销售顾问王明。

(3)问候对方,态度真诚,音量适中亲切。

——早上好/下午好。

(4)如拨打座机,确认电话对象。

①确认对方身份。

②适当的请求方式,注意尊称。

③简洁的表达方式。

④如果与要找的人接通电话后,应重新问候对方。

——请问×××在吗?麻烦您请帮忙找一下×××。

——您好,请问您是×××吗?

——请问您现在方便谈话吗?

——方便耽误您几分钟的时间吗?

(5)说明致电目的。

①说明来电的事项,使用清楚简洁的表达。

②在讨论到重点时应格外有礼。

③当你要找的人不在,你要稍后再拨时,礼貌地表达。

——您好,我今天给您来电是为了×××。

——您看这样行不行?

——谢谢您,我稍后再拨。

(6)确定对方知道你所谈的事项。

①表达要让对方容易理解。

②讲完后确认对方是否明白你的意思。

——不知道您是否已经了解了我的意思?

——我刚才说的,您能接受吗?

——您看您还有什么问题需要我们来解决的?

(7)挂断前,再次彼此问候,确定客户先挂断电话,然后再挂电话(挂电话时轻放话筒)。

①结束时向对方表明诚意的道谢。

②用简单的语言对你给客户的打扰表示歉意。

——很抱歉,占用了您几分钟时间。

——非常感谢您,张先生,如果您有任何疑问,欢迎随时致电与我们联系。

——祝您工作愉快!

三 学习拓展

1 接待电话常用语言训练量

汽车销售顾问在接打电话时,语言的使用很重要,下面是一些常见的事例,可以对照进行训练。

(1)令人不满意的电话用语。常见的让人不满意的电话用语有:谁呀/什么事/等一下/不知道/我会告诉他打电话的/你又什么事?/怎么样?/对不起(赔罪)/知道了/没听说/来一趟好吗?/销售人员去吧/辛苦了/行。

(2)令人满意的电话用语。

相对于令人不满意的电话用语,下面是一些让人满意的电话用语,在日常的工作中要灵活运用。

请问您是哪位/您有什么事吗/请稍等/我不清楚/我会转告他给您回电话的/请问您/您觉得如何/非常抱歉/我明白了/我没有听说/可以请您来一趟吗/还是销售人员去拜访您吧/您辛苦了/可以。

上述电话用语对比可由表4-1清晰对照。

常用电话用语对比　　　　　　　　　表4-1

令人不满意的用语	令人满意的用语	令人不满意的用语	令人满意的用语
谁呀	请问您是哪位	对不起	非常抱歉
什么事	您有什么事吗	知道了	我明白了
等一下	请稍等	没听说	我没有听说
不知道	我不清楚	来一趟好吗	可以请您来一趟吗
我会告诉他打电话的	我转告他给您打电话	我们去吧	还是我们去拜访您吧
你有什么事	请问您	辛苦	您辛苦了
怎么样	您觉得如何	行	可以

2 正确使用尊敬语的方法

在电话使用过程中,适当使用一些尊敬语可以加深销售顾问与客户之间的感情,促进销售,常见的尊敬语见表4-2。

常见的尊敬语　　　　　　　　　　表4-2

常 用 语	尊 敬 语	自 谦 语
看	过目	拜读
打听	询问	请教,请问
访问	亲自光临	打扰
去	亲自前往	去
来	光临	来
喝	用	喝
见面	会见	拜访
带去	您带去	带去

3 关键时刻起决定性作用的电话用语

在电话沟通过程中,在一些关键时刻使用一些合适的话语可以起到事半功倍的效果,表4-3是常见的关键时刻和关键电话用语。

关 键 电 话 用 语　　　　　　　　　　表4-3

场　　合	电 话 用 语
在接待处或接电话时询问对方姓名	请问您贵姓
寒暄	您是××先生吧,早就期待着与您见上一面了
自我介绍	我是×××,很高兴认识您
询问对方的印象时	您还满意吧
让对方久等时	让您久等了
赔罪时	真的是非常抱歉
电话邀请对方来店时	能否有幸邀请您光临本店呢
别人拜托自己传话时	明白了。请放心,我会将您原话转告他的
感谢对方来店时	非常感谢您能抽出时间光临本店
拜托对方再次来店时	恭候您的再次光临

四 评价与反馈

1 自我评价

模拟前台接待的电话礼仪,并判断下面的做法正确与否?
(1)听到电话铃响,应尽快在第一声后就接听。
(2)在电话中,客人无法知道销售人员的表情和肢体语言。
(3)如果通话时,对方不小心切断电话,应耐心等对方拨回。
(4)应将电话内容维持在商务范围之内。

(5)听对方讲话时,应保持安静。
(6)当处理完客户问题后,通常会以提问来结束。
(7)在电话中介绍产品时应适可而止。
(8)在电话中若需让对方等待片刻,应用手盖住话筒。
(9)即使在电话中没有获得任何客户信息,也应作记录。
(10)午餐时间,通常客户不再为公务忙,适宜打商务电话。

签名:_____　　___年__月__日

❷ 小组评价(表4-4)

小组评价表　　　　　　　　　　表4-4

序号	评价项目	评价情况
1	着装是否符合要求	
2	是否符合标准电话礼仪要求	
3	客户是否对本次服务满意	
4	是否遵守学习、实训场地的规章制度	
5	是否能保持学习、实训场地整洁	
6	团结协作情况	

参与评价的同学签名:_____　　___年__月__日

❸ 教师评价

_____
_____。

教师签名:_____　　___年__月__日

五 技能考核标准(表4-5)

技能考核标准表　　　　　　　　　　表4-5

序号	项目	操作内容	规定分	评分标准	得分
1	接听客户来电	使用专用话术接听客户来电	25分	是否符合电话礼仪要求	
2	接听客户咨询电话	正确清晰回答客户所咨询的问题,尽最大努力帮助客户解决问题,视情况邀请客户到店洽谈	25分	是否让客户满意,并能建立客户信心,提高客户对4S店服务的满意度,客户是否答应到店	
3	拨打客户电话	拨打客户电话以询问近期购车计划	25分	拨打前是否做好准备工作,拨打时间是否合适,是否符合电话礼仪规范标准	
4	拨打客户电话	亲切自然,不让客户感觉唐突,符合电话礼仪,整个过程做好详细记录	25分	用语是否专业礼貌,是否让客户感到满意,是否发掘更多潜在客户	
		总分	100分		

项目三　客户接待流程

学习任务5　接待前准备

学习目标

 知识目标

1. 掌握汽车销售人员工作职责；
2. 掌握汽车销售人员应具备的工作能力；
3. 掌握汽车销售人员个人仪容仪表礼仪；
4. 了解接待客户前准备工作有哪些；
5. 清楚汽车专营店对售前准备工作的岗位要求。

 技能目标

1. 能完成接待前对个人仪容仪表整理工作；
2. 能完成接待客户前销售工具的准备；
3. 能完成接待前展车准备以及对展厅的布置。

 建议课时

6课时。

 任务描述

某天，客户小李到某汽车专营店看车，当天下着雨，客户小李把车停在4S店停车场跑步冲进店里，门口接待人员小王正在玩微信，客户进店没人招呼，客户看车5min后小王才反应过来，赶紧找出工作牌戴上。客户坐下来，发现饮料供应没了，桌上资料堆满一堆，看车时发现车里还有早餐的垃圾袋没清理。客户感受不到专业的服务,借口转身就走了。

作为一名专业的销售顾问,在客户小李还没有到店的时候,我们就需要做好相应的准备工作,这样才能保证在接待客户时让他感受到我们专业贴心的服务,提升客户满意度。本学习任务,每名销售顾问需完成接待客户前的准备工作。

一 理论知识准备

(一)自我准备

1 个人仪容仪表礼仪

良好的个人仪容仪表可以塑造良好的职业形象。日常生活中,发型、着装和面部修饰等在表现个性上的确起到非常重要的作用,可是,在工作场合就有必要对"周围和对方"给予关注,因此,工作人员要尽量塑造所属职业的专业形象。

汽车销售工作是直接面对客户的窗口性行业,窗口服务的第一印象是一个2min的世界,你只有1min的时间让客户清楚你是谁,另1min让他们喜欢你。只有在这2min内留给人们好的第一印象,你才能开始第二步的销售工作。良好的个人仪表给人的第一印象至关重要,也是建立客户信任感的第一步,请大家务必按规范标准塑造良好的职业形象。在个人仪表中,汽车经销店对汽车销售顾问的日常个人着装、仪容仪表做出了明确的规范,如图5-1所示。

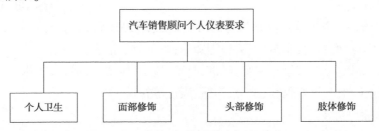

图5-1 汽车销售顾问个人仪表礼仪要点

(1)男性销售顾问个人礼仪。男性销售顾问的个人礼仪主要包括面部、发型、穿着、配饰、鞋袜等方面,具体要点如图5-2所示。

(2)女性销售顾问个人仪容。女性销售顾问根据性别特点需要化简单、大方的妆容,配饰和服装方面也比男性员工要稍微复杂一些。女性销售顾问个人礼仪要点主要包括发型、化妆、制服、配饰、手、鞋袜、裙装等,具体要点如图5-2所示。

2 汽车销售人员应具备的工作能力

一名合格的汽车销售顾问需要有良好的工作态度、扎实的专业知识和行业知识,以及在工作中不断提升自我、超越自我的能力。

(1)工作态度。

①对待客户的态度:站在客户的角度,帮助客户作正确的选择。

②对待销售的态度:对待销售工作就像对待个人爱好一样,赋予其精力、热情、期待、投入,并从中获得乐趣。

③对待企业的态度:销售人员要对企业忠诚,有与企业互利、共存的态度。

左侧(女士)标注:
- 理短发为宜,留长发不能披肩
- 化淡妆,表情自然,神态大方、面带笑容
- 勤漱口,不吃腥味、异味食物
- 不戴耳环、项链等饰品
- 工号牌佩戴在左胸上方适当的位置
- 保持工服整洁,不脏、不皱、不缺损,勤换勤洗内衣、袜子
- 衣袋内不放与工作无关的物品
- 不戴戒指、手链等饰品;指甲常修剪,不留长指甲,不涂有色指甲油,指甲边缝内无污垢
- 勤洗澡,身上无汗味
- 皮鞋常擦,保持光亮;穿布鞋要保持清洁

右侧(男士)标注:
- 头发勤梳洗,发型朴实大方,不留长发,不蓄胡子,发脚不盖耳
- 表情自然,神态大方、面带笑容
- 勤漱口,不吃腥味、异味食物
- 戴正领带、领结
- 工号牌佩戴在左胸上衣袋口处
- 保持工服整洁,不脏、不皱、不缺损,勤换勤洗内衣、袜子
- 衣袋内不放与工作无关的物品
- 指甲常修剪,不留长指甲,指甲边缝内无污垢;不戴戒指、手链等饰物
- 勤洗澡,身上无汗味
- 皮鞋常擦,保持光亮;穿布鞋要保持清洁

图 5-2　汽车销售顾问仪表要求规范

(2)必备知识。

①行业内知识:主机厂及汽车品牌的历史、理念和品牌背景优势;汽车市场状况和趋势;产品主要卖点、配置、技术指标、奖项等知识;竞争对手信息。

②跨行业知识:金融、股票、体育、经济、时事、地理、风俗、习惯、人文等。

③商务礼仪知识:仪容仪表、接待、沟通、表达等礼仪。

(3)工作能力及技巧。

汽车销售人员除具备相应的专业知识外,还应在工作实践中积累并提高自己的工作能力。例如:潜在客户开发的能力、展厅销售能力、集团客户(大客户)销售能力、抗拒处理能力、客户抱怨处理能力、客户管理与跟踪能力等。

(二)销售工具准备

作为一个优秀的汽车销售顾问,身边应时刻准备着与销售环节有关的一切资料。在与客户交流沟通的过程中,充分运用各种销售工具,不仅能够引起客户的注意和兴趣,使销售说明更直观、简洁和专业;同时,还能预防销售人员在介绍时的遗漏,提高工作效率。

每个销售顾问在接待客户时一般还应随身携带文件夹,文件夹里携带的东西必须有:名片、笔、白纸若干张、销售车辆的彩页说明(图 5-3)、车辆分期说明、精品车的相关信息、计算器、精品说明、保险单、装饰单、购车合同等。所有东西需摆放整齐,干净整洁,让客户感觉到你对工作认真的态度,瞬时客户不仅加大对你的好感,对公司的好感,更加对所购车辆的放心。

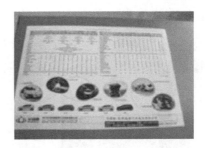

图 5-3 销售资料

(三) 展区准备

1 展车准备

展车是产品的形象展示,在汽车专营店的车辆展示区应尽量摆放豪华车型作为展车;展车颜色不宜太过单调,应有不同色系,进行合理搭配;展车摆放按照汽车专营店车辆展示区布置的标准,每辆展车附近的规定位置(位于展车驾驶位的右前方)设有一个规格架,规格架上摆有与该展车一致的规格表。在接待前准备工作中,销售顾问应随时检查展车各部件是否有残缺损坏,如发现应立即报告整车销售经理进行处理,以确保在为客户作车辆介绍时能顺利进行。展车应时刻保持干净整洁,作为销售顾问在接待客户前还应时刻检查展车的清洁情况。以吉利汽车为例(图 5-4),对展厅内展车要求进行说明。

车外部分	F1	车顶正上方摆放 POP 板(价格板或者促销板)
	F2	展示车表面整洁,车身光亮——用手指擦一下车身,没有明显的灰尘即可,没有手印
	F3	展车前窗或者后窗玻璃有打开,左右高度一致
	F4	展车的车门保持不上锁的状态
	F5	展示车四个轮胎下放置车轮垫板或者地毯——轮胎不直接接触地面
车内部分	F6	展示车车厢内、行李舱内干净无尘
	F7	展示车车内、行李舱内、杂物箱内、车门内侧杂物袋没有任何与销售无关的杂物
	F8	展示车发动机舱干净无灰尘
	F9	展示车车内的塑料保护膜全部拆除
	F10	展示车油箱内有充足的油
	F11	展示车的座椅调到合适的位置,安全带排放整齐
	F12	展示车后视镜干净并处于端正的位置——车内后视镜和左右后视镜配合驾驶位
	F13	展示车车内 CD 机盒可随时播放音乐或有已调谐好的收音频道 CD 机要一直放在 CD 机内
	F14	展示车内能看到准确的时间——车内的时钟调至准确时间,车辆打火时,可以看到时间
	F15	展示车内地板上铺有车用脚垫,且干净整洁
	F16	展示车内有一些小装饰物

图 5-4 吉利汽车展车准备标准

2 销售顾问个人办公区整理

如果我们走进某家汽车专营店，发现销售顾问的工作桌如图 5-5 所示，我们会产生什么样的感觉呢？

　　　　　a)　　　　　　　　　　　　　　b)

图 5-5　销售顾问办公区

销售人员的办公区如果杂乱无章，办公桌椅随意摆放，桌面上文件成堆、纸张与文件交杂等，一定会让人感到不适，对办公室里的工作人员的素质和专业程度也会深表怀疑。由此可见在汽车专营店里汽车销售顾问个人办公区的整洁十分重要。

销售顾问办公桌案头不能摆放太多的东西，只摆放需要当天或当时处理的公文，其他书籍、报纸不能放在桌上，应归入书架或报架。

桌面保持简洁、整齐，工作资料、工具整齐排放在文件栏内或摆放整齐，禁止堆放与工作无关的物品。文具要放在桌面上，为使用的便利，笔应放进笔筒而不是散地放在桌上；保持桌椅无尘、无水，主、客椅分别距桌 20cm 正对摆放，严禁将衣物搭放在椅背，严禁在桌椅下及办公区内堆放任何杂物(图 5-6)。

除特殊情况，办公桌上不放水杯或茶具。招待客户的水杯、茶具应放到专门饮水的上方；销售顾问应自备水杯，禁止使用客户用的纸杯。杯内无茶垢。保持计算机洁净，擦拭荧光屏浮

图 5-6　销售顾问工作区

尘，打开计算机，保持在公司系统界面。

二 任务实施

1 准备工作

(1)场地设备准备。

①场地：汽车营销实训中心(模拟汽车专营店销售展厅)、多功能礼仪训练室。

②设备：销售用展车一辆、销售顾问专用销售夹、销售资料若干。

(2)人员任务设定。两人一组，身份均为某汽车专营店销售顾问，请分别在开始接待

客户前完成相关准备工作。比一比,谁做得既快又好?

2 技术要求与注意事项

(1)检查个人仪容仪表,符合汽车销售顾问职业形象规范要求。

(2)检查销售顾问文件夹,相应销售工具须齐全。

(3)检查展车,符合汽车专营店展厅陈列展车标准。

3 操作步骤

(1)整理个人形象,销售顾问互相提醒,互相检查。

①按汽车专营店销售顾问岗位着装(图5-7),保持口袋干净、整洁,口袋不乱放杂物,保持皮鞋光亮,衬衣、西装、袜子、裙子、鞋子颜色搭配协调。

②男性员工领带要求长度平齐于皮带环,整洁、无污渍、无破损、无褶皱,领带节不宜太大或太小,领带颜色合适。女性员工佩戴丝巾要平齐于领口,丝巾下部不可低于衣襟,保持丝巾干净整洁、无污渍。男女员工都应佩戴汽车专营店指定工牌(图5-8)。

图5-7 销售顾问个人形象　　图5-8 销售顾问佩戴工牌

③发型选择与自己脸型、体型、气质和谐统一,男性保持头发干净整洁,女性长发应束起,尽量简单朴素大方(图5-9)。

④保持手、脸、指甲清洁。口腔清洁无异味,女性员工化淡妆,禁止化浓妆和涂指甲油(图5-10)。

图5-9 女性员工发型标准　　图5-10 女性员工手部标准

⑤充满活力,面带笑容,保持精神饱满,给人以健康、积极、热情的第一印象。

（2）准备销售时可能会用到的销售工具，有序放入销售文件夹（图5-11），两名销售顾问互相检查，确认是否遗漏下列物品。

图5-11　销售顾问文件夹

①个人资料：名片夹、笔、白纸若干张、计算器、地图。

②销售资料：公司介绍、汽车目录、销售车辆的彩页说明、最新价格表、车辆分期说明、竞品车的相关信息、精品说明、保险单、装饰单、购车合同。

③客户信息登记资料：客户信息登记表、拜访记录表、通信录等。

（3）检查展厅内展车准备情况。

①检查展车各部件是否有残缺损坏，如发现应立即报告（图5-12）。

②检查展车是否干净整洁，车胎需经过喷蜡处理，车身及门把手须无指纹印，如有污渍立刻进行处理。

③清除车内异味，清理车内杂物，清理脚垫，使脚垫干净、平整。

④检查发动机舱、行李舱，做到视线内见不到尘土、油渍及杂物（图5-13）。

⑤转向盘调至最高位置，所有座椅靠背调至合适位置，座椅高度调至最低，驾驶人座椅尽量后移，副驾驶人座椅调至最前。

图5-12　展车准备1

⑥检查钥匙上标记是否明确、遥控电力是否充足,各门开启是否正常。

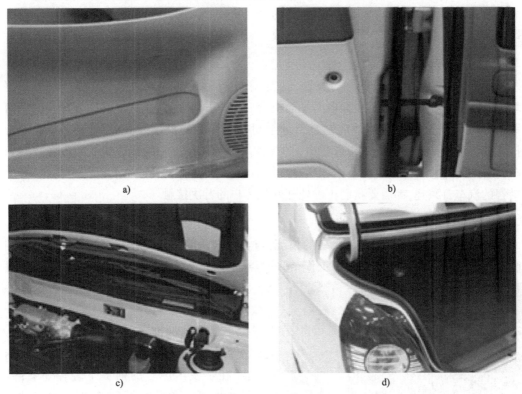

图 5-13　展车准备 2
a)门内饰板;b)门铰链;c)发动机罩和雨水槽;d)行李舱雨水槽

⑦调试收音机并选择当地流行电台;在 CD 机、卡带机中准备试机碟(或磁带)(图 5-14)。

图 5-14　展车准备 3

⑧检查每辆展车前摆放的介绍该车性能、技术参数、价格的展示架是否与车型相符。

三　学习拓展——客户的第一印象

企业的形象通过销售顾问来体现。销售顾问在企业的第一线,直接面对着客户,其形象直接体现着企业的形象。如果销售顾问有着非常专业的形象,那么在客户眼里,他们所属的公司就是一个专业的公司。所以,作为一名销售顾问,必须明白你给客户留下的第一印象是至关重要的,它往往决定着销售的成败。

1 第一印象的重要性

第一印象主要是根据对方的服装、仪表、举止等形成的印象。第一次见面的效果好坏,往往决定了是否有第二次面谈的见面机会。与客户初次接触的前45s,客户会对销售顾问形成基本的看法(首因效应),然后才会对销售顾问的提议做出评判,最后才会对所推荐的汽车形成看法。在销售过程中丢失销售的机会,75%是由于在这45s内客户对汽车销售顾问印象不好造成的。给客户留个好印象,获得客户的注意力,让客户对自己和所销售的汽车有兴趣,都需要我们正确处理好与客户的首次接触。

2 微笑练习

微笑是汽车销售顾问必须具备的技能,与客户沟通的每一个环节都应当保持适当的微笑(图5-15),这样才能给销售工作带来融洽愉悦的气氛,让客户感到亲切、愉快和温暖。所以,在我们开始接待客户之前,一起来练习微笑礼仪。

图5-15 微笑礼仪

微笑礼仪的标准有:面部表情和蔼可亲、真诚友善,嘴角微微向上翘起,自然地露出6~8颗牙齿,在不发出声音的前提下轻轻一笑;微笑注重"微"字,笑的幅度不宜过大;微笑时乐观、真诚、甜美、亲切、友善、充满爱心;口与面部表情相结合,嘴唇、眼神含笑。微笑时必须兼顾场合以及谈话的内容、情境;眼神要有胆量坦诚的正视对方,并接受对方的目光。进行微笑训练时一定要有一个良好的心境与情绪作为前提,否则将会陷入勉强尴尬而笑的境地。

3 声音的魅力

为了创造良好的第一印象,除了友善和蔼的微笑以外,值得信任的声音也是不可或缺的元素,良好的控制你的声音,是你与客户能取得良好沟通的先决条件。

我们在进行语言以及语调练习时,要注意能够打动客户的声音主要有哪些共性?

(1)发音没有浓重的地方口音,如果客户具有地方特色,在取得一定的信任后,口音适当运用地方口音;尽量保证所有字的发音都正确。

(2)语法要正确,避免让客户在理解上产生障碍。

(3)谈话内容应避免说出令人厌恶的字眼;不要一再使用口头禅。

(4)语速要适中,语速太快或太慢都会显得失礼,并增加沟通的难度。

(5)音调不宜过高,声音听起来圆润和稳重,会增加客户的信任感。

四 评价与反馈

❶ 自我评价

(1)通过本学习任务的学习你是否已经知道在接待客户前,我们应该做好哪些准备工作?

_____

(2)你的个人仪容仪表整理完成情况如何?

_____

(3)通过本学习任务的学习,你认为自己的知识和技能还有哪些欠缺?

_____

签名:_____   ___年__月__日

❷ 小组评价(表5-1)

小组评价表 表5-1

序号	评价项目	评价情况
1	着装是否符合要求	
2	销售工具准备是否齐全	
3	展车准备是否符合汽车专营店要求	
4	是否遵守学习、实训场地的规章制度	
5	是否能保持学习、实训场地整洁	
6	团结协作情况	

参与评价的同学签名:_____   ___年__月__日

❸ 教师评价

_____

教师签名:_____   ___年__月__日

五 技能考核标准(表5-2)

技能考核标准表 表5-2

序号	项目	操作内容	规定分	评分标准	得分
1	整理个人仪容仪表	穿着标准工作装,佩戴好工作牌	10分	是否符合汽车专营店职业着装规范要求	
		整理发式;整理面部及手部妆容	10分	发式是否干净、梳理有型;男士是否干净整洁;女士是否化淡妆;手部是否干净、无夸张饰物	
		调整精神面貌	5分	精神面貌是否积极、热情、自信	

续上表

序号	项目	操作内容	规定分	评分标准	得分
2	准备销售工具	备好个人名片及名片夹、笔、白纸、计算器、地图等个人销售工具	10分	个人销售工具是否准备齐全	
		备好公司介绍、公司在售车辆目录、销售车辆的彩页说明、最新价格表、车辆分期说明、竞品车的相关信息、精品说明、保险单、装饰单、购车合同等销售资料	15分	销售辅助资料是否准备齐全	
		备好客户信息登记表、拜访记录表、通信录等客户信息登记资料	10分	客户来访信息登记资料是否准备齐全	
		将所有销售工具资料分类摆放整齐,并有序放入销售文件夹	10分	是否归纳有序,整齐摆放	
3	准备展车	展车整车检查:检查展车各个基本功能是否正常;各部件是否有残缺损坏,如发现应立即报告	15分	展车整车状况是否良好,符合汽车专营店接待客户标准	
		展车整车清洁:由内到外检查展车清洁情况,如有未达标处立刻进行妥善处理	15分	展车清洁状况是否符合汽车专营店接待客户标准	
		总分	100分		

学习任务6 接 待 客 户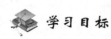

学习目标

知识目标

1. 掌握接待客户环节在标准销售流程中的目的;
2. 掌握基本接待礼仪知识;
3. 掌握接待客户的操作规范;
4. 掌握接待客户的技巧。

技能目标

1. 能完成对到店客户的接待工作;
2. 能够符合接待规范要求;
3. 能够灵活应对接待客户时的各种情况。

建议课时

6课时。

项目三 客户接待流程

客户王先生近期有购车计划,某日来到北京爱民雪佛兰专营店看车。本学习任务,你作为汽车销售顾问,需完成对王先生的接待工作。整个任务包括从客户来店,门口迎接开始,到客户离开送客户出门,或者进入客户需求分析流程结束。在执行任务的过程中,我们要以严格规范接待动作和接待礼仪,主动积极地应对,通过与王先生良好的沟通,取得客户好感和信任,为进入下一环节——客户需求分析做好准备。

一 理论知识准备

(一)接待客户的目的

❶ 情景导入

阅读以下案例,分析这名销售顾问对客户王先生的接待工作是否正确?为什么?

——销售员:欢迎光临,我是这儿的销售顾问刘佳,这是我的名片。

——王先生:你们这儿科鲁兹有哪款车?

——销售员:有两款自动豪华型跟自动舒适型,这款是科鲁兹的自动豪华型带天窗带真皮的是顶级配置了。

——王先生:这车多少钱?

——销售员:119800元。

——王先生:有优惠吗?

——销售员:目前没有现金的优惠,但是能够赠送给您价值2000元的大礼包。

——王先生:没有优惠,那就有点贵了。

——销售员:不是我们的车子贵,是它就值这么多钱。东西不一样嘛。比如ABS,大家都有,但是我们的是博世8.0的最新版本。

——王先生:嗨,这个档次的车还不都差不多。哎,这动力呢?能不能看一下发动机?

——销售员:可以啊!边说边打开发动机罩。科鲁兹的发动机技术非常先进,它是双CVVT的,CVVT只可以控制进气门,双CVVT它不但可以控制进气门,还可以控制排气门。它是双向控制。

——王先生:有什么作用吗?

——销售员:它在低速的时候非常省油,高速的时候非常强劲。综合油耗只有大约8.2L。

……

归纳以上案例,我们不难发现问题。第一,销售顾问没有把握住客户的精确需求。从案例来看,客户来到店里,关注产品进行询问,销售人员也一一耐心回答了。但是关于车辆使用者是谁,从哪儿来,打算花多少钱,准备什么时候买车,买车是干什么用等与购车行为密切相关的信息,销售人员并没有进行推敲或者主动询问,这时销售人员所回答的包括车配置、价格等指标,除了让顾客进行最常见的价格比较外对实现销售没有任何好处。在整个销售过程中,销售人员没有获取顾客的有效信息。第二,缺乏主动引导。顾客询问产品,销售顾问一一回答,顾客对某方面提出了质疑,销售顾问又尽量去解释。作为销售顾问,要担负起引导整个销售咨询过程向着他所期望的方向去发展,而不是一直处于被动回答问题的境地。

通常,客户不会认为购买汽车这种大型耐用品是一个极其顺利过程,尤其是初次与一位销售顾问接触,"不信任"占据心理的主导地位。因此,在汽车销售标准流程中,我们不能忽视接待客户环节的重要性,殷勤有礼的专业接待将会消除客户的"不信任"心理,也为购买经历设定一种愉快和满意的基调。短短几分钟的接待时间,有可能主导整个销售过程的走向。通过一系列的步骤和动作,如问候、行礼、递上名片、自我介绍,请顾客入座,提供茶饮服务、寒暄问候等,在过程中进一步分析顾客需求,帮助销售顾问占据销售过程的主导地位,引导整个销售过程,朝我们所期望的方向发展。所以,我们要记住:不要在最初的阶段表达明显的销售意图,而应该是让客户有两个感知,一个是让他有被积极关注的感知;另一个是销售顾问的专业性,以及较高的服务热情的感知。

❷ 接待客户的目的

(1)让客户立刻感受到"顾客第一"的服务理念,树立积极的第一印象。

(2)建立客户信心,消除客户的疑虑,营造友好、愉快的氛围。

(3)获取客户的认可,确保顺利进入下一步销售活动。

(4)获取客户资料,完善客户信息。

(5)宣传企业以及企业的服务,提升客户对该企业品牌的忠诚度。

(二)接待基本规范

❶ 接待礼仪

(1)迎接礼仪。迎接客户是给客人留下良好第一印象的重要环节。当客户进入销售顾问视线时,销售顾问应主动迎接,点头、微笑、目视并保持眼睛接触。驾车来的客户我们还应主动帮客户指引停车点位置,雨天主动为客户撑伞(图6-1),对客户带来的每个人都热情招呼。当有客户进入到4S店展厅时,展厅内的销售顾问应行注视礼,在经过以客户为中心的2m范围内,面带微笑并问候客户"欢迎光临!"对陌生客户,销售顾问还可以微笑询问:"您以前来过展厅或来电咨询过吗?",根据客户的答复做出相应的回答,启发客户询问,为进一步分析客户需求环节做好后续铺垫。

图6-1 主动迎接客户

(2)称呼礼仪。在汽车销售顾问与客户的问候寒暄中,正确、适当的称呼,不仅反映自身的教养和对对方尊敬的程度,甚至还体现着双方关系发展所达到的程度和社会风尚。汽车销售顾问若能够恰当地使用称呼,也会拉近与客户之间的距离。

在汽车销售过程中,销售人员与客户沟通,应称呼对方的职务、职称,如"×经理"、"×教授"等;无职务、职称时,一般约定俗成地按性别不同分别称呼"×小姐"、"×女士"或"×先生"。"小姐"是称未婚女性,"女士"是称已婚女性。汽车销售人员对客户的称呼尽量不使用"你"字,或者直呼其名。

(3)介绍礼仪。汽车销售顾问经常要在客户面前进行自我介绍,恰当的自我介绍,不但能增进他人对自己的了解,而且还可以创造出意料之外的商机。销售顾问在作自我介绍时应尽量言简意赅,同时可以递送本人名片,通常包括三项基本要素:公司名称、职位以及本人姓名(图6-2)。除此之外,汽车销售顾问在面对客户作自我介绍时,表情要自然、友善、亲切、谦和;同时需站立,挺胸,目光与对方接触,但不要紧盯;先向对方点头致意,并且要看对方的时间与情绪;介绍语言吐字清晰,声调温和亲切。

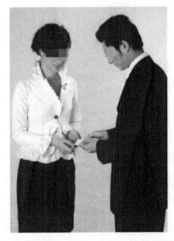

图6-2 自我介绍礼仪

在汽车销售服务过程当中,经常需要在他人之间架起人际关系的桥梁,比如,将售后服务顾问介绍给客户的情况。介绍他人时,一定要掌握介绍的先后顺序,遵守"尊者优先了解情况"的规则,男士介绍给女士,将年幼者介绍给年长者,将职位低者介绍给职位高者;介绍时应面带微笑,态度热情友好,语言清晰明快;还应多注意介绍时表达的细节,避免勉强进行的介绍。

(4)递接名片礼仪。名片是汽车销售顾问工作过程中重要的社交工具之一,可以让客户了解销售人员的基本信息,知道其联系方式,为进一步合作创造良好的机会。在作自我介绍时,销售人员还应正确掌握交换名片的礼仪

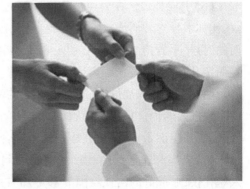

图6-3 递接名片礼仪

(图6-3),这也是汽车销售顾问与客户保持良好关系的重要环节。

名片一般单独放上衣口袋,不可放于裤兜,原则上应该使用名片夹,保持名片或名片夹的清洁、平整。名片不应与钱包、笔记本等放在一起。

一般情况下不适宜直接开口向客户索要名片,但如果想要掌握客户信息,索要名片是行之有效的方法之一。索要名片要注意时机与方法,否则显得过于勉强,会给客户留下不好的印象。索要名片的合适时机为递送名片后或者客户离开展厅前。常用话术有:"能否有幸与您交换一下名片?","您可以留下名片,以便有优惠活动时好通知您","您可以留下联系方式,以便我们能即时与您联系"等。

在汽车销售活动中,汽车销售人员遵守好递接名片的注意事项(表6-1),不仅可以给客户留下好的印象,还可以保留客户信息,以便日后拜访合作。

递接名片注意事项　　　　　　　　　　　　　　　　　　表6-1

递送名片	动作	用双手的大拇指和食指握住名片,正面面向接受名片的人,同时轻微鞠躬,即头微微低下,友好目视对方
	次序	由下级或访问方先递名片,销售顾问应先于客户递名片
	用语	"您好,我是××经销店销售顾问××","这是我的名片","请多关照","请多指教"
接受名片	动作	起身站立,面含微笑,目视对方;双手接过名片后,从头到尾认真默读一遍,意在表示尊重对方,然后放入自己名片夹上端
	顺序	同时交换名片时,以右手递名片,左手接名片
	用语	"谢谢"、"请多关照"、"很荣幸认识您"

(5) **握手礼仪**。握手是汽车销售顾问日常工作中经常使用的礼节,与新老客户会面时都需要使用握手礼仪。握手遵循的是"尊者优先"的原则。在客户面前,应由客户先伸手;在长者面前,应由长者先伸手;在上司面前,应由上司先伸手;见面的对方如果是重要客户,当他先伸手时,则应该加快脚步,用双手握住对方的手,以示敬意。

与客户握手时相距1m,上身微微前倾,手臂自然弯曲,表情自然、面带微笑,眼睛注视对方,稍事寒暄(图6-4);双方的手应该在虎口处交叉相接,握手力度则根据双方交往程度确定,和新客户握手应轻握,但不可绵软无力;和老客户应握重些,表明礼貌、热情;握手时间不宜过长,一般为1~3s,轻轻摇动3下;保持手部清洁,在与客户握手时必须摘除手套。

(6) **引导礼仪**。在公司销售展厅、办公场所,接待客户时有许多场合需要使用引导礼仪,比如引导客户看车,引导客户到休息区、洽谈区等。为客户指引方向或介绍看什么东西的时候,手臂应自然伸出、手心向上、四指并拢。出手的位置应该根据与客户所处的位置而定,即使用与客户距离远的那条手臂,如图6-5所示。

引导客户进入展厅时,应走在客户的斜前方,与客户保持一致的步调,先将店门打开,请客户进入店内。如果经销店不是自动门,则用左手向展厅外方向拉开店门,请客户先进入展厅,并鞠躬示意;或请展厅内同事配合,向展厅内方向拉开店门。

(7) **入座和递送饮料礼仪**。销售顾问要适时地主动邀请客户就近入座,掌握良好的入座礼仪,形成好的洽谈氛围能够更加有助于销售。汽车销售顾问应找准时机引导客户就座于朝向可观赏感兴趣车辆的座位,并协助客户入座,同时关注同行的所有客户。销售顾问征得客户同意后,入座于客户右侧,保持适当的身体距离。

在汽车销售过程中,给客户递送饮料可以延长客户在店里的停留时间,增加销售成功的机会。首先,销售顾问应询问客户所需要的饮料种类,一般须提供三种以上冷热饮品供客户选择;在听到客户需求后,应重复饮料名称进行确认。其次,饮料不宜装太满,送饮料时托盘高度靠近胸部一侧,手指不要碰到杯沿。最后,递送时应鞠躬后,按逆时针方向将饮料放在客户右手边,摆放时要轻,并伴以"请慢用"等语言。

图 6-4 握手礼仪

图 6-5 引导礼仪

❷ 接待技巧

(1)问候寒暄时的注意事项。

汽车销售企业员工不论在任何场合遇见客户,应面带微笑主动上前问候。这样不仅能让客户感到舒适,同时能够在一定程度上消除客户疑虑,建立客户信心。与客户交流时,销售顾问的语言应该从"生活随意型"转到"专业型",既要有个性化的表达沟通,又必须掌握许多有共性的表达方法。初次接待陌生客户,可以谈任何让客户感觉舒服的、不那么直接的、不是以成交为导向的话题。汽车销售顾问与客户寒暄相关要点见表 6-2。

寒暄问候注意事项 表 6-2

动 作	要 点
要自己主动	表现出对客户的敬意
不要一边谈话一边做其他事情	不要边走边谈边作记录,这样是不礼貌的,如果是公司内部电话可以把听筒从耳边拿开
常带微笑	没有微笑的寒暄不会产生亲切感
明快的声音	比平时声音稍微放高一些,到句子结尾也要发音清楚
注视对方眼睛后再鞠躬	不注视客户的寒暄,虽然能传到对方的耳朵里,却传达不到对方的内心

(2)接待客户时的用语。笑容和寒暄不仅可以给公司带来欢快而又活跃的气氛,而且它是打开客户"心灵"的钥匙。从这一点来看,下列七个用语也是我们在服务现场工作时不可缺少的基本接待客户用语。

①欢迎光临。表示衷心地欢迎客户光临的心情,要给人以明快、亲切、有诚意的印象。(欢迎的心情)

②感谢您常来光临。表示"常来光临、非常感谢"之感谢用语。(感谢的心情)

③让您久等了。让客户等候时的用语。"让您久等实在抱歉,您有什

么要求"要有这么一种诚意。(表示歉意和诚意)

④好,明白了。听了客户的要求以后表示自己明白了对方的用意,说的时候要有热情和自信。(表示接受吩咐的心情)

⑤抱歉,对不起。请客户做事或略表歉意的时候,用来表示对客户好意的恭歉,表示对客户的尊敬,要根据情况用得恰到好处。(表示恭歉的心情)

⑥请您稍等片刻。让客户等候时的用语。在这种场合要尽快回到客户面前以表达请客户原谅的心情。(表示歉意和诚意)

⑦打扰了。经过客户面前通过或向客户说话的时候以及事情结束回去的时候使用。(表示歉意和谢意)

❸ 接待客户的行为规范

(1)客户到店时,迎至展厅外(至少在门口)迎接,主动为驾车客户安排停车位引导停放车辆,如遇多人来店不可忽视任何人。

(2)迎接后介绍自己并递上名片,主动询问客户称呼,告知客户很荣幸为他(她)服务,清楚客户来店目的后引导客户至展厅。同时观察客户动作行为、车辆外形及新旧、车辆内部状况等,以了解该客户的特性及可能的需求,考虑合适的接待方式。

(3)至展厅内所有员工遇到客户时都应以充满活力、明朗、欢快的声音,向客户问好表示欢迎。客户若想进一步了解展厅车辆,销售顾问应适时灵活地主动服务客户。

(4)客户若想自行参观车辆,微笑请客户随意浏览参观,离开并保持一定距离,在客户目光所接触的范围内随时关注客户的需求。

(5)适情况可邀请客户到洽谈区入座,并提供相应礼仪接待(如咖啡、茶水等)。

(6)在和客户的整个接触过程中,微笑并保持目光接触,争取让客户主动询问;表现应专业和放松,禁止下列情况,如抽烟、手端茶杯到处走动、斜靠在车上、没精打采地站立或坐着、站立时两手叉腰或插在裤兜里。

二 任务实施

❶ 准备工作(图6-6)

图6-6 准备工作

(1)场地设备准备。

①场地:汽车营销实训道场销售区(模拟汽车专营店销售展厅)。

②车辆:上海通用雪佛兰科鲁兹轿车(根据实际情况可任意设置)。

③其他设备:接待台、洽谈桌、客服区茶杯饮料若干。

(2)人员角色任务分配。

①客户:1名;多名(先完成对1名客户接待工作后可进行多名客户接待训练)。

②销售顾问:1名。
③服务人员:若干(根据学习小组人员分配)。
(3)任务场景设定。
①来店时间:某日午后2时。
②来店方式:自驾老款一汽大众捷达轿车到店。
③来店类别:无预约,首次到店。
④来店目的:看车。

2 技术要求与注意事项

(1)从客户到店迎接开始,到客户离开,送客户出门结束。整个流程销售顾问严格按照接待规范要求完成。

(2)销售顾问迎接客户时要始终保持微笑,并利用表情、声调、身体语言等表现出积极主动的态度。

(3)销售顾问要力求给客户留下良好印象,建立客户信心,为下一步销售流程奠定基础。

(4)销售顾问对于客户的提问,进行清晰明了的回答,打消客户疑虑。

(5)销售顾问通过热情专业的接待,争取客户对本次服务做出优异评价。

3 操作步骤

(1)发现客户驾车到店,主动迎至专营店展厅外(图6-7)。
①微笑引导客户停车,至停车场热情迎接客户,主动为客户打开车门请客户下车。
②面带微笑,目光注视客户,鞠躬并问好,表示欢迎。
③观察客户现有车辆的情况,比如车辆型号、新旧程度、使用状况等,为后续接待工作做好准备。

——销售顾问:"先生您好,欢迎光临北京爱民4S店,下车请小心。"
——客户:"谢谢!"

(2)客户下车后,问好并作自我介绍。
①主动问好,作自我介绍并双手递上名片(图6-8)。
②询问客户称呼并适当寒暄问候,观察客户。

图6-7 主动迎接客户

——销售顾问:"先生您好,我是北京爱民4S店销售人员张华,这是我的名片,很高兴见到您,请问先生怎么称呼?"
——客户:"我姓王,想来看一下车。"
——销售顾问:"王先生,很高兴能为您服务,您过来一路上不堵车吧?"

(3)引领客户至展厅,工作人员均应问候客户。
①走在客户斜前方位置,使用正确引导礼仪(图6-9)。
②引导过程适当与客户交谈以了解客户平时用车需求。
③引至展厅后店内所有工作人员应对客户微笑致意表示欢迎。
——销售顾问:"王先生,您这边请…","王先生平时工作忙吗?用车的情况比较多吧。"

图6-8 自我介绍　　　　　　　　　　图6-9 引导客户

(4)客户表示想自己参观车辆(图6-10),礼貌离开并保持合适距离。
①亲切、简短地介绍展厅布置。
②请客户自行随意浏览参观。
③离开并保持一定距离,留意客户有无进一步需求。
——王先生:"我想自己看看雪佛兰的几款车。"

——销售顾问:"好的,王先生。这边是我们的新车展区,展车旁的资料架上有车型资料,休息区在二楼,您请随意浏览,有需要小张随时为您服务。"

(5)客户想咨询时,提供帮助。
①主动微笑服务,表情愉悦。
②用自己的话重复客户的问题,确认理解正确。
③尽可能礼貌邀请客户入座洽谈(图6-11),为客户提供茶饮服务,延长在店时间。
④根据客户提问帮助客户进行用车需求分析,给客户留下专业可信赖的感觉,表现出亲切、诚恳的态度,让客户有被尊重的感觉。

图6-10 客户自行参观时

——王先生:"我想了解一下科鲁兹的配置怎么样?价格现在是多少?"
——销售顾问:"王先生您眼光不错,科鲁兹是一款性价比非常高的车,您这边请,稍坐一下,我拿相关资料给您看,我再详细为您介绍一下。"

(6)客户表示想离开,主动送别客户(图6-12)。

图6-11　客户入座洽谈

图6-12　主动送别客户

①采用客户可接受的方式留下客户联系电话及职业、家庭住址、家庭情况等相关信息。

②送客户至停车场,确认客户有自己的名片,约定下次到店事宜,感谢客户惠顾并道别。

③主动为客户打开车门,引导车辆出入,微笑并向离去客户挥手致意,目送客户离去。

——王先生:"我想再去附近的4S店看看其他车。"

——销售顾问:"王先生,非常荣幸能认识您并为您服务,您可以留下您的联系方式,我们店里过几天有活动,到时我会提前通知您。您有任何问题可随时与小张联系。"

(7)送别客户后,完善客户资料。

①完善客户信息,填写来店客户登记表(图6-13),建立来访客户档案。

②及时主动跟踪回访客户。

展厅到店/来电客户登记表

序号(1)	客户姓名(2)	电话号码(3)	联络地址(4)	到店/来电(5)	到店/来电时间(6)	离店时间(7)	拟购车型(8)	有望确定(9)	客户特性追踪(10)	接待人员(11)
									□初次来店者　□已受邀约者 □DM　□产品资料　□希望再 联络时间:　年　月　日	
									□初次来店者　□已受邀约者 □DM　□产品资料　□希望再 联络时间:　年　月　日	
									□初次来店者　□已受邀约者 □DM　□产品资料　□希望再 联络时间:　年　月　日	
									□初次来店者　□已受邀约者 □DM　□产品资料　□希望再 联络时间:　年　月　日	
									□初次来店者　□已受邀约者 □DM　□产品资料　□希望再 联络时间:　年　月　日	
									□初次来店者　□已受邀约者 □DM　□产品资料　□希望再 联络时间:　年　月　日	
									□初次来店者　□已受邀约者 □DM　□产品资料　□希望再 联络时间:　年　月　日	
									□初次来店者　□已受邀约者 □DM　□产品资料　□希望再 联络时间:　年　月　日	

图6-13　客户来访登记表

三 学习拓展

在汽车销售过程中,客户进店并非单一为购车而来,销售人员需要区分不同客户进店的不同目的,积极主动的做好服务接待工作,抓住一切可能的销售机会。下面就几种客户进店的情况进行应对说明。

1 确认客户来店目的是寻求帮助的应对

(1)客户来店目的是问路、寻厕:和善地指示道路或者厕所的方向;如果客户没有马上离去,请客户在休息区稍作休息,并奉茶水;如果客户对新车有兴趣,则伺机提供商品介绍。

(2)客户来店寻求维修帮助:表示急切关心,请客户坐下并奉茶水饮料,问清楚车况及可能发生故障的原因,马上通知维修服务人员处理。

2 确认客户来店目的不是买车而是要求和专营店的某人谈话的应对

(1)被访者在的情况:先请客户在客户休息区坐下,马上通知被访者会客,提供茶水饮料服务并陪同客户,直到证实他可以得到适当的帮助为止。

(2)被访者不在的情况:先请客户在休息区坐下,马上联络被访者。同时可询问客户需求,且视情况主动关怀并提供服务。若无法联系到被访者,且服务人员无法为其服务,则请客户留下姓名、电话及来访目的之后,再请被访者尽快和他联系。或写下被访者移动电话号码,请客户与被访者联系。此时应感谢客户的光临,请求谅解,并表示今后如有需要,愿意效劳。

3 确认客户来店只是想看某一款车但展厅没现车的应对

客户专为某款车而来展厅却没有现车,销售顾问此时应先请客户坐下,奉茶,寒暄以建立良好关系,切忌开口回绝客户;可通过各种手册、资料为客户做商品说明;分析客户用车需求,伺机进行同类车型推介;留下客户联系方式,查明有车的时间,和客户另约时间看车,在约定前一日再和客户确认时间。

四 评价与反馈

1 自我评价

(1)通过本学习任务的学习你是否已经知道在接待客户的过程中需要用到哪些接待礼仪知识?

_____。

(2)接待过程完成情况如何?

_____。

(3)通过本学习任务的学习,你认为自己的知识和技能还有哪些欠缺?

_____。

签名:_____ ____年__月___日

❷ 小组评价（表6-3）

小组评价表　　　　　　　　　　　　　　　表6-3

序 号	评 价 项 目	评 价 情 况
1	着装是否符合要求	
2	是否符合标准接待礼仪要求	
3	客户是否对本次接待服务满意	
4	是否遵守学习、实训场地的规章制度	
5	是否能保持学习、实训场地整洁	
6	团结协作情况	

参与评价的同学签名：_____　　___年__月__日

❸ 教师评价

_____

_____。

教师签名：_____　　___年__月__日

五 技能考核标准（表6-4）

技能考核标准表　　　　　　　　　　　　　　　表6-4

序号	项 目	操 作 内 容	规定分	评分标准	得分
1	迎接客户	主动迎接并为客户指引停车点位置，帮助客户打开车门邀请客户下车	15分	热情礼貌周到的接待客户，是否符合迎接礼仪规范要求	
2	自我介绍	向客户介绍自己并递交名片，询问客户来店需求	20分	欢迎客户来店；自我介绍内容完整，含公司名、职位、姓名；递交名片姿势正确；询问客户需求用语亲切	
3	观察客户	通过客户言行举止以及现有车辆使用情况，初步分析客户需求，为展厅接待做好准备	15分	适当与客户寒暄问候，用语正确；观察客户，做好记录并有分析说明	
4	展厅接待	引导客户至展厅，适当寒暄问候，确认客户想自行随意看车后离开，但应时刻保持服务意识	15分	引领礼仪正确；引路过程伴有进一步寒暄问候；展厅内服务人员均须对客户表示欢迎；客户表达想随意看看后，礼貌离开并表达出随时愿意服务的想法	
5	服务客户	客户有问题想咨询时，服务客户，尽量请客户进入洽谈区入座，提供茶水服务，耐心解决客户问题并帮助客户明确用车需求	20分	热情周到邀请客户入座；提供饮品礼仪行为正确；耐心解答客户疑问，并以开放性问题帮助客户明确用车需求	
6	送别客户	客户表示想离开时，确认客户联系方式后，送客户至停车点，指引并目送客户离开	15分	客户离开前再次礼貌确认（或留下）联系方式；送客户至停车点；欢迎客户下次光临或有需要随时联系；挥手告别目送客户离开	
	总分		100分		

项目四 需求分析流程

学习任务7 需求分析流程

 学习目标

 知识目标

1. 明确需求分析的目的；
2. 掌握需求分析的技巧。

★ 技能目标

1. 能够帮助客户进行合理有效需求分析；
2. 能够在需求分析的过程中灵活应对各种情况。

★ 建议课时

8课时。

 任务描述

汽车销售顾问在面对客户时，通常会假定客户购买汽车就是需要一个交通工具，其实，在客户需要交通工具的背后，还有许多更加重要而且实际的需求，这之中可能是身份的需要，可能是运输的需要，也可能是以车代步的需要，更可能是圆梦，当然也有可能什么原因都没有，就是周围的人都购买了汽车，因此自己也想购买一辆。客户每一个不同的需求都会有不同的表现方式，这种表现方式就对应了一些非常有效的销售方式，因此，销售过程是基于客户需求而来的，正确的分析客户需求，能够大大提高销售的成功率以及销售过程的有效性。

一 理论知识准备

(一)需求分析概述

需求分析也叫确定客户需求或者评估客户需求,根据销售的三要素可知,需求是构成销售的第一要素。销售顾问了解自己所有的产品状况、装备配置情况和价格等,但是不一定了解客户需要什么样的车辆以及哪些方面的服务。没有对客户需求的准确分析,销售顾问就不可能促成一笔双赢的成功交易。对需求分析的问题主要涉及下列几方面:购买愿望、购买时间(购买可行性)、现有车辆状况、个人状况。

❶ 对客户进行需求分析的意义

客户往往希望销售顾问根据他的需求,有针对性地进行商品说明,内心希望销售顾问能明了他的需求,所以销售顾问要善于通过引导和提问的方式让客户将自己真正的需求表达出来,以利于为推荐、介绍合适的产品作准备。

❷ 需求分析的目的

需求分析就是要了解客户的需求,通过适当的提问,鼓励客户发言,使客户感受到"被尊重",充分自主地表达他/她的需求。详细的需求分析是满足客户需求的基础,也是保证产品介绍有针对性的前提。具体目的有以下四点:

(1)明确客户的真正需求,并提供专业的解决方案。
(2)搜集详尽的客户信息,建立准确的客户档案。
(3)在客户心中建立专业、热忱的顾问形象。
(4)通过寒暄建立起与客户的融洽关系。

❸ 需求分析的基本过程

需求分析的基本过程,如图7-1所示,主要包括询问客户需求、聆听客户需求、观察客户反应、记录客户需要、确认客户需求等环节。

(二)客户需求分析的主要方法

❶ 明确客户的购买动机

如果有人问你:"你为什么买手机?"你会如何回答呢?你通常会说:"因为我需要。"接着的问题是:"你需要它做什么?"你说:"我需要沟通方便,让朋友随时可以找到我,所以我需要。"进一步的问题是:"那你为什么要花费这么多?就为了沟通方便,让朋友可以随时找到你吗?"你说:"外形好看呀!"接着问下去:

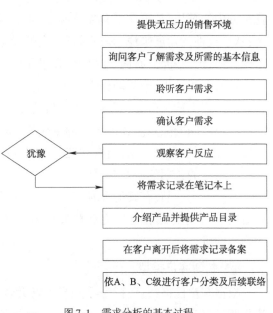

图7-1 需求分析的基本过程

"你不是需要沟通方便吗?"你说:"当然需要沟通方便,但是,还有……"

你一定还有许多没有说出来的原因,比如,让你周围的人感到你很时尚,因为你的手机的铃声是立体的,或许因为你的手机是彩屏的;你可能还有携带方便的需求,所以需要小巧的;也许你还有更加不愿意说出来的原因,比如想给父母一个惊喜等。

任何消费者在采购任何产品的时候都会出现这样的情况,那就是有一部分是他们清楚的原因,也有一部分是他们没有意识到,还有一部分是即使意识到了也不愿意承认的原因。前者我们称为显性动机,而后两者则是隐性动机。

什么是动机?动机是驱动人们行动的根本原因。在这里我们主要是通过了解客户采购汽车的本质原因来更加有效地赢得客户的订单。

正如人们购买手机会有多种不同的动机一样,购买汽车也有显性的动机,当然也会有隐性的动机。我们看一下这样两类动机是如何影响一个汽车消费者购买奥迪汽车的(图7-2)。

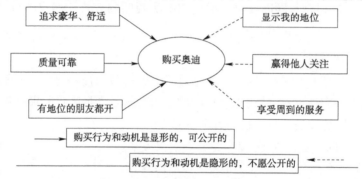

图7-2 购买奥迪汽车的动机分析

作为一名购买汽车的客户,他的购买动机是多方面的:从身份性角度来说,客户需要表明自己的地位、实力;从享受性角度来说,客户需要舒适的乘驾体验、良好的视听享受、优雅的内饰环境;从可靠性角度来说,客户需要安全的性能、过硬的品质、较低的后续成本;从满足性的角度来说,客户需要强大的操纵性能、强劲的加速性能;从展示个性的角度来说,客户需要动感、时尚、年轻化、高素质的设计。除此之外,还有表明社会阶层、行业等各方面的购买动机,购买动机不是单一的,而是综合性的,我们要仔细辨别、准确把握。

客户产生购买行为,还有一个动机是重要的,也是销售顾问必须把握的,就是销售顾问与客户之间的关系。在与客户沟通交流,帮助客户选择决定的过程中,客户的情感会发生变化,由陌生变为喜欢,由喜欢变为信任,在信任的基础上产生购买行为,最后进一步形成更深层次的长期的朋友关系。

客户购买产品,在其他人看来,也许是不明智或者不合逻辑的,但是对客户来说都是有道理的,这些道理都是决定他购买车辆的原因,而客户在大多数情况下不愿意暴露自己的购买动机。

❷ 判断客户类型

根据客户性格特点、行为习惯等可以大致划分为几个大致类型,充分了解客户,首先就是要了解客户的大致类型。一天一个销售顾问要接待10~15组客户,不可能对每一个客户都做到非常深入、透彻的了解,因此,我们通过两个方向来了解他们:一是他们表达的意愿是间接表达还是直接表达,二是他们的情感度是偏理性还是偏感性。通过这两个指标,就可以将所有的客户大致区分为四类(图7-3)。

图7-3 客户类型

(1)分析型客户的需求分析及应对(表7-1)。

分析型客户的需求分析及应对　　　　　　　　　表7-1

分析型客户		
特征: 　天生爱分析; 　问许多具体细节方面的问题; 　较敏感,喜欢较大的空间; 　事事追求完美; 　喜欢条条框框; 　决策非常谨慎,过分依赖材料和数据; 　工作起来很慢	需求: 　安全感; 　不希望有突然的改变; 　希望被别人重视	恐惧: 　批评; 　局面混乱; 　没有条理; 　新的做法和方法
销售策略: 　1. 尊重他们对个人空间的需求; 　2. 不要过于随便,公事公办; 　3. 摆事实,并确保正确性,对方对信息的态度是多多益善; 　4. 做好准备,放慢语速,鼓励他多动手; 　5. 不要过于友好以防加强他的戒心; 　6. 把精力放在事实上		

(2)控制型客户的需求分析及应对(表7-2)。

控制型客户的需求分析及应对　　　　　　　　　表7-2

控制型客户		
特征: 　冷静、独立、以自我为中心; 　发号施令,发表讲话; 　不容忍错误; 　不在乎别人的情绪、别人的意见; 　喜欢控制局面,一切为了赢	需求: 　直接回答问题; 　大量新的想法; 　了解事实	恐惧: 　犯错误; 　无结果; 　不理睬

续上表

控制型客户
销售策略： 1. 充分的准备； 2. 准备一份计划书，并辅以背景材料； 3. 要强有力，但不要挑战他的权威地位； 4. 喜欢有锋芒的人，但同时也讨厌别人告诉他怎么做； 5. 从结果的角度谈，提出2~3个方案备选； 6. 解释你的建议是如何帮助他达到目标的

（3）友好型客户的需求分析及应对（表7-3）。

友好型客户的需求分析及应对　　　　　　　　　　表7-3

友好型客户		
特征： 善于保持人际关系； 关心别人，喜欢与人打交道，待人热心； 不喜欢主动，喜欢停留在原地； 出色的听众，迟缓的决策者； 不喜欢与人闹矛盾； 耐心，帮激动的人冷静下来	需求： 安全感； 真诚的赞赏； 传统的方式和程序	恐惧： 失去安全感
销售策略： 1. 放慢语速，以友好的但非正式的方式交谈； 2. 提供个人帮助，建立个人之间的信任关系； 3. 从对方的角度理解问题； 4. 讨论问题要涉及人的因素		

（4）抒发型客户的需求分析及应对（表7-4）。

抒发型客户的需求分析及应对　　　　　　　　　　表7-4

抒发型客户		
特征： 女性居多； 充满激情、有创造力、理想化、乐观； 喜欢参与、不喜欢孤独； 追求乐趣、乐于让别人开心	需求： 公众的认可； 民主的关系； 表达的自由； 有人帮助实现创意	恐惧： 失去大家的认同； 不耐烦的态度
销售策略： 1. 表达出充满活力、精力充沛的性格特点； 2. 提出新的独特的观点； 3. 给他们时间说话； 4. 明确目的、讲话直率； 5. 以书面的形式与其确认； 6. 要有心理准备，他们不一定说到做到		

3 获取客户信息

我们一直在谈论客户的需求，那么我们如何准确获得客户的需求呢？客户很少直接清楚地告诉你他需要什么,我们只能抓住客户告诉我们,或者我们询问得到的客户的各方面的信心,从这些信息中寻找分析客户的需求。

哪些信息是我们需要,对我们销售有帮助的信息呢?

(1)获取的目标信息。经过对众多客户需求的分析与总结,我们将我们需要得到的信息归纳为三类:购买车辆预算、角色信息、客户需求信息。

(2)购买车辆预算。销售的三个要素中,购买力是购买行为的基础,客户没有购买力就谈不上销售过程。我们需要得到的客户购买预算的信息包括现在的支付能力、计划用购车上多少钱、青睐的财务付款方式等。

(3)角色信息。

①群体客户的角色分析。我们面对的客户可能是一个人,也可能是一群人,我们要准确的从中判断,谁是购买行为的购买者,谁是决定者,谁是最终的使用者,而谁是对购买行为产生影响的人。如何分辨众多角色呢?用眼睛肯定不够,我们要寻找交流的机会,创造机会让每一位来访者表达自己的观点和期望,那么我们就能够从言谈中进行客户角色的有效判断。

②客户的个人信息。我们在进行需求分析之后,需要对客户建立详细的个人档案,收纳客户的个人信息,包括:姓名、地址、电话、驾龄、职业、兴趣、业余爱好、购买时间、购买车辆用途、家庭成员等信息,客户的信息要尽可能的详细,可以包括同行的朋友、同事以及家人信息。

③现有车辆信息。对于第二次购车的客户,我们应清楚地了解客户现有车辆以及对现有车辆的一些想法,对我们的销售具有很大的促进作用。我们需要收集的现用车辆信息包括:厂家、型号、车龄、里程、每年的行驶里程、喜欢的理由、不喜欢的理由、费用问题、车辆的事故情况等。

④计划购车信息。了解客户计划购买的车辆,以及购买后的使用方案,能够让我们更准确地帮助客户选择车辆型号配置,提升我们的专业水准,使客户满意。计划购车信息包括:计划每年行驶里程、用途、参数选择、配置要求、颜色要求、购买时间等。

(4)客户需求信息。在客户的分类里面,我们将客户的情感度分为偏感性和偏理性,所以我们客户的需求也可以划分为感性需求和理性需求。感性需求包括:品味、实力、地位、面子、时尚感受等情感因素;理性需求包括:产品质量、性能、安全性、舒适性等使用因素。

客户的购买行为的产生主要取决于事实,即客户前期的理性需求;但是客户在做购买决定的时候往往更青睐他们的感觉,即感性需求,特别是在中国市场,这是很普遍的现象。

以上这些客户需求的信息,都是我们在与客户沟通的过程中需要围绕的目标,我们要带着这些目标,有方向的引导或询问客户,让客户在被尊重的感觉下,主动告诉我们答案。

4 客户需求的应对

(1)当客户表达需求时。

①销售顾问在和客户面谈时,保持一定的身体距离,随时与客户保持眼神接触。

②销售顾问需要保持热情态度,使用开放式的问题进行提问,并主动引导,让客户畅所欲言。

③销售顾问必须适时使用刺探与封闭式的提问方式,引导客户正确表达他的需求。
④销售顾问可针对客户的同伴进行一些引导性的对谈话题。
⑤销售顾问需要留心倾听客户的讲话,了解客户真正的需求。
⑥在适当的时机做出正面的响应,并不时微笑、点头、不断鼓励客户发表意见。
⑦征得客户允许后,销售顾问应将谈话内容填写至自己的销售笔记本中。
⑧销售顾问必须随时引导客户针对车辆的需求提供正确想法和信息以供参考。

(2) 当确定客户需求时。
①当客户表达的信息不清楚或模糊时,应进行澄清。
②当你无法回答客户所提出的问题时,保持冷静并切勿提供给客户不确定的信息,应请其他同事或主管协助。
③销售顾问应分析客户的不同需求状况,并充分解决及回答客户所提出的问题。
④协助客户整理需求,适当地总结。
⑤协助客户总结他的需求,推荐可选购的车型。
⑥重要需求信息及时上报销售经理,请求协助。

(三) 客户需求分析的主要技巧

❶ 邀请客户坐下来沟通

为什么要坐下来沟通呢?让客户坐下来,可以增加客户停留在展厅的时间,可以营造轻松、舒适的谈话氛围,同时还能够为客户提供饮料茶水,进一步增加客户的满意度,这些都能够促进我们销售的成功。

如何让客户坐下来呢?初步交流之后,要观察客户的状态,客户有意继续交谈,就是邀请客户坐下来沟通的时机,可以向客户发出诚恳的邀请,"您看,要不我们去那边的沙发坐一下?我再给您详细地介绍一下。"

❷ 适时地夸奖称赞客户

赞美客户可以使他的虚荣心上升,给客户以好感,利于冲动购买,并能使客户停留在4S店的时间增加,增大销售的成功概率。

赞美客户的要点是要有真诚的情感以及事实依据,赞美也要适度,过度赞美会显得虚情假意,赞美客户是建立客户信任的要诀。

❸ 主动倾听的技巧

倾听是一种情感的活动,它不仅仅是耳朵能听到相应的声音,还需要通过面部表情、肢体的语言表现,更需要用语言来回应对方,传递给对方一种您很想听他说话的感觉,因此我们说倾听是一种情感活动。在倾听时,应该给客户充分的尊重、情感的关注和积极地回应。

如果你无法主动倾听客户的需求,就无法提供给客户满意的汽车产品。因此,主动倾听客户的需求是销售顾问极为重要的工作。

随时都从客户的观点出发,初步判断客户的需求状态。如此,你可以让客户感觉更自在,并赢得客户的信任。主动倾听,找出客户需求的六个要点,见表7-5。

项目四 需求分析流程

倾听中找出客户需求的六个要点　　　表7-5

主动倾听的内容	语 言 范 例
(1)专注的态度。 身体微微前倾,保持和客户的眼神接触,表示你在专心地倾听客户的谈话,并让客户自然的表达	①是的; ②当然; ③我们会尽量满足您的要求
(2)表现认同。 赞同客户的观点,让客户放松,并可赢得客户的信任	①是的,现在油价是涨了不少,车辆的使用费在增加; ②我完全了解您的想法
(3)提出问题。 理清思路,确认细节以后,清楚了解客户的想法和打算,获得客户信息	①您可以说得更详细一点吗? ②您主要想解决什么问题? ③您平常用车是长途多一些还是市内多一些? ④您对车辆配置有哪些想法
(4)理清问题。 抓住对方的主要观点,确认你对客户的理解是否正确	①您是想了解这款车的安全性能,对吗? ②您是想买一辆××~××万元汽车对吗? ③您平常车辆的主要用途是……对吗
(5)总结内容。 总结客户谈话重点,并确认你和客户已取得共识	①您目前对要买的车辆的主要需求是…… ②您目前主要想了解的是…… ③您的购车计划是
(6)非语言沟通	①保持微笑; ②点头示意; ③目光接触; ④专注自然的面部表情

当你在倾听客户谈话时,必须注意以下几点。

(1)将注意力集中在客户身上。

(2)了解客户的观点。

(3)不要只是主动倾听谈话内容,还要从客户的脸部表情和语调来了解客户需求。

(4)在此倾听阶段中,先不要评判客户需要购买车辆的需求。

(5)不要只听自己想听到的事。

4 提问的技巧

通过提问,能尽快找到客户想要的答案,了解客户的真正需求和想法;通过提问,也能尽快理清自己的思路,这对于汽车销售顾问至关重要。如"您能谈一下您的希望、您的要求吗"这些问题都能够理清自己的思路,让自己清楚客户想要什么,你能给予客户什么。那么,如何提问才能达到上述效果呢? 这是有一定技巧的,提问主要有以下几种技巧。

(1)针对性提问。什么是针对性的问题呢? 比如说,接待客户时可能会有客户问:"你觉得哪个排量比较适合我?"这个时候,销售顾问可以询问客户:"您比较倾向于大排量还是小排量,您平时是在市内使用多一点还是开长途多一点?"这个问题就是针对性的问题。针对性的问题的作用是能让你获得细节,在不知道客户的答案是什么的时候使用,通过提出一个有针对性的问题,对客户反映的情况进行了解。

(2)了解性问题。了解性问题是指用来了解客户信息的一些提问,在了解这些信息

71

时,要注意避免一些客户可能会有反感的问题,例如"您的联系方式是什么","您是做什么的","您之前的车是什么时候买的","您准备花多少钱购车"等,使客户觉得像在查户口。作为销售顾问,提这样的问题的目的是为了了解更多的信息,这些信息对销售顾问是很有用的,可能有的客户有时候不愿意回答或懒得回答。"我联系你们吧",有时客户会这么跟您说,因此在提出了解性问题时,一定要尽量说明原因,如"麻烦您填一下来店登记表好吗?这样我们有优惠活动可以第一时间通知您"。

(3)澄清性问题。澄清性问题是指正确地了解客户所说的问题是什么,到什么程度。有时候客户往往会夸大其词,如"你们这里怎么卖得这么贵"等。销售顾问碰到这样的客户,首先要提出一些澄清性问题,因为您这时候并不知道客户所说的贵到了什么程度。遇到这种情况可以提问:"请问您之前还看过哪些车型呢?我们可以看哪一种更加适合您。"这样可以了解客户投诉的真正原因是什么,事态究竟有多严重。

(4)征询性问题。征询性问题是告知客户对于他所提出问题的初步解决方案。"您看我们这样解决好不好?"类似于这种问题,就称为征询性问题。当告知客户一个初步解决方案后,要让客户做决定,以体现客户是"上帝"。比如,客户抱怨配置问题,听完他的陈述后,销售顾问就需要告诉客户一个初步的解决方案,如:"我们这个车型分为标准型、舒适型、豪华型,还能够进行个性化选配,您看哪一种更合适您?"运用征询性问题来结束对客户的销售服务,很多时候会让客户享受到"上帝"的感觉。

(5)服务性问题。服务性问题也是销售服务中非常必要的一种提问。这种提问一般运用在销售服务过程结束的时候,它可以起到超出客户满意的效果。例如,在为客户做完销售服务后,可以说:"您看还有什么需要我为您做的吗?"在一个服务意识比较强的汽车4S店里,我们会经常听到这句话。很多销售顾问都不会运用这句话来完善服务。服务性问题的提出是体现一个汽车4S店的销售服务是否达到优质的一个标准。就像我们到一些管理较差的汽车4S店,销售顾问本应帮客户开门,但拉开门后,销售顾问自己却先进去了;而一些管理好的汽车4S店则有迎接客户的礼仪,这就体现了高标准的汽车销售服务。

(6)开放式问题。开放式问题是用来引导客户讲述事实的,例如"您能说说你对想购买的车辆有哪些具体要求吗","您能告诉我您的想法吗","您最想了解的问题是什么"等,一句话问出来,客户就滔滔不绝了,这就是开放式问题。开放式问题便于详细地了解情况,或让客户说出一些销售顾问忽略了的细节。

(7)封闭式问题。封闭式问题就是对客户的问题做一个重点的复述,是用来结束提问的。当客户叙述完毕后,销售顾问会说:"您的意思是从黑色和银色中间选择,是这样的吗","你是觉得舒适性更适合您吗","您看您需不需要加装导航仪呢"等,这就是封闭性的问题。

此外,通过提问,可以让紧张的客户缓解情绪。例如,当客户很紧张时,可能会忘记陈述事实,销售顾问应该有效地利用提问来缓解客户的情绪,如"您看您如果不忙的话,我们坐下来慢慢谈,看您到底有哪些想法",这时客户就会专注于回答您所提出的问题,在陈述的过程中,客户的情绪就会从紧张而逐渐变得自然起来。

我们进行客户需求的提问,不能是以一个汽车品牌的狂热爱好者的身份,要时刻记住我们顾问的职责,我们是站在客户的一边,帮助客户思考问题,做出最合适的选择。

综上所述,只有树立全心全意为客户服务的意识,注重在与客户进行交流时提问的技巧与方法,才能吸引更多的客户接受您的服务,准确地获取客户的需求信息,建立长期的信任关系,从而为个人和企业带来源源不断地经济收益。

二 任务实施

❶ 准备工作

(1)游戏准备:请一位同学上台描述任意物品,其他同学根据他所描述的内容绘图。

①第一次:所有画图的同学只能在无声的状态下被动地听,根据同学描述绘图。

②第二次:绘图的同学可以向描述的同学提问题,获取相关信息,并根据所获得的信息进一步绘图。

③最后比较所画的图案哪一个与标准答案最相似,请分析出现这一结果的原因是什么?

(2)任务场景准备。

时间:某一工作日。

地点:某汽车专营店销售大厅。

人物背景:客户张先生和爱人到店看车。

任务描述:销售顾问小王完成对张先生夫妇的接待并进入需求分析流程。

❷ 技术要求与注意事项

(1)客户开始表达需求。

①通过热情、礼貌、专业化的接待,引导客户主动叙述他的购车需求。

②适当的提问,鼓励客户发言,使客户感受到"客户第一"的态度,能充分自主地表达他的需求。

③留心倾听客户的讲话,了解客户真正的意见,在适当的时机作简单的回应,不断鼓励客户发表意见。

④眼神接触,关心的表情,身体前倾,热情倾听,表示对客户的关心与尊重。不要打断客户的发言,客户说完后再讲述自己的意见。

⑤征得客户同意,详细记录客户谈话的要点。

⑥未确认客户需求时,不可滔滔不绝地作介绍。

(2)协助客户总结需求。

①适当地利用刺探与封闭式的提问方式,引导客户正确表达他的需求。

②保持对客户的兴趣,鼓励客户的发言。

③顾问式地协助客户总结他的需求,挑选可选购的车型。

(3)分析客户需求。

①遇到不懂的问题,请其他同事协助,回答客户所需信息。

②分析客户的不同需求状况,充分解决和回复客户提出的问题。

③及时与上司沟通情况,获得必要的指导。

（4）满足客户需求的解决方案。

①建立互信关系，继续加深你在客户心目中的依赖感。

②站在客户的立场来考虑事情，把客户当成自己的朋友，并非仅是"买卖关系"。

③使用客户能理解的方式需求分析，而且对不同的客户及其利益需求要提供不同的创意服务。

3 操作步骤

（1）收集客户的基本信息。

图7-4　收集客户信息

销售顾问在与客户交谈中，要善于有针对性地使用开放式提问来收集客户信息（图7-4），使用封闭式提问来确认客户的信息。

——"不知道您对车辆的哪些方面比较关注？"，"请问您的购车用途主要是什么？"（开放式提问）。

——"我们这款车有彩晶黑、钛晶银、珍珠白等六款颜色可供您选择，不知道您中意哪款颜色？"（封闭式提问）。

（2）分析客户过往用车经历。

通过观察客户来店时所开的车辆，询问客户目前用车情况或曾经开过什么车等（图7-5），帮助销售顾问快速分析客户对于产品的关注点及用车习惯。同时，初次购车的客户较为冲动，多从个人喜好出发，受身边朋友的影响较大；而二次购车的客户则更为理性，他们了解自己的需求，如果能分清客户是初次购车还是二次购车，将有助于销售顾问更有针对性地向客户推荐车辆。

——"刚才看您开的是辆SUV，想必您对车辆的空间和通过性比较注重吧？……"（确认客户所开车辆是自己的）。

——"冒昧地问一下，您目前使用的是什么车？/您之前开过什么车？……"（客户没有开车来店时）

图7-5　询问客户用车经历

（3）分析客户购车预算，避免盲目介绍，推荐符合客户预算的车型（图7-6）。

客户一般不愿意告知购车预算，他们往往认为如果暴露了购车预算，就会失去讨价还价的余地，因此销售顾问应该努力的打消客户的疑虑，解释询问的原因，并给出自己的专业意见，从而获取客户的信任。

——"先生/女士，冒昧地问一下，请问您的购车预算大概是多少？这样我好为您进行针对性的介绍……"

(4)勇于提问、善于引导,制造共同话题,分析客户兴趣爱好(图7-7)。

图7-6　分析客户购车预算

图7-7　分析客户兴趣爱好

销售顾问要掌握谈话的主动权,虽然通过与客户聊些他/她所感兴趣的话题,可以拉近彼此间的距离,但一定要寻找适当的时机切入主题,根据客户的兴趣爱好结合产品卖点向客户进行推荐。

——"×女士,您的手提包很不错,在哪里买的,过几天就是我女朋友的生日,我正发愁给她买什么生日礼物呢……?"

——"听说××路上新开了家PUB,环境很不错,我正打算哪天有空和同事一起去玩,您去过吗……?"(需根据客户的类型灵活使用)

(5)避免盲目介绍,抓住客户的关注点进行重点推荐(图7-8)。

客户对产品的关注点是什么,对于销售顾问而言是最重要的,尤其是对于初次购车的客户来说,因此,销售顾问需要对客户进行适当的引导,可使用封闭式提问,询问客户购车时的关注点。切忌一上来就对客户进行全面的产品介绍,应该针对客户的关注点进行重点介绍。

——"先生/女士,看一辆车好不好,一般从外观/动力/舒适/安全/操控等五个方面来看,您觉得这五个方面对您来说哪个最重要呢?"

(6)分析客户同时关注的其他品牌(图7-9),为产品说明做好准备。

图7-8　抓住客户关注点介绍

图7-9　分析其他品牌

当客户谈起其他品牌产品时,不要随意抨击竞品;当客户将本品和竞品进行对比时,销售顾问要实事求是,不得夸大其词。

——"先生/女士,不知道您之前还看过哪些车型?……","先生/女士,不知道您有没有比较中意的车型?……"

(7) 积极地倾听,让客户感觉到你对他们的尊重。

销售顾问要善于使用销售工具包对客户的谈话进行记录,并对客户的谈话进行分析、归纳。销售顾问在倾听客户谈话时要表现出积极的状态,专注着客户,对客户所表达的意见通过语言、目光等方式给予认同并面带微笑,随时保持与客户之间的目光交流。

——"您的意思我明白了……","您说的没错,我有很多客户也是这样认为的……"

(8) 协助客户总结、确认购车需求,并给出合理购车建议(图7-10)。

销售顾问要善于利用之前跟客户的谈话记录,对客户的购车需求进行总结并确认。然后,一定要根据客户的需求,结合本产品的卖点,给出自己专业的、合理的购车建议,为客户设立购买标准。

图7-10 总结确认客户需求

——"先生/女士,通过和您之前的交谈,我了解到您对车辆的安全性、通过性比较关注,因为您经常要跑长途或是比较差的路面,是这样的吧?…… 那么我建议您可以考虑一下我们最新款的 CR-V,因为它不仅获得了 C-NCAP 安全碰撞测试迄今为止的最高分,而且因为它属于城市 SUV,在保证了舒适性的同时,还兼备了良好的通过性,要不您这边请,我们去看看实车,您再试乘试驾亲自感受一下……"

三 学习拓展——客户需求分析的话术实例

【案例1】 获得并分析客户的购车背景

销售顾问(看见客户走进展厅,马上去迎接):"你好,我是这里的销售顾问小李,欢迎您的到来。准备看什么样的车?"

技巧:争取的开场白与陈述内容,特别是"看"的应用,较好地把握了客户的心态,因为这里所销售的车档次都较高。

客户:"随便看看"(接着走到了展车前面)。

分析:客户考虑选择的可能是展厅中价值较低的车型,如果是最贵的,客户的语气和语态会发生很大的变化。

销售顾问(只需在距客户约1.2m的距离,不要过早打扰客户。如果发现客户在某个位置停留时间较长或回头时,要尽快靠前):"这位先生,看来您对这款车非常有兴趣。"

项目四　需求分析流程

技巧:适当的距离与恰当时机的询问,不仅能够消除客户的紧张情绪,还能拉近与客户的距离。

客户:"发动机是哪里生产的?"

分析:客户提出了自己的问题,这也表明了该问题是他购车时会首先考虑得。

销售顾问:"看来您非常专业! 一般首先问到发动机的朋友都是汽车方面的专家。"(停顿)

技巧:表示出对客户的赞美,同时适当的停顿给客户思考的空间,也利于销售人员决定下一步应该说什么。

客户:"哪里,只是知道一点"。

分析:客户自谦,也是对销售人员赞美的一个回应。

销售顾问:"我们这款车的发动机是德国原装发动机,动力性非常的卓越。不过,我想请教一下,您之前接触过这款车吗?"

技巧:简明扼要地回答客户的问题,但此时不要走进销售的误区,即在不了解客户真实意图前就进入到汽车产品的展示阶段。此时话锋一转,开始对客户的购车背景情况进行调查。

客户:"在互联网上看过,还没有见过实车。"

分析:表明客户对此款车的了解不够深入,接下来销售人员的产品展示功夫就会直接影响到对这位客户后续的销售,但此时还不是展示产品的时机。

销售顾问:"那你有没有接触过其他同级的车呢?"

技巧:了解客户对竞争车型的认知情况以及认同情况,这是订制后续销售策略的基础。

客户:"我刚从隔壁的展厅过来,听他们介绍过××款车,相当不错,特别是发动机。"

分析:客户表明他刚接触到的竞争车型相当不错,尤其是对发动机的印象,此时,销售人员明确了客户的选择范围。

销售顾问:"这样说来,如果今后您要买车的话,发动机是您首先考虑的问题啦?"

技巧:对客户的需求进行诊断,确认发动机是否是客户选车时优先考虑的问题。如果自己的汽车发动机在同级车中具有优势,那么今后的销售中就应该强调这种优势;如果不具备优势,那么今后的销售就要设法转换客户的选择重点。

客户:"以前开过××牌的车,对该车的发动机印象比较深。"

分析:客户再次提出另一款使用过的汽车也是因为发动机的性能让他印象深刻,这款车会被客户列入备选品种。

销售顾问:"这样看来,您真的是一个汽车方面的专家,××牌的车不错,如果您准备投资买车的话,会考虑那款车吗?"

技巧:对客户未来的选择方向进行诊断,明确客户选择与排斥××牌车的因素。

客户:"当然,如果有发动机比那款车更好的,我当然会考虑。"

分析:客户再次表明发动机是他选车时重要考虑的因素,此时的销售就比较明确了,就是要设法提高自己这款车发动机的价值,强化客户的认同感。

销售顾问:"这里,我想请教一下,今后您自己要开的车价值会在多少范围内?"

技巧:进一步提出新的问题,确定客户的投资范围。在这里,请不要直接问客户会花多少钱买车,这样容易引起客户的警惕,让他们觉得如果告诉了你投资的方位,会降低他们的谈价能力。

客户:"40万~50万元吧!"

分析:此时,客户给出了一个投资的范围。

双方的交流继续进行,但不论用什么方式,只有一个目的,就是把客户购车的相关背景情况弄清楚。只有在此阶段收集的信息足够,才能在后续的销售中获得制胜先机。成功销售的第一步是弄清与客户购车投资行为相关的背景情况。

【案例2】 弄清楚客户需要解决的问题

销售顾问(看见客户走进展厅,急忙迎了上去):"您好,我是这里的销售顾问小李,欢迎您的到来。准备要看什么样的车?"

技巧:对于来展厅的陌生客户,销售顾问小李热情地迎了上去,开场白简洁明了。

客户:"听说新上市了一款2.0排量的车,不知怎么样。"

分析:客户表明了他的来意,是想了解新上市的那款车。

销售顾问(引导客户走向样车):"您说的就是这款车,上月18日刚上市,现在销售行情特别好。"

技巧:销售人员在向客户介绍前,先用总结性的语言点明了这款新车的销售情况非常好,给了客户一个心理暗示。

客户:"介绍一下吧。"

分析:客户提出介绍要求。请注意,一般情况下,就像前例所述,不够专业的汽车销售人员很容易顺势就被诱入汽车产品的展示阶段。如果这样的话,整个销售过程就容易被客户所主导。

销售顾问:"好的,只是不知道您是否有足够的时间听取我的介绍。同时,在介绍这款车之前,能否请教您几个问题?"

技巧:这句话的目的是作一个缓冲,不至于让客户牵着鼻子走,同时可以变被动为主动。

客户:"什么问题?"

分析:只要客户做出类似这样的回答,就可以按照我们的思路来进行客户需求的开发。

销售顾问:"在来这里之前,您是否接触或听说过这款车?"

技巧:了解客户的背景情况。

客户:"听朋友说过。"

分析:是朋友介绍促使客户来到展厅。

销售顾问:"能不能介绍一下,他对这款车是怎么看的?"

技巧:探询该客户的朋友对这款新车的看法,也能够知道客户的了解程度,有利于把握客户的未来的投资取向。

客户:"他说这是一款不错的车,特别是在安全系统方面,配置比较高。"

分析:这是有利的信息,朋友的正面意见将会对客户的决策起到帮助作用。

销售顾问:"您这位朋友说得非常正确。安全系统是这款车的一个重要卖点,除了车身设计外,配备只有高档轿车才配备的 ESP,同时还配备了双氙气前照灯。我想请教一下,安全系统的配备是否是你对选车条件的第一位。"

客户:"当然。我以前开的哪款车安全配置比较低,有一次在高速公路上差一点出事故。"

分析:客户通过他自己的亲身经历,说明了原来那款车在安全系统方面的不足,这一定是客户未来选车时必须要考虑的关键因素,也是这个环节的谈话要到达的目的,找到客户需要解决的问题。

销售顾问:"也就是说,如果我没有理解错的话,安全配置是您选车时首要考虑的问题。除此之外,还有什么问题必须考虑呢?"

技巧:再进一步寻找客户所面临的需要解决的其他问题,只要找到了客户的问题,那么成功销售就近在咫尺了。

客户:"就是该车的动力性如何?原来那款车虽然也是 2.0 的排量,但由于车身自重较大,所以跑起来总感觉吃力。这款车的车身质量是多少?"

分析:客户再次表述了他面临的问题,即动力性表现,这是有经验的购车者才会提出的问题。同时,销售人员必须对客户所提及的汽车产品非常了解,才有可能不至于出现销售破绽。

销售顾问:"您这个问题问得真到位,发动机是您最了解的,虽然这是 2.0 的排量,但其输出功率达到了 108kW/h,输出转矩达到了 200N·m 自重比您所说的那款车还更轻,所以动力性是无可挑剔的。"

技巧:对客户的意见进行肯定,目的是销售人员就客户在购车中面临的需要解决的问题再进一步探询。成功销售的第二步是找到他们在购车中需要解决的问题,这是诱发他们迅速做出投资的动因。

【案例3】 客户解决需求问题的迫切程度

情景设定:某客户经过比较,最终锁定了两个不同品牌的同级车,但由于各款车都有其独到之处,他较难取舍。其中,A 品牌为新上市的车型,在同级车中率先装备了 ESP 和双氙气前照灯、八方向可调节电动座椅等高科技安全与舒适性配置,但这款车外形设计过于时尚,整体视觉效果是车体不够宽大,同时还没有天窗;B 品牌为已经在市场上销售一年多的车型,在同级车中销售相当不错,业界的评价也很高,虽然没有装备 ESP 和双氙气前照灯,但宽大的车身、天窗和用户良好的口碑的确让客户割舍不掉。这天,他来到了 A 品牌的展厅,想就这个问题寻求一个最终的答案。

销售顾问:"通过刚才您的介绍,两款车都让您心动。说句实在话,购车选择是一件很难的事情,因为没有一款车、也不可能有这样一款车,能够把所有车型的优点集于一身。一款汽车是否适合自己,关键还是要看是否能够符合我们的投资要求,能否解决我们目前存在的问题。在此,我想请教一下,在您过去用车的经历中,上高速的机会多不多?"

技巧:在明确了客户的选择范围后,进行立场转化,提出选车应该考虑的问题与角度,让客户感觉到是站在他们的立场上考虑问题,帮助他们出主意。接着,话题一转,开始导入到 A 品牌最有优势的部分:安全保障系统。寻找客户没有特别注意甚至是忽略掉的问题并进行强化。

客户:"多,经常要出差,全省各地跑。"

分析:客户的回答正好符合后续需求引导的要求。

销售顾问:"那就是说,出差的时候遇到刮风下雨的机会比较多了?"

技巧:把高速公路的行驶与恶劣条件联系在一起,暗示安全保障的重要性。

客户:"那自然"。

分析:得到客户正面和肯定的回答,正好能够顺势进行引导。

销售顾问:"遇到风雨天您是不是要减慢车速而且还要小心翼翼?"

技巧:强化风雨天的行车风险对客户心理上的影响。

客户:"那肯定。"

分析:得到客户的正面答复。

销售顾问:"有没有在雨天高速行驶时遇到过紧急情况?"

技巧:诊断性问题激发客户对行车危险的联想。

客户:"有啊!半年前送一个客户去某地,在高速公路上就碰到过这样的情况,那一次差点把我们吓死了。"

分析:客户的回答证实了这种可能性的存在,也进一步强化了客户防范风险的意识。

销售顾问:"这么说,汽车的安全保障系统是您不得不重点考虑的问题了,特别是该车是否配备了 ESP。"

技巧:强化了客户对汽车安全尤其是 ESP 配置的认同。

客户:"没错。"

分析:得到肯定的答复。

销售顾问:"那我再请教一下,您开车出差时会不会因为时间紧,经常在晚上赶路。"

技巧:结合氙气前照灯的作用继续进行深一步的问题的挖掘。

客户:"差不多每次出差都会如此。"

分析:又一次得到肯定的答复。

销售顾问:"这样的话,行车过程中对灯光的要求就会比较高,不仅照度要高,而且视野要好,如果在弯道行驶和上下坡的时候能够自动调节,那么行车就安全得多了。"

技巧:从灯光系统进行分析,强化氙气前照灯对客户行车安全的保障。

客户:"你分析得没错。"

分析:再一次得到客户肯定的答复。特别提示:这样一而再,再而三地让客户给出肯定的答复,从心理学的角度看,此时即使提出的问题是错的,客户也会顺势回答"正确"。

销售顾问:"这样看来,行车安全的保障是您必须第一位考虑的问题,而这款车有没有天窗就显得不重要了。"

技巧:在客户心理不断得到正面强化的情况下,提出必选的答案让客户选择。

客户:"当然,如果安全保障系统完备,又有天窗的话,会更好一些。"

分析：客户提出的虽然是一个折中的意见，但可以看出，刚开始时对天窗的要求强烈程度已经开始弱化，这正是此段话术的精髓所在。

销售顾问："从这个角度看，在您刚才确定的这两款车中，也只有 A 品牌最符合您的要求了，我建议现在您就把这辆车开回去吧！"

技巧：再次强化客户对 A 品牌的认同，并适时地提出了成交要求。

客户总是愿意为能够解决他们问题的方案付出代价，关键在于你是否帮助他们认识到这些问题与你提供的解决方案之间的对应关系。

四 评价与反馈

1 自我评价

(1) 通过本学习任务的学习你是否已经知道以下问题。

① 销售顾问为什么要进行客户需求分析？

_____。

② 如何准确地判断客户的购买欲望？

_____。

(2) 在进行客户需求分析的过程中你用到了哪些技巧？

_____。

(3) 通过本学习任务的学习，你认为自己的知识和技能还有哪些欠缺？

_____。

签名：_____　　___年__月__日

2 小组评价（表 7-6）

小组评价表　　　　　　　　　　　　　　　表 7-6

序 号	评 价 项 目	评 价 情 况
1	着装是否符合要求	
2	是否符合专业需求分析操作流程	
3	客户是否对本次服务满意	
4	是否遵守学习、实训场地的规章制度	
5	是否能保持学习、实训场地整洁	
6	团结协作情况	

参与评价的同学签名：_____　　___年__月__日

3 教师评价

_____。

教师签名：_____　　___年__月__日

五 技能考核标准（表7-7）

技能考核标准表　　　　　　　　　　　　　　　　表7-7

序号	项目	操作内容	规定分	评分标准	得分
1	搜集客户信息	与客户交谈中，主动提问来搜集并确认客户的信息	10分	开放式或封闭式提问是否灵活运用，获得客户重要信息	
2	分析用车经历	销售顾问通过观察客户来店时开的车辆，或者询问客户以往用车情况，从细节上分析出客户的潜在需求	15分	提问是否礼貌且有技巧；观察客户是否符合礼仪规范，不让客户反感	
3	分析购车预算	打消客户疑虑，分析客户购车预算，给出专业意见，获取客户信任	15分	询问购车预算提问是否有技巧；提问之后是否阐明原因以打消客户疑虑；是否给出专业合理的建议	
4	客户兴趣爱好	通过与客户聊些他/她所感兴趣的话题，拉近与客户距离；根据客户的兴趣爱好结合产品卖点向客户进行推介	15分	是否勇于提问、善于引导、制造话题；是否注意细节上的观察	
5	分析客户重点关注因素	适当引导，了解客户对产品重点关注点，针对客户关注点进行重点介绍，切忌一开始即全面介绍	15分	是否使用封闭式提问，引导客户表明自己的重点关注因素；是否针对客户关注重点进行分析	
6	了解客户同时关注的其他品牌	当客户谈起其他品牌时，耐心倾听，并帮助客户做对比，为产品说明做好准备	15分	切忌随意抨击其他竞争品牌；是否实事求是，不夸大其词	
7	确认并总结客户需求	销售顾问要善于根据客户的需求，结合本产品的卖点，给出合理化建议，为客户设立购买标准	15分	是否对之前谈话重点做好记录；是否通过专业话术确认总结客户需求，并给出专业合理的建议	
	总分		100分		

项目五 车辆推介流程

学习任务8　汽车产品介绍流程及要点

学习目标

 知识目标

1. 掌握汽车产品价值构成的五大要素；
2. 掌握汽车产品价值的介绍话术；
3. 掌握汽车产品的规格；
4. 了解汽车产品的设计理念。

 技能目标

1. 能进行汽车产品的介绍；
2. 能独立进行汽车产品间竞争分析。

建议课时

4课时。

汽车销售的主要产品是汽车，客户购买的主要产品也是汽车，汽车作为一种特殊的产品，结构复杂，科技含量高。因此对汽车产品的充分了解是汽车销售顾问必须具备的条件，汽车销售顾问要有专业化的汽车产品知识。

一 理论知识准备

(一)汽车产品价值构成的五大要素

随着汽车消费市场和消费者的逐渐成熟,客户购车由以前单纯关注价格到后来关注性价比,再到目前关注的综合价值,汽车在同质化的同时也开始注重综合价值的提升,因此了解汽车的综合价值并将汽车的综合价值传达给客户是从事汽车销售必须具备的知识。

汽车综合价值主要由5个方面组成。

❶ 性价比

汽车的动力性、安全性、平顺性、操控性、舒适性等性能指标,反映了制造商技术和管理水平、性能差异给车主带来不同的价值。购车前不仅仅需要比较造型、价格和配置,更应该看重车型的性能和品质等车辆的基本素质。所以建议客户在购买时,第一位不是价格,而是比价值。

❷ 故障率

故障率大小意味着汽车可靠性的高低。故障率低意味着省钱、省时、省心,汽车给人创造的价值大。建议客户在购买行动中,不应该忙着比价格、比所搭配装置的多少,而应该更多的关注汽车的可靠性。汽车应是人正常工作和生活的朋友,而不是烦恼!

❸ 使用成本

使用成本当中包含三项指标:油耗、维修费用和时间成本。除了常规费用外,油耗是汽车日常使用中费用最大的一项开支。特别是汽油价格上涨及尾气污染等因素,省油这一大利器将越来越有发言权。

❹ 残值(二手价格)

汽车残值通常是指汽车在规定的合理使用年限内所剩余的使用价值。随着二手市场交易日益发展,二手车交易价格的高低是判断汽车价值的一个越来越重要的参照指标。转手价格高,车主的损失就小。消费者越来越关注自己的汽车转手时的价钱,什么品牌的汽车二手车价格更好。

❺ 售后服务

购车是消费的开始而不是终结,维修服务在价值总量中占据着很大比重,车主不仅需要热情周到的接待服务、正宗而便宜的配件、合理的工时费和便利快捷的维修服务,而且需要一次性修复率高、维修质量高,更需要在用车和维护车方面的指导。服务质量关系到车主损失的时间、金钱。因此,服务是当前消费需求和营销水平升级最现实最迫切的需要。

(二)汽车产品价值的介绍话术

购买汽车对每个人来说,都算是一件大事,当然要做更多的比较和选择。通常我们更建议客户综合比较汽车的价值而非简单的比较汽车的价格。汽车的价值通常的组成为:性价比、故障率、使用成本、二手车价格和售后服务。对这些因素的综合比较是买到称心好车的基础。

客户获得的利益与其付出的成本的比值就是创造了客户的价值,这个价值越高,对客户的吸引力就越强。销售顾问要引导客户从这个角度考虑购车决定。

❶ 应对客户觉得汽车的价格好像比较高时的话术

购买汽车,主要综合比较汽车的价值而非简单比较汽车的价格。综合来看,我们的汽车是性价比最高的汽车。它的故障率低、使用成本极低、残值高、售后服务是同行中最好的,所以综合比较,我们的汽车不仅物有所值,甚至是物超所值。

❷ 应对客户觉得新车的配备没有竞争对手多时的话术

就好比精装"二锅头"不等于简装"五粮液"一样,花哨的配备不一定都适用。现在很多新车在配置上配得很花哨,尺寸也够大,表面看起来性价比很高,于是吸引了很多客户的眼光,但是性价比中"性"字的内在含义不仅仅是配备、规格,它还包括技术含量、产品品质、安全性能、售后服务等综合因素。

❸ 应对故障率时的话术

德国官方检测机构 TUV "2005 年车辆年检报告" 中,这款车的平均重大故障率仅为 8.88%,远低于平均水平 16.98%。在该报告涉及的车型中有 10 余款都已国产,其中第二名的重大故障率超过 12%,远远落后于该款车。在广东揭阳,有一辆该款的老车行驶里程已经达到 50 万 km,但至今仍无大修,还在作为公务车使用。在"新快报新浪 2004 汽车测评大奖调查"中,该品牌的年平均维修次数仅为 0.5 次,在国产小型车中故障率最低,获得最可靠小型车奖。该奖项表明车辆在使用过程中出现的问题最少,质量最为稳定,有着良好的适应性。主要通过数据和第三方的资料来说明。

❹ 汽车使用成本的应对话术

使用成本当中包含三项指标:油耗、维修费用和时间成本。在 2004 年精品购物指南主办的"1.5L 手动挡轿车油耗大挑战"调查中,该品牌的汽车名列第一。在家用轿车黄金排量的 1.5L/1.6L 车型中,该品牌的汽车油耗处于各主流车型中的最低水平。

(三)汽车品牌介绍要点

汽车产品的介绍要点主要包括:设计理念、产品规格、推销要点、竞争分析四个方面。每款新车上市前厂家和经销商都会针对该车型对汽车销售顾问进行产品知识的培训。

❶ 汽车产品的设计理念

(1)车型的设计理念。每一款车都有自己的品牌历史和车型历史,在汽车市场竞争日益激烈的今天,每一款车的市场定位也更加清晰了,了解这些车型背后的知识能更好地掌握汽车产品的内涵。

比如全新宝马 7 系(图 8-1)标志着一个崭新豪华轿车时代的到来。优雅和拥有领袖风范的外观设计、豪华而兼具创新的内饰、独特的驾乘体验、高标准安全性以及出色的燃油经济性,使全新宝马7系为同级车市场确立了更高的新标准。

图8-1　宝马7系

比如丰田十二代皇冠外形动感,内饰豪华、典雅,动静合一。追求和谐为道,欲达则达(图8-2)。

图8-2　皇冠的设计理念

比如一汽大众迈腾轿车的设计理念是出众、高贵、权威、受人尊敬(图8-3)。

作为一汽大众的旗舰车型,"Magotan 迈腾"——中文和拉丁文名称都有着深刻的意义。

拉丁文名称"Magotan",来源于拉丁文词根"Magnus"意义是:出众、高贵、权威、受人尊敬。

中文名"迈腾"意义深远:"迈"寓意自信、果决、动感;"腾"表示腾飞、超越、激情。

"迈腾"充分昭显了睿智从容、勇往直前的意境,用户驾驶这款旗舰车型将以出众的睿智、出色的领悟力和深刻的洞察力,追求光明、不断超越、力挫艰难险阻,最终获得人生旅途的成功。

图8-3　一汽大众迈腾轿车

(2)车系概念。每个汽车品牌的汽车都有针对细分市场的产品系列(图8-4),比如奥迪品牌就有 A1、A2、A3、A4、A5、A6、A8 等车系,现代品牌也有很多车系,了解这些产品系列的目标人群对于汽车销售是很有参考价值的。

图 8-4　奥迪车系

2 产品规格

汽车产品规格包括:车型型号、车身尺寸及质量、发动机(表 8-1)、内饰、视野、座椅、安全(表 8-2)、操控系统、空调、音响及电子导航系统等内容。每款车都会有自己的型录,型录详细记录了该款的详细参数及各种规格。对于这些规格汽车销售顾问要非常熟悉才能熟练地给客户进行讲解,尤其是同一款车可能会有不同的配置,销售人员要将这些对比情况详细的给客户介绍清楚。另外,对产品规格的了解要求汽车销售顾问必须具备一定的汽车专业知识,读者可以通过其他资料提高汽车技术方面的知识。

发动机规格　　　　　表 8-1

发动机型号	—
排量(mL)	1797
进气形式	自然吸气
汽缸排列形式	L
汽缸数(个)	4
每缸气门数(个)	4
压缩比	—
配气机构	DOHC
缸径(mm)	—
行程(mm)	—
英制最大功率(PS)	143
米制最大功率(kW)	105
最大功率转速(r/min)	6200
最大转矩(N·m)	176
最大转矩转速(r/min)	4500
发动机特有技术	D-CVVT
燃料形式	汽油
燃油标号	93 号(京 92 号)
供油方式	多点电喷
缸盖材料	铝
缸体材料	铝
环保标准	国Ⅳ(国Ⅴ)

安全配置的规格　　　　　　　　　　　　表 8-2

配置	
ABS 防抱死	●
制动力分配（EBD/CBC 等）	●
制动辅助（EBA/BAS/BA 等）	●
牵引力控制（ASR/TCS/TRC 等）	●
车身稳定控制（ESC/ESP/DSC 等）	●
上坡辅助	●
自动驻车	—
陡坡缓降	—
可变悬架	—
空气悬架	—
可变转向比	—
前桥限滑差速器/变速锁	—
中央差速器锁止功能	—
后桥限滑差速器/差速锁	—

（1）发动机排量。

①排量定义：活塞从上止点移动到下止点所通过的空间容积称为汽缸排量，就好像气筒从上往下打气时通过的容积；如果发动机有若干个汽缸，所有汽缸工作容积之和称为发动机排量，如图8-5所示。一般用升（L）来表示。发动机排量是最重要的结构参数之一，它比缸径和缸数更能代表发动机的大小，发动机的许多指标都同排量密切相关。通常排量大，单位时间发动机所释放的能量（即将燃料的化学能转化为机械能）大，也就是"动力性"好，就好像一个十多岁的男孩与一个健康的成年人相比，当然是成年人干体力活效率更高。所以那些越野车、跑车通常排量都相对较大。

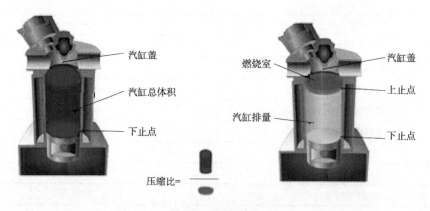

图 8-5　发动机排量

大部分国产轿车尾部都有一个由拼音字母和阿拉伯数字组成的汽车型号，其内容包括如下三部分：首部由2个或3个拼音字母组成，是识别企业名称的代号。如红旗轿车后面的 CA 代表一汽，福莱尔轿车的 QC 代表秦川；拼音字母的后面一般跟有4位阿拉伯数字,轿车左起首位数字为"7",中间两位数字就是该型号轿车的发动机排量,比如"08"就表示发动机排量为 0.8L,"20"就表示 2.0L,"16"则是 1.6L;在表示排量的数字后面还有一位数字表示企业自定的产品序号。

还有一部分国产轿车,其尾部并没有上面这种汽车型号,不过其排量一般也写在车身或车尾,比如长安铃木的"羚羊 1300"型轿车,其排量就是 1300CC,即 1.3L。又如南京菲亚特生产的派力奥轿车,在其车身侧面就能看到"1.3"、"1.6"的字样,这就是它们的发动机排量,单位是升。而一汽大众的奥迪系列轿车,其排量就写在汽车尾部,比如"1.8T"表示排量为 1.8L 带涡轮增压,"2.4"表示排量为 2.4L。

外国车比如宝马,车型、排量众多,很多人觉得分辨起来不容易,下面我们就简单介绍一下。对于宝马轿车来说,分辨其排量其实也很简单,"BMW325i"就是宝马 3 系列排量为 2.5L 的轿车,"BMW530i"是宝马 5 系列的轿车,排量自然就是 3.0L。而奔驰的"S600"就表示 S 级的轿车,排量是 6.0L,"E240"代表 E 级轿车,排量是 2.4L。还有很大一部分进口轿车,其排量就写在汽车的尾部,也很容易分辨,比如"2.8"、"3.0"、"2.0"等,单位都是升。

②排量与百公里油耗。在面对能源危机的今天,百公里油耗成了衡量汽车性能和经济性的又一重要指标。那么排量与百公里油耗之间是什么关系呢?一般而言,排量越大,百公里油耗也相应越高。但两者之间是不可能存在公式的,起码驾驶人的操控这一点就不可能使之公式化。但下列因素可以作为比较大的权重作为油耗参考:排量;整备质量;满载质量;发动机实际工况(转速、输出转矩);路况可以通过发动机的实时参数反映出来。其他还有很多,像风阻(速度很大时有影响)、轮胎等。但最难以量化的除人为驾驶因素外,还有装配工艺,这是考验制造商综合实力的关键所在。学过工科的朋友都知道,同样的轴承同样的配合不一样的装配方式其结果是大不相同的,过程控制导致最后的结果也大相径庭。品牌与非主流产品的差距也就在这里。

③黄金排量的含义。"黄金排量"的含义可从 3 个方面诠释:首先具备燃油经济性特点;其次良好的操控、动力、舒适性;再次能够满足消费者多种形式的使用,比如商务、代步、旅游等。换句话说,能够最大限度地满足消费者的用车的各种需求,且具有合理价位的车型,即黄金排量、黄金车型。

目前社会上存在着两种截然不同的观点。一些人认为,1.6L 排量车型的市场容量最大,理应当选,而大多数人则认为,2.0L 排量才是现今汽车市场的黄金排量。2.0L 当选的理由似乎更加充分:一是因为绝大多数厂商在 2.0L 排量车型的外形设计上花费更多精力,外观显得更加体面、精致,而这个排量各车型的价位又能让大多数消费者接受,符合中国人买车好面子的心理;二是 2.0L 车型普遍运用了较为先进的造车技术,与 1.6L 排量相比有明显的性能优势,燃油经济性和使用成本又要好于 2.4L 及更大排量的车型。而对车企而言,2.0L 车型更可谓名利双收,因为它不仅能提升品牌的认知度,又有可观利润,所以,即使目前车市上 2.0L 这个军团已经很臃肿,仍有不少厂商陆续推出该排量的新车型。

(2)转矩:即扭力力矩,表示物体旋转的能力,用力乘力臂计算,国际单位为 N·m(牛顿米),还经常用到磅英尺。力矩通过离合器、变速器传至轮胎,这一过程中力和力臂都有所变化,但力矩是始终不变的,它直接受发动机影响,所以在标示最大转矩的同时会给出相应的发动机转速。转矩的大小直接影响到汽车的加速性能。

(3)最大转矩：发动机从曲轴端输出的力矩，转矩的表示方法是 N·m(r/min)，最大转矩一般出现在发动机的中、低转速的范围，随着转速的提高，转矩反而会下降。当然，在选择的同时要权衡一下怎样合理使用、不浪费现有功能。

(4)车长(mm)：汽车长度方向两极端点间的距离。

(5)车宽(mm)：汽车宽度方向两极端点间的距离。

(6)车高(mm)：汽车最高点至地面间的距离。

(7)综合工况油耗：是指车走不同的路的不同油耗表现，以前汽车说明书都给出在接近最理想状态的油耗，基本上用户是不能达到的，现在有些车会按各种路况各占一定的比例的情况给出油耗，比较接近一般用户的使用情况，这就是综合路况油耗。市区工况油耗：工信部(政府部门，负责一些产品信息的调查)规定，从2010年1月1日起，将建立轻型汽车燃料消耗量公示制度，除了在工信部网站公示外，车企必须在车辆出厂前在车身上粘贴实际油耗标识，汽车燃料消耗量标识是指轻型汽车将分别标明城市工况、郊区工况和综合工况下的油耗等三类油耗标识，另外进口新车也同样要粘贴油耗标识，以方便消费者辨识油耗程度或节能效果。

(8)百公里等速油耗：等速百公里油耗指汽车在一定载荷下，在水平良好的的路面上，汽车以最高挡位等速行驶100km，多次往返取平均值，记录下油耗量，即可获得不同车速下汽车的百公里耗油量。将每个车速段的耗油量用点连起来，就发现是一条开口向上的抛物线，最凹点就是耗油量最低的车速段，也就是"经济车速"。

一些厂家以这个经济车速作为耗油量参数，实际上也是作为参考值而已，因为一般用户是很难做到的，原因与"加速时间"道理一样。

(9)最小转弯半径：平面上滚过的轨迹圆半径。它在很大程度上表征了汽车能够通过狭窄弯曲地带或绕过不可越过的障碍物的能力。转弯半径越小，汽车的机动性能越好。如表8-3所标示的各种行车的最小转弯半径。

各车型的最小转弯半径　　　　表8-3

车　　型	最小转弯半径(m)	车　　型	最小转弯半径(m)
微型车	4.50	中型车	8.00~12.00
小型车	6.00	铰接车	10.50~12.50
轻型车	6.50~8.00	普通消防车	9.00
大型消防车	12.00	一些特种消防车辆	6.00~20.00

(10)整备质量：整备质量也就是人们常说的一辆汽车的自重，它的规范的定义是指汽车的干质量加上冷却液和燃料(不少于油箱容量的90%)及备用车轮和随车附件的总质量。

汽车的整备质量还是影响汽车油耗的一个重要参数。因为车辆的耗油量与整备质量有成正比关系的，即整备质量越大的汽车越耗油。例如一辆小型车，如果整备质量每增加40kg，那么它就要多耗1%燃油。这就给我们一个提示，如果购车主要是为了家庭使用，那么选购时应首先考虑经济型轿车，因为经济型轿车车身较轻，耗油量也较小，使用成本较低。市场上排量为1.5~1.8L家庭用车的整备质量在1.1~1.3t较合适，如果一辆家庭用车其整备质量接近2t,那他俨然已经成了"油漏子",失去了代步工具的价值了。当然,汽车的整备质量也不是小就好,大就不好,大也有大的好处,整备质量大的汽车稳定性好,特别是急转弯和急制动的时候,优势很明显。

(11)满载质量:满载总质量,也称最大总质量。即汽车满载时的质量包括:汽车自重、人、货物。如果您的汽车要拉货物,就要考虑总质量与自重的差是多少。

汽车总质量的确定:

对于轿车,汽车总质量 = 整备质量 + 驾驶人及乘员质量 + 行李质量

对于客车,汽车总质量 = 整备质量 + 驾驶人及乘员质量 + 行李质量 + 附件质量

对于货车,汽车总质量 = 整备质量 + 驾驶人及助手质量 + 行李质量

根据最大总质量定义的货车:

"重型货车"指最大总质量大于14t的货车。

"轻型货车"指最大总质量大于1.8t及小于或等于6t的货车。

"中型货车"指最大总质量大于6t及小于或等于14t的货车。

"微型货车"指最大总质量小于或等于1.8t的货车。

(12)最高车速(km/h):汽车在水平良好路面上汽车能达到的最好行驶车速。指在无风条件下,在水平、良好的沥青或混凝土路面上,汽车所能达到的最大行驶速度。按我国的规定,以1.6km长的试验路段的最后500m作为最高车速的测试区,共往返4次,取平均值。

最高车速不同于理论最高车速(指发动机在最佳状态所发挥的最佳成绩,仅限于理论)。

(13)变速器类型:手动变速器和自动变速器两类,而汽车自动变速器常见的有4种类型:分别是液力自动变速器(AT)、机械无级自动变速器(CVT)、电控机械自动变速器(AMT)、双离合器变速器(DSG)。

①手动变速器:手动变速器是利用大小不同的齿轮配合而达到变速的。最常见的手动变速器多为3~5个前进挡和1个倒挡,在重型载货汽车用的组合式变速器中,则有更多的挡位。所谓的变速器挡数是指前进挡位数。一般来说,手动变速器的传动效率要比自动变速器的高,因此驾驶人技术好,手动变速的汽车在加速、超车时比自动变速车快,也省油。

②液力自动变速器(AT):目前应用最广泛的是AT,AT几乎成为自动变速器的代名词。AT是由液力变矩器、行星齿轮和液压操纵系统组成,通过液力传递和齿轮组合的方式来实现变速变矩。其中液力变矩器是最重要的部件,它由泵轮、涡轮和导轮等构件组成,兼有传递转矩和离合的作用。

③机械无级自动变速器(CVT):与AT相比,CVT省去了复杂而又笨重的齿轮组合变速传动,而是两组带轮进行变速传动。通过改变驱动轮与从动轮传动带的接触半径进行变速。由于取消了齿轮传动,因此其传动比可以随意变化,变速更加平顺,没有换挡的突跳感。

④电控机械自动变速器(AMT):AMT和液力自动变速器(AT)一样是有级自动变速器。它在普通手动变速器的基础上,通过加装微电脑控制的电动装置,取代原来由人工操作完成的离合器的分离、接合及变速器的选挡、换挡动作,实现自动换挡。

⑤双离合器变速器(DSG):DSG变速器与传统自动变速器有着明显的区别,DSG从一开始就没有采用液压式转矩变换器。这款变速器不是在传统概念的自动变速器基础上生

产出来的,设计 DSG 的工程师们走了一条具有革新性的全新技术之路,巧妙地把手动变速器的灵活性和传统自动变速器的方便性结合在一起。

(14)驱动方式:所谓驱动方式,是指发动机的布置方式以及驱动轮的数量、位置的形式。一般的车辆都有前、后两排轮子,其中直接由发动机驱动转动,从而推动(或拉动)汽车前进的轮子就是驱动轮。最基本的分类标准是按照驱动轮的数量,可分为两轮驱动和四轮驱动两大类。

两轮驱动:在两轮驱动形式中,可根据发动机在车辆的位置以及驱动轮的位置进而细分为前置后驱(FR)、前置前驱(FF)、后置后驱(RR)、中置后驱(MR)等形式。目前,两驱越野车和轿车最常用的是前置后驱形式。

四轮驱动(4wd):无论上面的哪种布局,都可以采用四轮驱动,以前越野车上应用得最多,但随着限滑差速器技术的发展和应用,四驱系统已能精确地调配转矩在各轮之间分配,所以高性能跑车出于提高操控性考虑也越来越多采用四轮驱动。4wd 的优点是:四个车轮均有动力,地面附着率最大,通过性和动力性好。所谓四轮驱动,是指汽车前后轮都有动力,可按行驶路面状态不同而将发动机输出转矩按不同比例分布在前后所有的轮子上,以提高汽车的行驶能力。一般用 4×4 或 4WD 来表示,如果你看见一辆车上标有上述字样,那就表示该车辆拥有四轮驱动的功能。在过去,四轮驱动可是越野车独有的,近年来,一些高档轿车和豪华跑车逐渐添置了这项配置。四轮驱动分为:分时四驱(Part - time 4WD)、全时四驱(Full - time 4WD)、适时驱动(Real - time 4WD)。

(15)车门数:汽车车身上含行李舱门在内的总门数。可作为汽车用途的标志,公务用途的轿车都是四门,家用轿车既有四门也有三门和五门(后门为掀起式),而用于运动用途的跑车则都是两门。

(16)车身形式:根据车辆的一般结构或外形(诸如车门和车窗数量),运载货物的特征以及车顶形式的特点区别车辆。这也是我们最常用的车辆分类方法,如:两门轿车、四门轿车、五门溜背式轿车等。

(17)轴距:汽车前轴中心到后轴中心的距离,如图 8-6 所示。

图 8-6 汽车轴距

(18)油箱容积(L):其容积的大小能衡量一款车所能承装油量的能力。油箱的大小与该车的油耗有直接的关系,一般一箱油都能行驶 500km 以上,比如百公里 10L 的车,油箱容积都在 60L 左右！每个车型的油箱容积是不同的，同类车型不同品牌的车油箱容积也不相同，因为没有国家标准。不过一般的汽车厂家都遵循一个规律，那就是油箱的加满油量一般支持行驶 600km 左右，不会少于 500km 的。用油箱容积决定了行驶里程，对于两辆发动机完全相同的汽车来说，油箱越大跑得越远。

一般驾驶人知道自己驾驶的车辆的油箱能装多少油，不外乎从两个方面知道：一是车辆使用说明书标定的油箱容积，二是实际加油经验。许多驾驶人都有这样经验：说明书上的油箱容量比实际加油量要小。据汽车专家介绍，之所以存在这样的误差，是因为汽车厂家所标定的油箱容积是从油箱底到安全界度的容积，而从安全界度到油箱口还有一定的空间，这个空间是为了保证油箱内的油品在温度变高的情况下膨胀，而不至于溢出油箱的安全空间。如果在加油过程中把油加到油箱口，就会产生实际加油量比说明书标定油箱容积大的情况。油箱内沉淀、锈蚀、变形等多种原因都会影响到油箱的容量。

车主通常根据自己燃油表警示灯亮后来判断油箱容量，这种依据不尽准确。一般来说，由于路况、车行状况等多种因素的影响，每次警示灯闪亮后油箱所剩容量不完全一样。比如当油箱内液面接近报警点时，车辆高速行驶、转弯、上下坡、紧急制动、强烈振动等都会导致报警灯闪亮；同时，路况不同，里程油耗也不同。相对拥挤车速慢，制动、起步频繁，油耗相对要多。根据警示灯只能大概判断油箱容量，它不是唯一标准。

(19) 供油方式：发动机的工作需要燃烧混合气做功，而将燃料与进入发动机的空气混合的方式就是供油方式。汽车发动机燃油供给方式主要分化油器、单点电喷、多点电喷和直喷。

(20) 发动机型号：发动机型号作为发动机款型和特性的识别方式，是发动机生产企业按照有关规定、企业或行业惯例以及发动机的属性，为某一批相同产品编制的识别代码，用以表示发动机的生产企业、规格、性能、特征、工艺、用途和产品批次等相关信息。如燃料类型、汽缸数量、排量等。通过发动机型号可以确定该车辆配备的发动机属于哪款发动机。

发动机的型号由四部分组成。

首部：包括产品系列代号、换代符号和地方、企业代号，有制造厂根据需要自选相应的字母表示，但须经行业标准的标准化归口单位核准、备案。

中部：由缸数符号、汽缸布置形式符号、行程符号和缸径符号组成。

后部：由结构特征符号和用途特征符号组成。

尾部：区分符号。同一系列产品因改进等原因需要区分时，由制造厂选择适当的符号表示，后部与尾部可用"－"分隔。

汽缸排列形式：车发动机的汽缸排列形式主要直列、V 型、水平对置还有 W 型。

汽缸数：汽车发动机常用缸数有 3、4、5、6、8、10、12 缸。排量 1L 以下的发动机常用 3 缸，1~2.5L 一般为 4 缸发动机，3L 左右的发动机一般为 6 缸，4L 左右为 8 缸，5.5L 以上用 12 缸发动机。

(21) 制动器：汽车制动器是指产生阻碍车辆运动或运动趋势的力（制动力）的部件，其中也包括辅助制动系统中的缓速装置。

前制动器类型是指前轮的制动类型，一般来说汽车的制动方式分为盘式、鼓式、通风盘和陶瓷通风盘式，现在乘用车的前制动大多都是通风盘，只有部分低端车型采用前实心盘,而陶瓷通风盘则主要应用在高性能跑车上。后制动类型:一般乘用车中,前后轮的制动装置往往是不一样的。如果四轮都是盘式制动器,前轮多采用通风盘制动,后轮多采用普通盘制动。如果是盘式与鼓式制动器混用,前轮采用盘式制动,后轮采用鼓式制动。

后制动类型:一般乘用车中,前后轮的制动装置往往是不一样的。如果四轮都是盘式制动器,前轮多采用通风盘制动,后轮多采用普通盘制动。如果是盘式与鼓式制动器混用,前轮采用盘式制动,后轮采用鼓式制动。汽车设计者从经济与实用的角度出发,一般轿车采用了混合的形式,前轮盘式制动,后轮鼓式制动。四轮轿车在制动过程中,由于惯性的作用,前轮的负荷通常占汽车全部负荷的70%～80%,因此前轮制动力要比后轮大得多。时下我们开的大部分轿车(如夏利、富康、捷达等),采用的还不完全是盘式制动器,而是前盘后鼓式混合制动器(即前轮采用盘式制动器、后轮采用鼓式制动器)。至于后轮采用非通风盘式同样也是成本的原因。毕竟通风盘式的制造工艺要复杂得多,价格也就相对贵了。随着材料科学的发展及成本的降低,在汽车领域中,盘式制动有逐渐取代鼓式制动的趋向。

(22)驻车制动器:通常是指机动车辆安装的手动制动器,简称手刹,在车辆停稳后用于稳定车辆,避免车辆在斜坡路面停车时由于溜车造成事故。常见的驻车制动器一般置于驾驶人右手下垂位置,便于使用。目前市场上的部分自动挡车型均在驾驶人左脚外侧设计了功能与驻车制动器相同的脚制动,个别先进车型也加装了电子驻车制动系统。

(23)ABS 防抱死:全称是 Anti－lock Brake System,即 ABS,可安装在任何带液压制动的汽车上。它是利用阀体内的一个橡胶气囊,在踩下制动踏板时,给予制动液压力,充斥到 ABS 的阀体中,此时气囊利用中间的空气隔层将压力返回,使车轮避过锁死点。

❸ 汽车产品介绍

汽车产品的介绍要点一般包括外观、内饰、行驶性能、安全环保性能、高科技配置、舒适配置、个人化装置等内容。下面以丰田皇冠车型为例进行简单的说明。

(1)汽车外观介绍。外观介绍主要包括车辆造型、全车尺寸、流线型设计、颜色等,还包括一些有特色的外观设置,比如发动机罩、前照灯组合、前格栅、腰线和肩线、车轮和轮胎、防蹭条、天窗等。如丰田皇冠的外观充满革新性,高品位且动感十足,如图8-7所示。

图 8-7　车型外观要点介绍

(2)汽车内饰介绍。汽车内饰的介绍主要是突出舒适和操作的便利及高科技性,如座椅的电动可调节、多功能转向盘、真皮内饰、自发光仪表板、便利的储物盒、空调等内容。如皇冠的内饰就体现了以人为本,高级质感的效果,如图8-8所示。

图8-8 汽车内饰

(3)汽车行驶性能介绍。汽车行驶性能介绍主要突出介绍汽车的驱动方式、发动机情况、变速器情况、悬架情况、最高车速及加速度情况。如皇冠采用了FR的驱动方式、配备了V型排列6缸发动机、手自一体6速自动变速器,双叉杆独立悬架,造就了其凌驾于欧洲车之上行驶性能,如图8-9所示。

a)　　　　　　　　　　　b)　　　　　　　　　　　c)

图8-9 汽车行驶性能介绍
a)V型6缸发动机;b)手自一体6速自动变速器;c)悬架

(4)汽车安全及环保介绍。汽车安全及环保主要介绍主动安全设施,如ABS、EBD、ESP等。被动安全系统,如安全带、高吸能式车身等。如皇冠的主动安全配置有VSC,高吸能式车身(图8-10),确保了其有高性能的安全保护。环保方面往往介绍车型使用材料等内容。

(5)世界高水平的尖端技术和舒适装备。每款车都会有自己独到的尖端技术和舒适装备,这些配备要重点给客户进行介绍。如皇冠采用了一键启动式发动机和倒车诱导装置,充分体现出其世界高水平的尖端技术,如图8-11所示。

汽车销售流程

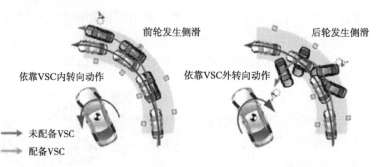

虽然新皇冠采用FR驱动形式,但是其配备的VDIM综合管理系统通过将ABS、EBD、EPS、VSC、TRC等系统进行整合,通过协同作战来保证车辆的行驶稳定性

图8-10 安全系统要点介绍

图8-11 尖端技术的要点介绍

❹ 竞争分析

由于汽车市场的竞争,同一个价格区间会有不同品牌的车型参与竞争,由此形成了竞品车的概念,对于汽车销售顾问,知己知彼百战不殆,在进行竞品车分析时要本着客观、公正的态度进行,不恶意贬低竞争对手,也不刻意夸大自己。只要把自己销售品牌的车型优势讲出来就可以了。下面以竞争激烈的中级车型为例,进行简单分析。

(1)外观对比。同一个价格区间的竞品车型在外观上会各有自己的特点,通过外观的不同风格可以比较出两款车给人的印象。如广汽丰田的凯美瑞轿车的前脸采用了盾形前格栅,一汽大众的迈腾轿车采用了前 V 形脸(图 8-12),给人的感觉不一样的。

a)   b)

图 8-12　外观元素的对比

a)盾形前格栅风阻系数 0.29;b)V 形前脸风阻系数 0.28

(2)发动机对比。同一个价格区间的不同品牌车辆其发动机的配置及参数也会不一样,通过比较发动机的参数和技术可以给客户在动力性能方面一个比较的选择。如丰田凯美瑞轿车其发动机采用了双 VVT-i 技术,而一汽大众迈腾轿车其发动机采用了 TSI 技术,如图 8-13 所示。

a)   b)

图 8-13　发动机技术对比

a)双 VVT-i 技术;b)TSI 技术

(3)变速器的对比。各品牌车辆的行驶性能可以通过其配备的变速器来进行说明,如凯美瑞轿车的变速器采用了手自一体 5 速阶梯式,迈腾轿车的变速器采用了手自一体 6 速直通式(图 8-14)。通过变速器的挡位数目比较及变速器的技术参数可以比较变速器的性能。

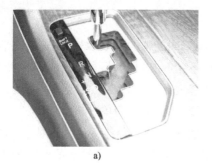
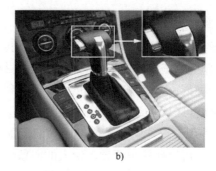

图 8-14 变速器的对比

a）手自一体 5 速阶梯式；b）手自一体 6 速直通式

（4）悬架的对比。悬架的结构往往能体现车辆的行驶稳定性，可以通过悬架的类型，比较车辆的行驶性能及平顺性能。如凯美瑞轿车的后悬架采用了双连杆式设计，迈腾轿车的后悬架采用了四连杆的设计，客户可以针对这种配置得出自己的比较和结论，如图 8-15 所示。

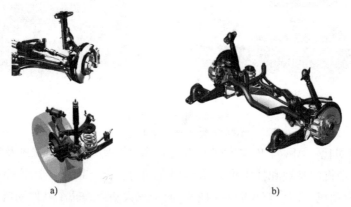

图 8-15 悬架的对比

a）前－麦弗逊，后－双连杆；b）前－麦弗逊，后－四连杆

（5）安全车身的对比。客户购车时一般都会关注车辆的安全问题，通过对车身安全技术的比较可以帮助客户在各品牌车之间进行区分。如凯美瑞轿车的车身采用了丰田独有的 GOA 车身，而迈腾轿车的车身获得了五星安全车身称号。通过对车身结构的对比可以比较车身的安全性能，如图 8-16 所示。

图 8-16 车身的对比

a）GOA 车身；b）五星安全车身

二 任务实施

1 准备工作（图8-17）

(1) 场地设备准备。

①场地：汽车营销实训道场销售区（模拟汽车专营店销售展厅）。

②车辆：北京现代名图（根据实际情况可任意设置）。

③其他设备：接待台、洽谈桌、客服区茶杯饮料若干。

(2) 人员角色任务分配。

①客户：1名；多名（先完成对1名客户接待工作后可进行多名客户接待训练）。

②销售顾问：1名。

图8-17 汽车准备

③服务人员：若干（根据学习小组人员分配）。

(3) 任务场景设定。

①来店时间：某日午后2时。

②来店方式：自驾老款一汽大众捷达轿车到店。

③来店类别：无预约，首次到店。

④来店目的：看车。

2 汽车产品介绍要点

(1) 理解名图车型的设计理念。

(2) 了解名图车型产品规格。

(3) 掌握名图车型的外观、内饰、行驶性能、安全环保性能、高科技配置、舒适配置、个人装置等内容。

3 操作步骤

(1) 名图外观介绍（图8-18）。北京现代名图轿车在突出外观大气的同时，将时尚、简约、运动等多种元素完美融合。家族脸谱设计，并在正面采用了鹰眼式氙气前照灯和飞翼式镀铬前栅设计，豪华大气，大幅提高车辆的识别度。侧面错层式腰线搭配17in铝合金多幅轮毂，沉稳而不失动感，传递着行进的气势。尾部采用了LED后尾灯以及运动式双排气管，提升外观档次感，与氙气前照灯前后呼应，完美地体现了运动与时尚。顶部采用广角全尺寸全景天窗，在提升舒适感和驾驶乐趣的同时，也进一步增强了外观的尊贵感。

(2) 北京现代名图轿车采用展翼式中控台设计，搭配高级木纹装饰，稳重典雅，体现了品质感与科技感，与外观相结合，烘托出名图轿车"外修内敛"的整体形象。其双区空调，驾驶席电动通风座椅，前排座椅加热，IMS座椅记忆功能，让乘客充分体验到全方位的舒适感,将出行变成品质生活的一种延续,如图8-19所示。

图8-18 名图轿车外观

图8-19 名图轿车内饰

(3) 北京现代名图轿车采用了 Nu1.8L 和 2.0L 发动机,北京现代在发动机方面超高的技术,将动力性与经济性完美结合,在确保低油耗的基础之上,为车辆的行驶提供了澎湃的动力。手自一体 6 速自动变速器,麦弗逊独立悬架有效减低车身质量,多连杆独立悬架大大提高了乘坐的舒适感,如图 8-20 所示。

图 8-20 名图轿车发动机
a) Nu2.0L 科技领先发动机;b) Nu1.8L 黄金动力发动机

(4) 北京现代名图轿车的三项独特主动安全技术,即 VSM 车身稳定控制系统、TPMS 分轮胎压监测系统和 ESS 紧急制动提醒系统,它们帮助名图轿车车主能够将潜在的行车危险化于无形。除了以上三项技术之外,名图轿车车身上还有日间行车灯、倒车影像、转向辅助灯、电子防眩目外后视镜、HAC 坡道辅助系统等主动安全配置,在同级别车中处于明显领先的水平。名图轿车同时还拥有三项独有的被动安全技术:多级燃爆安全气囊、超强强化车身结构和碰撞感应自动解锁功能,它们可以帮助车主在遇到碰撞事故的时候,能够最大限度地减少伤害,如图 8-21 所示。

图 8-21 名图轿车安全性

(5) 北京现代名图轿车采用了一键启动、定速巡航、柔性转向系统、大屏幕多媒体显示屏等,多角度全方位的科技配置,为驾驶人营造出领先舒适的驾驶环境。其中 Blue Link 远程通信系统,是个功能多样、操作简单的车载信息系统,提供了紧急救援、远程控制、信息资源等多项服务,如图 8-22 所示。

汽车销售流程

图 8-22　名图轿车尖端技术

三　学习拓展

一位客户在看完一汽大众速腾轿车,来到北京现代 4s 店,询问有关名图轿车有关信息,在这种情况下,作为现代的销售顾问,你将如何接待这位客户?

❶ 外形对比

❷ 发动机对比

❸ 变速器对比

❹ 悬架对比

❺ 安全车身对比

❻ 配置对比

四　评价与反馈

❶ 自我评价

(1)通过本学习任务的学习你是否已经知道以下问题:
①汽车产品价值构成的五大要素?

②汽车产品介绍的要点？
_____。

(2)汽车产品介绍的要点具体包括哪些？
_____。

(3)如何进行产品的竞争分析？
_____。

(4)通过本学习任务的学习,你认为自己的知识和技能还有哪些欠缺？
_____。

签名：_____ ___年__月__日

❷ 小组评价(表8-4)

小组评价表　　　　　　　　　　　　　表8-4

序号	评价项目	评价情况
1	着装是否符合要求	
2	是否符合标准接待礼仪要求	
3	客户是否对本次接待服务满意	
4	是否遵守学习、实训场地的规章制度	
5	是否能保持学习、实训场地整洁	
6	团结协作情况	

参与评价的同学签名：_____ ___年__月__日

❸ 教师评价

_____
_____。

教师签名：_____ ___年__月__日

五 技能考核标准(表8-5)

技能考核标准表　　　　　　　　　　　表8-5

序号	项目	操作内容	规定分	评分标准	得分
1	迎接客户	主动迎接并为客户指引停车点位置,帮助客户打开车门邀请客户下车	5分	热情礼貌周到地接待客户,是否符合迎接礼仪规范要求	
2	自我介绍	向客户介绍自己并递交名片,询问客户来店需求	5分	欢迎客户来店;自我介绍内容完整,含公司名称、职位、姓名;递交名片姿势正确;询问客户需求用语亲切	

续上表

序号	项 目	操 作 内 容	规定分	评 分 标 准	得分
3	观察客户	通过客户言行举止以及现有车辆使用情况,初步分析客户需求,为展厅接待做好准备	10分	适当与客户寒暄问候,用语正确;观察客户,做好记录并有分析说明	
4	展厅接待	引导客户至展厅,适当寒暄问候,确认客户想自行随意看车后离开,但应时刻保持服务意识	10分	引领礼仪正确;引路过程伴有进一步寒暄问候;展厅内服务人员均须对客户表示欢迎;客户表达想随意看看后礼貌离开并表达出随时愿意服务的想法	
5	服务客户	能根据客户的需求,进行名图轿车的介绍,并能正确地进行同价位竞争产品对比分析	50分	(1)少介绍一项扣5分; (2)少对比一项扣5分; (3)介绍不流利者扣10分; (4)用词不当,语句不顺,视情扣分,严重者扣10分	
6	送别客户	客户表示想离开时,确认客户联系方式后,送客户至停车点,指引并目送客户离开	20分	客户离开前再次礼貌确认(或留下)联系方式;送客户至停车点;欢迎客户下次光临或有需要随时联系;挥手告别目送客户离开	
	总分		100分		

学习任务9　六方位绕车介绍

学习目标

知识目标

1.掌握六方位绕车法的六个方位;
2.掌握六方位绕车法各方位介绍的重点;
3.掌握FAB法则在汽车配置介绍上的运用;
4.掌握FBSI销售法在汽车营销上的应用。

技能目标

1.能完成对北京现代名图轿车六方位的介绍;
2.能够在汽车配置的介绍上应用FAB法则;
3.能够熟练使用六方位法对各类汽车进行介绍。

建议课时

6课时。

项目五　车辆推介流程

在了解客户需求之后,销售顾问应看准机会,以客户的利益为依据,将汽车产品优势介绍给客户。由于商品说明过程是针对客户真正的需求而进行的,所以往往较能切入客户的心,不至于隔靴搔痒,让客户觉得是在浪费时间。而在作汽车产品介绍时,应遵守一定程序及规定,以期获得最大的成效。在整个过程中,销售人员应不断注意客户的反应,并根据客户的需求随时准备作适当的调整。

一　理论知识准备

(一)六方位绕车法

六方位绕车法是汽车商品说明的一个重要方法,也是目前各个汽车品牌经销商展厅销售都在用的商品说明方法。六个方位包括:车前方(左前方)、驾驶室、车后座、车后方、车侧方、发动机舱(图9-1)。每个方位可以说明不同的商品重点,销售顾问自我联系时可以把汽车的商品知识要点按照方位进行分类。但实际工作中六个方位没有一定的顺序要求,应以客户的需求为出发点,客户需要销售顾问讲什么就要按照客户的要求进行讲解,要把六方位的要点融合进去。六方位绕车注意要点如下:

图9-1　六方位绕车法示意图

(1)每个方位都有一个最佳的站位点,销售顾问要根据客户的特点能够主动引导。

(2)每个方位都有最适合介绍的内容,要展示给客户。

(3)方位没有顺序,也不是一次非要介绍六个方位,而是根据客户需求进行。

(4)每个方位都有一定的介绍术语,要多积累和总结。

(5)从始至终,面带微笑,要笑着介绍,要用手势引导客户到相关的方位,注意走位,别与客户撞在一起。

(6)介绍时,眼睛应面向客户,而不是看着车介绍,应注意绕车介绍时客户才是主角。

(7)让客户参与:寻求客户认同,鼓励客户提问,鼓励客户动手,引导客户感受。

(8)从客户最想知道的方位开始介绍,在介绍中不断询求客户认同,注意客户聆听时的兴趣,若发觉客户不感兴趣,要试探性提问,找出客户的需求,再继续依客户的兴趣提供介绍。

(9)介绍当中要注意客户眼神中散发出来的购买信号,记住眼睛是心灵的窗口。若介绍当中发现客户已经认同产品时,即可停止六方位介绍,设法引导客户进入试乘试驾或是条件商谈的阶段。

举例说明如下。

❶ 车前方

汽车的正前方是客户最感兴趣的地方,一般车前方没有具体的位置,要结合车型特点、客户身高特点及客户感兴趣的点选择合适的位置,一般情况下销售顾问在车辆左前照灯80cm左右,面对客户,同时邀请客户在离车辆正前方45°角,2~3m的距离;进行局部介绍时销售顾问需要五指并拢,手心向上引导客户进行观看,必要时销售顾问可微微躬身。

车前方的介绍要点主要有:整车造型设计、车头前端设计、前照灯、前格栅设计、车标志设计、风窗玻璃清洗装置等。

话术举例如下。

销售顾问应五指并拢,指向发动机罩和前照灯,面对客户进行详细解说。请看它的前脸采用了开创式的设计,配合平滑的发动机罩和锐利的虎眼式前照灯(图9-2),使它额前部看起来更有冲击力,传递着一种锐不可当的气势;前风窗玻璃的清洗喷油嘴隐藏在发动机罩下面,不仅看上去美观,而且在功能上也有效降低了油耗。这是奔驰、宝马等高档车所具有的配置。

图9-2 车前方介绍

❷ 驾驶室

进行驾驶室说明时销售顾问打开驾驶室车门,站在车辆B柱位置前为客户介绍转向盘、变速器;要引导客户进入驾驶室,销售顾问以标准蹲姿为客户操作座椅;蹲着或者在得到客户允许后,坐到副驾驶席继续介绍其他功能。

驾驶室的介绍要点较多,主要有:能够充分体验宽敞的车内空间、高精度高品质感的内饰设计、前排电动调节座椅、驾驶席最佳位置记忆及自动调节系统、提高舒适感的前头枕、真皮包裹转向盘、新型动力转向装置、转向盘操控按钮、组合式仪表板、自发光式仪表板、多功能信息显示器、带蓝牙功能年的多媒体DVD语音导航系统、测间距声呐、倒车诱导装置、高级音响系统、左右独立式新型自动空调、空气清新器、等离子发生器、硬币带、大型杂物箱、中央小储物盒、顶式操控台、带有顶篷照明的遮光罩、智能钥匙启动系统、手自一体式自动变速器、可加热和可折叠的电动后视镜、防紫外线设计和低反射的风窗玻璃、扩散式风窗玻璃清洗装置、安全带警告装置、前排二级式及护膝部双 SRS 空气囊、侧部 SRS 空气囊及窗帘式 SRS 空气囊、制动踏板后退防止结构、头部冲击缓冲装置等。

话术举例如下。

先生,您看我们的钥匙和别的车不一样吧!这把钥匙有很多人性化的功能,集开门、关门、开启行李舱与电子寻车于一体。免去了寻找车辆的烦恼,使您的用车生活更加方便。

它的转向盘采用了集控化设计,在转向盘上配备了音响系统操控按键和定速巡航控制。不但操作更便捷,实现了开车时候视线的零转移,也提高了驾车时的安全性。

这是三筒式立体仪表板,它采用了全汉化的信息显示,同时在开启背景光时,采用了分段式设计,先亮指针,再亮数字,最后是背景灯,非常绚丽,同时也达到了良好的人机互动(图9-3)。

图 9-3　驾驶室介绍要点

❸ 车后方

销售顾问站在车辆左后方的位置进行介绍,距离车辆后保险杠 50cm 左右的距离;邀请客户在车辆右后方或正中的位置观看。

车后方的介绍要点主要有:组合尾灯、排气管、倒车雷达及倒车影像监视器、开启便捷的行李舱等。

话术举例如下。

先生,您看,尾部的设计造型延续了车头的风格,通过楔形的后尾灯设计,使整车看起来更加的硬朗;隐藏式的天线,有效减低风阻和噪声,体现了车辆的高科技感;高质感的倒车雷达,感应面积大。当探测到障碍物时,会立即进行声音提示,精度高,大大提高了您驻车的方便性和安全性;它的行李舱非常宽大,容积达到了 415L,满足了您储物的需要。同时还带有扰流设计,在车辆高速行驶时产生了下压力,保证了车辆行驶的稳定性和安全性(图9-4)。

汽车销售流程

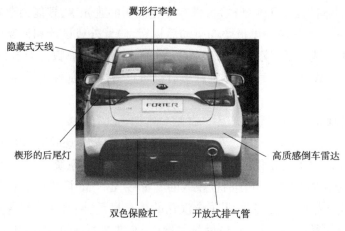

图9-4 车后方介绍要点

4 车后座

车后座主要介绍后部空间及一些有特色的装置,销售顾问可在展车外介绍,但一定要邀约客户进入展车内参观。同时积极鼓励客户更多地体验车辆,激发客户的想象,促进客户产生希望拥有该款车的冲动。

车后座的介绍要点有:后排电动调节座椅、后排中央扶手处的控制板、车载冰箱、可移动式后排座椅阅读灯、后排空调出风口、后部空调、后窗电动式遮阳幕、后座侧窗帘、预紧限力式后排左右座椅安全带、后排座椅安全带调节器、后排左右座椅、童椅及顶部绳索固定装置等。

话术举例如下。

先生,您可以到我们的车后座坐一下,感受一下它的后排空间。作为家用轿车,腿部空间还是很宽敞的,它的轴距是在同级轿车中最长的,腿部空间设计也是最合理的,感觉还是很适合的吧。

您看,它的后排配备了三条安全带,充分体现了它的人性化设计理念。一般在高速公路上行驶,为了安全起见,我们还是建议后排的乘客系紧安全带。

先生,它的后排地板采用了扁平化设计,使后排乘客获得了更充裕的腿部空间,即使乘坐3个人也不会太拥挤,这也是在同级车中最出色的设计(图9-5)。

5 车侧方

车侧方介绍时有两个位置,一般情况在一侧介绍外观和特色装置,在另一侧介绍车辆的安全配置。车侧面介绍时应在车辆侧面进行;将客户请至B柱外60~100cm的位置观看车辆。

车侧方介绍要点主要有:车身线条、侧面转向灯、外侧车门把手、轮胎与轮毂、宽大车内空间、优良的行驶性能设计、最小转弯半径、前后悬架、轻质及高强度车体、静肃车身、防抱死制动系统、电子制动力分配装置、车身稳定性控制系统、牵引力控制系统、上下坡辅助控制系统、冲撞吸能式车身、减轻对行人伤害的车身、吸收冲击结构所隐藏的人性化设计、再生材料的应用、无线门锁遥控装置、智能钥匙起动系统等。

话术举例如下。

项目五 车辆推介流程

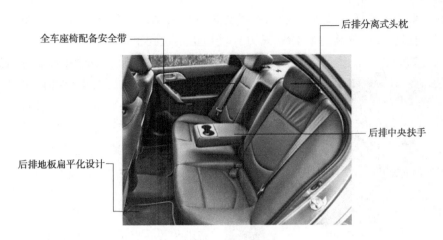

图 9-5　车后座介绍要点

车身采用了全新优化的高刚度、高张性车身,大大提高了车内乘员的安全性,NHTSA(美国高速公路安全管理局)碰撞测试结果为五星安全。它的侧面则是简洁、充满力量的腰线。腰线设计得很高,完全是高档轿车的设计,如奔驰 S、雷克萨斯 LS 等豪华车都是这样。这样的设计不仅使整车看起来更加的动感时尚,而且大大减低了风阻系数,从而降低了油耗。外后视镜设计非常的特别,集成了转向灯功能,不但美观,而且使转向灯高度更为合理,可视性更强,增加了安全性(图 9-6)。

图 9-6　车侧方介绍要点

6 发动机舱

对等待的客户说"请稍候",销售顾问离开车辆前端来到驾驶室旁;打开车门,拉动发动机罩锁定释放杆;关上驾驶室门,返回车辆前端,用双手打开发动机罩。发动机舱主要介绍发动机及汽车的动力性能和行驶性能。

发动机舱的介绍要点主要有:发动机罩、发动机参数及性能、发动机减振、降噪、隔热设计、变速器等。

话术举例如下。

第一,采用了最新的伽马发动机,技术先进、可靠,动力强劲,同时油耗更低。它的功率达到了同级轿车中最高的124PS(马力),转矩更是达到了惊人的155N·m。百公里加速时是同级轿车中最快的,能带给您更强的推背感。第二,发动机缸体采用了全铝材质,散热效果更好,质量更轻,有效地降低了车辆的油耗。第三,它的排放达到了欧Ⅳ标准,污染更小,更加环保(图9-7)。

六方位绕车介绍只是一个指导性的方法和工具,关键是销售顾问要对车辆的各个要点及参数非常熟悉,同时针对客户的需求和关注点进行商品说明。进行商品说明时销售顾问要保持微笑,主动、热情地为客户提供服务;在介绍过程中使用规范的

图9-7 发动机舱介绍

站姿、走姿、蹲姿、坐姿;在介绍的时候不要忘记使用"您看"、"您请"、"请问您"等文明礼貌用语;在为客户做指引、介绍时,手臂伸出,五指并拢,自然和谐;开关车门时要注意动作力度,加强练习;客户进入展车内时,销售顾问应用手掌挡在车门框下(掌心向下,五指并拢)保护客户;爱护展车,尤其要预防手持香烟、饮料、食品等容易破坏车内清洁的物品。销售顾问应礼貌地制止其进入展车参观。

(二)FAB介绍法

有的销售人员会回答:"我们在向客户做介绍时,感觉付出了很大的努力,可是客户听了就是不为所动,不知道是什么原因?"

也有销售人员这样想:"假如有一种更好的实战方法那就更好了。"

这两个问题都很普遍,是在我们实战过程当中经常遇到的问题。在4S店或专营店里,很多销售人员尽了很大的努力,滔滔不绝地跟客户讲,但最终没有打动客户,这可能是因为缺少方法和技巧。为了解决这个问题,下面给大家介绍一种有效的方法——特征利益法,也就是FAB法。

F(Function),就是属性,也叫配置,即指汽车所固有的功能,例如:后视镜的自动折叠;侧气囊;ABS+EBD等。A(Advantage),就是指优势,即指此款车型区别于其他车型的优势功能。例如:同价位里,此款车型的轮胎抓地力特别强。B(Benif)是利益的意思,即指此款车型的功能及优势功能能够给消费者带来的好处、使用价值、利用等。例如:有了这个功能,您的爱车也有了优越的越野性能,给您带来多方位的驾驶乐趣。

1 对F属性的分析

对属性的分析有以下几个方面。

(1)对客户关于汽车深层次需求的分析,如果是进行品牌广告的设计则第一步是竞争对手的界定。有些人想买运动感强的,有些人想买紧凑的,有些人想买省油的,有些人想买越野的,不同的人对汽车的要求不一样,只有掌握了客户的需求你才能有的放矢,客

户的需求在销售中一般可以从相互的交谈中了解到。而对于通用的性能则没有进行比较的余地,如售价、油耗、动力等问题,都不存在销售机会,因为这些因素基本上是已经固定的,不存在多大的差别。

(2)对竞争对手和自身汽车特性的分析。了解对手和自身汽车的优缺点及配置的级别,把自身汽车特有的差异点集中起来,在进行广告语及销售词设计之前必须对产品的特性有一定的了解。主要是对汽车的主要配置部件进行了解。指导其大概的物理原理及作用意义,例如销售人员或者广告设计者必须了解麦弗逊悬架和多连杆悬架有什么区别及其优劣。

(3)根据客户的需求,挑选出自身有较大优势的特性进行销售陈词或广告制作,同时把没有在客户的需求中体现的特性作为销售的助力卖点。把这些有优势的特性集中起来,联合发力就可以形成品牌的竞争力。

2 对 A 优点的分析

根据在对 F 分析后所得到的能满足客户需求或有竞争力特性,进行优势的阐述。这些优势的阐述是基于客户对汽车独立配置的基本理解之上。例如,你不能直接告诉客户的汽车有 ABS,有 ESP 等,因为客户大多数都是非专业人士,假如他们不懂汽车的配置及其基本的作用原理,销售人员就是再努力的进行销售陈词都是没有意义的。所以对汽车优点的阐述前需要销售人员对汽车的配置及其原理作用有一定的了解,并能用简单明了的话语直接的把配置的优点告诉客户,要客户一听就能够明白。

3 对 B 利益点的阐述

对利益点的阐述要从客户的角度来思考和表达,表达主语应该是客户,就是可以从产品的 A 优点中可以得到什么利益点,是客户省油了,还是客户可以感受到强劲动力的推背感,如此之类,用客户作为主语,可以让他们更容易的进行对利益点的联想和感受。利益点的阐述在销售陈词时能结合到客户的深层需求则最好;当为某个产品进行广告制作时,因为不能总体挖掘消费群体的内在需求,不可能在利益点的阐述中做到很强的针对性,所以广告的制作是为汽车品牌的打造出力,而渠道终端的人员销售是为最终实现汽车的销售。当我们用 FAB 法销售汽车时,需要在几个利益点的阐述中形成合力,共同为汽车品牌的打造出力。

(三)FBSI 销售法

F——Feature:我们拥有什么样的配置。B——Benefit:这项配置能给客户带来什么好处。S——Sensibility:引导客户亲自感受。I——Impact:一个具有冲击性的情境。

FBSI 销售法示例,标准句式:拥有……对您来说……感觉……试想……示例:黑金刚轿车顶配拥有锁止式防滑差速器技术,能够在遇到突发情况紧急制动导致一侧轮胎打滑时,触发机械锁合机构将车桥完全锁死,并将发动机转矩 100% 传递到有抓地力的车轮上,从而提供足够的牵引力帮助车辆驶出障碍。对您来说在任何的路面上行驶都随时放心,这种感觉黑金刚轿车能够带给您,您试想一下您开着黑金刚轿车在崎岖的路面行驶,车里坐着您的家人和朋友,大家一起安全的到达目的地,那是多么美好的事情啊!

二 任务实施

1 准备工作(图9-8)

(1)场地设备准备。

图9-8 实训车辆

①场地:汽车营销实训道场销售区(模拟汽车专营店销售展厅)。

②车辆:北京现代名图轿车(根据实际情况可任意设置)。

③其他设备:接待台、洽谈桌、客服区茶杯饮料若干。

(2)任务实施前的准备。

①保持车辆清洁。

②确保蓄电池有电。

③确保油箱存有适量燃油。

④转向盘调整至最高位置。

⑤确认所有座椅都调整到垂直位置。

⑥钥匙放在随时可取放的地方。

⑦驾驶人的座椅适量后移。

⑧前排乘客座椅适量前移。

⑨座椅的高度调整至最低的水平。

⑩收音机的选台、磁带、CD准备好。

(3)人员角色任务分配。

①客户:1名;多名(先完成对1名客户接待工作后可进行多名客户接待训练)。

②销售顾问:1名。

③服务人员:若干(根据学习小组人员分配)。

(4)任务场景设定。

①来店时间:某日午后2时。

②来店方式:自驾老款一汽大众捷达轿车到店。

③来店类别:无预约,首次到店。

④来店目的:看车。

2 六方位介绍八大要领

(1)遵循(车头→车侧→车尾→后座→驾驶室→发动机舱)流程。

(2)视客户聆听、互动、移动、弹性调整或跳跃介绍。

(3)掌握动线引导手势与站位位置,肢体动作。

(4)扼要生动介绍每一特色之功能。

(5)介绍中保持探询以满足需求为目的。

(6)前座买家加强驾驶座介绍,后座买家加强后座。

(7)掌握几个主要卖点,避免重复说明。

(8)保留客户观赏与发问时间。

3 操作步骤

(1)车前方介绍:位置车头45°角,顺序一般是整体造型,发动机罩,前照灯,进气格栅,前保险杠。这其中重点部分是进气中网的车标和前照灯的介绍,如图9-9所示。

图9-9　名图轿车前方

术语参考如下。

销售顾问应五指并拢,指向发动机罩和前照灯,面对客户进行详细解说。

名图轿车采用了现代汽车品牌最新的外观设计风格,丰富的车身线条让整辆车既大气稳重,同时又包含动感时尚。在传承了现代汽车家族化设计语言的同时,又展现了与现代汽车旗下其他车型不同的设计元素,从而不会使客户您产生"套娃"那种负面的视觉印象。

在名图轿车的前脸设计中,飞翼式前格栅设计可谓是一大亮点,即使在远处看到名图轿车也能立即被其成熟稳重的气势所吸引,这种大面积的格栅采用镀铬工艺,非常的显档次豪华,即使与一些豪华车相比的话,也拥有足够的底气,并且,大面积的格栅除了美观之外,对于发动机的冷却效果也有很好的提升。

名图轿车的前照灯采用鹰眼式设计,很好地与飞翼式前格栅设计完美融合,彰显动感与大气。全系配备的透射式近光灯,即使车辆在静态的时候,也能散发出高档的气息,彰显不一样的身份,车辆动态行驶的时候,照明效果相比普通光源会更好,让车主在驾车的时候能够提前发现不安全的隐患,提升车辆安全性,名图轿车高配车型配备静态弯道照明,转弯时可扩大侧向视野范围,在没有路灯的乡村道路和宽度狭窄的小区路口的效果尤其明显。可以说无论是在高速还是低速行驶,无论是雨雾天气还是夜间,名图轿车的氙气前照灯都能够给消费者带来更高的安全。

当然,名图轿车的车前方的设计亮点还不止这些,由9颗LED灯组成的LED日间行车灯十分耀眼,使路过的行人或者车辆能够在第一时间注意到名图轿车的存在,其优秀的外观设计给人以深刻的印象,标配的立体前雾灯,未点亮时与LED日间行车灯形成一体,拥有三维立体的感觉,在恶劣天气行车时,既能够使我们看清前方的路况,又能够使对方驾驶人注意到我们名图轿车的位置。

车身长度达到4710mm,车宽达到1820mm的大格局外部空间,使名图轿车的整个视觉效果在原有的设计风格上面进一步提升了大气的感觉,切合中国消费者的选车审美标准。

(2)驾驶室介绍:转向盘及座椅的调整方式,前仪表板及中控面板配置,空调及多媒体配置,气囊等安全方面配置,如图9-10所示。

图9-10　名图轿车驾驶室

术语参考如下。

通常把车比作第二个家,所以车内的舒适性也非常重要,打开车门请到家里来感受一下。您看名图轿车内饰设计达到同级别车型最高水准,全面彰显豪华与舒适性,营造了高端质感的座舱范围,您坐进车里,面对的不仅仅是皮质与实木,更是一道绝美的风景与亲近自然的心情。当你坐下手握皮质多功能转向盘,可以让您手不离转向盘实现轻松操作,保证驾驶安全。人性化的柔性转向系统,提供轻、普通、重三种模式选择,根据需求调节助力大小,能够满足不同驾驶路况及不同驾驶人员的需求,转向盘右侧没有钥匙孔,但却多了一个按键,这就是为您提供的高科技智能钥匙一键起动系统,无须掏出钥匙,就能进入车内,起动车辆,提升了车辆的便利与档次。

当坐进主驾驶后,目视前方的TFT LCD仪表板,车辆信息实时呈现在行车电脑显示屏上,高亮度TFT LCD显示清晰直观,减少疲劳感。仪表板右边的双区独立恒温空调,自动温度控制,满足不同的温度需求,居家般的适宜温度,乘坐更舒适。在驾车过程中只需设置好自己喜欢的温度,系统就会自动进行调节,确保车内舒爽宜人。您入座的是全包覆式有氧皮质座椅,座椅骨架采用高强度钢材,外部包裹有氧孔皮,做工精细,手感细腻,符合人体工程学设计,乘坐舒适。长途行驶也不感疲惫,名图轿车座椅同时带有通风带电加热、电动调节带记忆功能,最全面的舒适座椅功能带来最舒心的驾驶感受,任何人任何季节都可以享受到最舒适的乘坐感受。

名图轿车完全超越同级车广角全尺寸全景天窗,超大面积让车内采光更好,天窗不再是前排乘客的专属了。是同级唯一的一款前后排乘客都能享受的车,人性化内部空间,同级最长轴距,同级最大腿部与肩部空间,提供最佳的乘坐舒适性。

电子防眩目后视镜可根据车后方车辆光照强度,对镜面做明暗调整,还可显示倒车影像,同时还带有 BlueLink 系统可远程对车辆以及乘客提供帮助,如果行车过程中有任何疑问,一键就能咨询专家。7in 多媒体显示屏,可触屏操作,通过显示器呈现(支持中文字幕):DVD 播放、电子导航、蓝牙连接、USB 视频播放、电子相册、数字电视等功能。

中控区下方储物槽,前中央扶手多功能饮料架,便于安放大型多媒体,更方便,舒心。主副驾驶席的多级燃爆安全气囊,根据碰撞力度的大小自动调整气囊充气量,最大程度的减少二次伤害。这是名图轿车配备的 6 速手自一体变速器,传动效率更高,分工明确,既能让您感受到驾驶乐趣,操作又十分便捷,6 速手动变速器,挡位清晰,吸入感强,换挡行程短,挡位分布更加清晰,换挡冲击力小,日常行驶更加省油。挡位更清晰,起步加速快人一步。

感应自动落锁,可根据车速提供车门自动落锁功能,避免堵车或等红绿灯时,因忘记落锁产生的不必要的财产损失,碰撞感应自动解锁,撞车后可以自动解除四门锁止状态,避免碰撞后困在车内产生的二次伤害,在车辆发生碰撞时,名图轿车总会自动为车内人员打开安全之门。名图轿车的脚踏式驻车系统,操作省时省力,驻车效果更强,使用更便利,只需要轻轻一踩,完成驻车制动。

现在关闭车门升起车窗,车内很安静。这是采用 NVH 静音工程,全车大量使用吸声隔振材料、低噪声零部件总成,来抑制行车过程中噪声和振动的产生,乘坐舒适性得以极大提高,车内安静平稳。

(3)车后方介绍:车位造型,行李舱空间,行李舱及其他配置,尾灯,后保险杠,及倒车雷达影像等,如图 9-11 所示。

术语参考如下。

尾部造型是令汽车设计师们感到非常棘手的问题,因为汽车尾部是个非常难出彩的部位,要想在经典的前脸和车身之后续上与之相称的尾部造型,是决定一辆车的设计是否成功的关键因素。

名图轿车是在全球汽车业设计领域权威人士——现代汽车集团首席设计总监彼得·希瑞尔的带领下设计并开发完成。以节制有度的运动感,追求高端的时尚作为尾部的造型,简洁、

图 9-11　名图轿车车后方

利落、平衡的车尾线条,配以晶亮的 LED 组合式尾灯纵向延伸,立体流畅的后尾灯作为车身线条的延续与鹰眼造型氙气前照灯遥相呼应,融为一体。在滚滚车流中具有极高的高辨识性,无论白天黑夜都能脱颖而出。

高亮度的环带式 LED 光源可以对后方车辆,尤其是侧后方的车辆提供更好的警示效果,同时具备的 ESS 紧急制动提醒系统(图 9-12),当车速超过 55km/h 进行紧急制动,减速度达到 $7m/s^2$ 或者触发 ABS 时,制动灯或双闪灯将会自动高频闪烁,给予后车提示,降低事故发生概率。车辆尾部右下方的运动型双排气管,贴合车身设计,在视觉上更加的平衡,同时也是动力强劲的一种体现。名图轿车的车位不仅灯光效果耀眼夺目,在车顶上的鲨鱼鳍式天线,更是将名图轿车的车尾动感时尚效果进一步提升,犹如书法大师的收笔,气势为之一凝,不仅豪华科技感十足,更显现出自信的锐利气势。车辆驶过,总能留下刚劲完美的背影,一路引领追随者的目光。

图 9-12 ESS 紧急制动提醒系统

名图轿车的后车尾非常的饱满(图 9-13),在这饱满的后车尾里面,是拥有 526L 的超大空间行李舱容积,行李舱开口宽度大,尤其是上开口幅度为同级车中最大,达到 1150mm,装卸大件物品更为方便。

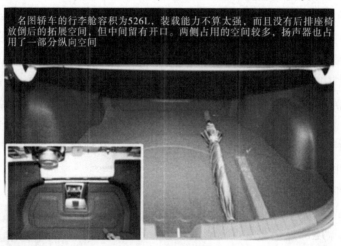

图 9-13 名图轿车行李舱

(4)车后座介绍:后排空间,是否可以折叠,储物空间,悬架方式,其他配置,如儿童座椅安放位置,儿童锁,后排遮阳帘。

术语参考如下。

作为一款中高级轿车,车辆后排的舒适宽大尤为重要,因为那能使您身边的伙伴感受到您精致有道的生活品质。后排的舒适,首先要看后座进出是否便利,而这又取决于后门的开启角度,名图轿车的后车门开启角度非常大,从而达到上下车轻松自如的效果,拥有北京现代名图轿车,给自己舒适、舒展的同时,也能带着商务伙伴一起享受现代快节奏的潇洒自在,如图 9-14 所示。

图 9-14 名图轿车后排空间

车辆后排进出的便捷性取决于后车门开启角度,后排的空间宽敞舒适则更取决于轴距,名图轿车以超越同级车,以中高级轿车标准才会采用的 2770mm 超长轴距设计,保障后排乘坐空间更充足,哪怕后排坐三位身材魁梧的伙伴,空间依然宽敞舒适。后排同级独有的后排地面平整化设计,让中间位置的乘客也不会因为地面凸起部分而感到"委曲求全"了,将后排乘客腿部活动的空间充分的释放,提高了后排乘客的舒适性,名图轿车的全包裹式有氧皮质座椅与同级相比,椅垫和椅背更厚实,即保障了舒适性也保障透气性。不仅座椅舒服,而且采用了同级独有的后排座椅加热,还带后排中央扶手,以及后排空调出风口。这些同级领先的舒适配置,能让后排乘客无论何种气候环境下都可随心所欲的调节座椅温度和空调温度,尽享自在,后排中央扶手可以让后排乘客即使长时间坐车,也能大幅减缓疲劳,如同坐在家中客厅一样舒适。

为更好地照顾与呵护后排乘客,名图轿车的后排座椅还具有行李舱快捷连通通道,这样坐在后排的乘客随时就能轻松地从行李舱里拿出各种事先准备好的饮料食品。如遇到突如其来的雨雪天,无须走下车辆就可拿到行李舱里预存的雨伞。坐在名图轿车的后排相比其他同级车更舒服,体现了北京现代对后排乘客的重视程度,对客户需求的点滴关怀。

(5)车侧方介绍:车侧的造型,轮胎轮毂,制动方式,底盘车门的制造方式,车架形式,如图 9-15 所示。

图 9-15 名图轿车车侧方

术语参考如下。

名图轿车车身侧面线条流畅自然,设计层次感强,在美观的同时,车身腰线将气流引贯至车尾形成尾流下压,降低了风阻系数,减少了油耗,提升车辆高速行驶的稳定性。这种独具一格的腰线设计,我们称之为错层式腰线设计。

处于腰线位置的多功能外后视镜除了具备常见的基本功能之外,还配备了同级车中独有的记忆功能和倒车自动下翻,大大提升了我们日常用车的便捷性和安全性,同时也是车辆档次的体现。后视镜下方的双五幅精致轮毂时尚稳重兼备,符合大众的审美需求,并且高性能的轿跑车以及大多数全球著名的豪华轿车也大多配备此类型轮毂,提升整车的档次感的同时,与名图轿车动感时尚的外观融为一体。TPMS高级胎压监测系统被誉为21世纪汽车三大安全保障之一,名图轿车TPMS高级胎压监测系统实时监测轮胎的气压值,当轮胎低于标准胎压25%时,名图轿车的TFT LCD仪表板会有报警灯亮起,提醒车主及时关注,防止因为胎压过低造成爆胎事故,让驾驶人没有后顾之忧,时刻为行车的安全护航预警。

根据道路状况及ESC工作状态,通过MDPS给转向盘施加正确的助力,关键时刻帮助您及时调整车身姿态保持平稳,保障行驶安全,这就是业内人士所称的领先于ESP的VSM电子车身稳定系统。名图轿车优秀的底盘设计,装备了领先的多连杆独立悬架,进一步增强了车辆的舒适性和操控性。

车身的强度也是客户非常关注的部分,名图轿车采用强化车身结构,高强度钢采用比例为66%,最高强度钢为1480MPa,遥遥领先竞品车型,从而在C-NCAP碰撞测验中获得了五星的最高测试成绩。

(6)发动机舱介绍:发动机介绍,变速器介绍,线束的分布,采用的安全设施等。

术语参考如下。

发动机可以说是汽车上最重要的部分,发动机舱布局对汽车的性能优秀与否具有重大影响。名图轿车的发动机舱设计非常整齐,直观上几乎看不到任何凌乱的线路。而冷冻液与玻璃水、助力液等需要经常查看的部分是直接暴露在外的,更加易于日常的维护。

名图轿车的2.0L车型采用Nu系列发动机(图9-16),该系列发动机具有低油耗轻量化设计、高性能、静音性佳三个优势,使得这款全铝发动机的最大功率达到114kW,最大转矩达到192N·m,百公里综合油耗仅为7.5L,保证流畅动力输出及出色的燃油经济性,同时领先同级别的发动机,采用的静音正时链条设计全面照顾到您日常使用的环境状况,不仅让您开起来好用、够用,而且还非常耐用。

名图轿车的1.8L车型同样采用Nu系列发动机是黄金排量高性能发动机的杰出代表,具有D-CVVT进排气连续可变气门正时技术,也是现代汽车非常成熟的一款高转速大功率、低转速高转矩的节能发动机。

无论是2.0L发动机还是1.8L发动机都具有VIS可变进气歧管技术,该技术根据发动机转速不同,通过调整进气阀门的开启角度,改变进气路径的长短,提供不同的进气效率,保证发动机在低速行驶时具有良好的燃油经济性能,高速行驶时保证强劲的动力输出。

此外，名图轿车配备了 6 速手动及 6 速自动变速器，拥有 6 个前进挡，更合理地利用发动机在不同转速下的动力输出，提升驾乘舒适性和燃油经济性，确保换挡更加平顺，动力输出没有停滞。6 速手动变速器也是同级别中少有的配置，真正意义上做到了快速、平顺、省油。

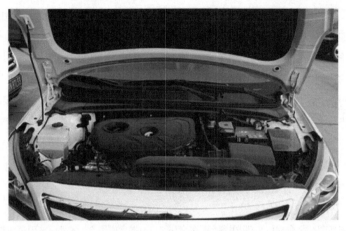

图 9-16　名图轿车发动机

名图轿车配备的 Active ECO 主动经济驾驶模式能控制发动机转矩的输出，只需轻启按钮开启此功能，即使猛踩加速踏板，发动机依然平顺输出动力，引导正确的驾驶习惯，让车辆在使用过程中更经济，更舒适。

三　学习拓展

运用 FAB 介绍法回答以下问题。

【案例1】　倒车雷达的好处

例如某款车有一个倒车雷达，我们用 FAB 的方法向客户作一介绍。首先用 F（配置）来说，这辆车上有一台倒车雷达，销售人员在向客户介绍的时候，不能只告知客户这款车有倒车雷达就完了，还应提示客户倒车雷达有什么作用，即在倒车的时候可以提示车后面有没有障碍物，从而避免出现人、车、物的意外伤害。通过这样的介绍，客户就会了解这个装备会给他带来什么样的好处。如果你只是告知客户这款车有倒车雷达，那么他并没有考虑到倒车雷达会给他带来什么样的好处，他就不会在自己的脑子里加深这款车优越性的印象。

【案例2】　ABS 的好处

比方说这台车带有 ABS，我们把这个 ABS 也用 FAB 这个方法给大家作一介绍。首先 ABS 是这个车的配置，有了 ABS 以后，它可以有效地控制车行驶的方向。我们在一些汽车的样本资料里可以看到这样的图片，就是有两辆车走两条道，其中有一辆车前面有一个障碍物，那辆车绕个弯儿过去了，第二个图片是另外一辆车直接撞上了那个障碍物。这两个图片要说的意思是一辆车有 ABS，另外一辆车没有，所以它不能够控制车行驶的方向，直接撞上了那个障碍物。如果这个障碍物是人的话，那就产生了人员的伤亡；如果是一个物的话,那财产就受到了损失。

那么 ABS 怎么工作呢? 当你发现前面有障碍物踩制动踏板时,如果没有 ABS 的汽车一下子就把轮子抱死了,汽车完全是靠着惯性向前冲的,方向没法控制。而有了 ABS 以后,制动抱住那个车轴 1s 有的是 16 次、17 次,不停地抱紧松开,这样,车轮可以控制前进的方向。ABS 给客户带来的利益是双方的,一是不会给对方造成损失;二是自己的车也不会受损失。

FAB 简易地介绍并说明产品的特点及功能。在介绍产品特性时,必须针对客户需求。销售顾问对配备产品的细节应充分了解。但是对客户介绍多少,完全取决于客户对配备产品技术细节的兴趣。特别说明此特点的优势在哪里。大多数客户在采取购买行动前,都会对其选择的商品进行比较,因此,销售顾问在介绍产品的特性之后,需再就该项特性在市场上的优势做说明。该功能的优势会给客户带来怎样的利益。介绍产品特性时,最后必须把内容转到产品特性能给潜在客户带来的利益上。产品特性、优势还无法保证客户采取行动。只有那些令客户产生冲击的利益,才会令客户采取购买行动。

通过 FAB 法给客户介绍,就会让客户感觉到印象很深。

【案例3】 不同 ABS 的比较

那么有的销售人员会说,"现在很多车都有 ABS,那我怎么去介绍呢?"这时应接着往下延伸。ABS 也有区别。在作产品介绍的时候,你事先得要了解。我们前面讲过,有个客户去问销售人员,"你这个车的 ABS 是哪里生产的,大家都有 ABS,哪个 ABS 更好呢?"

进口的 ABS 和国产的 ABS,其制动距离显然是不一样的。国内有一些车是合资的,但搭载的 ABS 是进口的,而很多国内生产的车也有 ABS,但是大多数是国产的。进口车搭载的 ABS 因为是进口件,所以费用比较高,国产的费用会稍微低一些,但这两个 ABS 的作用显然是不一样的。

有一个数据表明,进口的 ABS 在 120km/h 的车速上踩制动踏板,车在滑行了 41m 的距离后停下来。国产的 ABS 从 120~0km/h 的制动滑行了 46.5m。两个相差了五六米长的距离,这一点也要向客户说明。

买车就是要注重性价比。ABS 也是作为性价比当中的一项指标,可以这样跟客户说,你的长项就是你的优势,这就是我们介绍车辆的技巧和方法。

在汽车销售过程中,客户进店并非单一为购车而来,销售人员需要区分不同客户进店的不同目的,积极主动的做好服务接待工作,抓住一切可能的销售机会。下面就几种客户进店的情况进行应对说明。

【案例4】 专业术语的解释

有一对夫妇来到展厅,绕过了门口的几辆车,直接走到了他们感兴趣的一辆展车那儿。销售人员看在眼里,这个时候他就感觉到了,这是一个很不错的意向客户。于是他就去接待这个客户。客户走到东,他就跟这个客户介绍东边的情况;客户走到车尾,他也把车尾的好处跟客户说了很多。在他说的过程当中,这个客户只说,"哦,是吗? 哦,谢谢"。其他的什么表示都没有。过了一会儿,客户两个人互相看了一眼说,"我们下次再来吧"。就走了。

这个销售人员不甘心,认为自己已经费了好大的劲,把这个车的好处基本上全说完了,怎么他们都没有表示啊。其实问题出在哪里,这个销售人员并不知道。

客户走到门口以后看看后面没人了,就开始互相对话了。

"老公,刚才他说什么呀?"

"他说的好像是专业术语,哎,我也没听懂。"

"那怎么办呢?白跑一趟。"

"这样吧,那边好像还有一家,我们去看看。"

这是怎么回事呢?

案例分析如下。

这就说明这位销售人员从头到尾不管客户是怎么想的,不管客户有什么样的需求,也不管客户是否听懂了你所介绍的那些内容。就像我们前面讲的,说到这个车的功率的时候,你说是多少多少千瓦,这个客户不懂,只听到人家跟你说马力。说到转矩的时候,你说是多少个单位牛米,这个客户也是听不明白的。

人都要面子,特别是在公共场合,而且又是在他的太太面前。在这种情况下他不懂也得装懂。但他不会去问,你刚才说的这个牛米是什么意思,你刚才说的那个千瓦又是什么意思,因为他要面子,就是这样的心理状态。

所以这时要特别注意,一定要跟这个客户互动起来,你每讲一个产品的亮点,每讲一个专业术语时要观察客户是否能接受,他听懂了没有。打个比方,说到功率的时候你告诉他多少马力就可以了,功率乘以1.363,马上就换算成马力了。当你讲转矩时,你可以把它形容成牛拉车的拉力,牵引力。其实我们开车的时候会有这种感觉,当车爬坡的时候你放在四挡、五挡的时候它能够上得去吗?就算它能上得去那个发动机的声音已经很难听了。道理就是转速虽然上去了,但是动力不够,所以你这个时候要告诉他,速度用马力来表示,力量用牛力来表示,牛虽然跑得慢,但是牛能拉得动车子。

四 评价与反馈

❶ 自我评价

(1)通过本学习任务的学习你是否已经知道以下问题:

①六方位绕车法所指的六个方位是什么?

_____。

②六方位绕车的介绍要点是什么?

_____。

(2)FAB法则介绍汽车的配置运用情况如何?

_____。

(3)FBSI销售法完成情况如何?

_____。

(4)通过本学习任务的学习,你认为自己的知识和技能还有哪些欠缺?

_____。

签名:_____   ___年__月__日

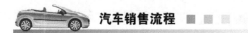

❷ 小组评价(表9-1)

小组评价表　　　　　　　　　　表9-1

序号	评价项目	评价情况
1	着装是否符合要求	
2	是否符合标准接待礼仪要求	
3	客户是否对本次接待服务满意	
4	是否遵守学习、实训场地的规章制度	
5	是否能保持学习、实训场地整洁	
6	团结协作情况	

参与评价的同学签名：_____　　___年_月_日

❸ 教师评价

_____

_____。

教师签名：_____　　___年_月_日

五 技能考核标准(表9-2)

技能考核标准表　　　　　　　　　　表9-2

序号	项目	操作内容	规定分	评分标准	得分
1	迎接客户	主动迎接并为客户指引停车点位置，帮助客户打开车门邀请客户下车	5分	热情礼貌周到的接待客户,是否符合迎接礼仪规范要求	
2	自我介绍	向客户介绍自己并递交名片,询问客户来店需求	5分	欢迎客户来店;自我介绍内容完整,含公司名称、职位、姓名;递交名片姿势正确;询问客户需求用语亲切	
3	车前方(左前方)	名图轿车车前方介绍	10分	介绍位置,手势,术语	
4	驾驶室	名图轿车驾驶室介绍	10分	介绍位置,手势,术语	
5	车后座	名图轿车车后座介绍	10分	介绍位置,手势,术语	
6	车后方	名图轿车车后方介绍	10分	介绍位置,手势,术语	
7	车侧方	名图轿车车侧方介绍	10分	介绍位置,手势,术语	
8	发动机舱	名图轿车发动机舱介绍	10分	介绍位置,手势,术语	
9	展厅接待	引导客户至展厅,适当寒暄问候,确认客户想自行随意看车后离开,但应时刻保持服务意识	15分	引领礼仪正确;引路过程伴有进一步寒暄问候;展厅内服务人员均须对客户表示欢迎;客户表达想随意看看后礼貌离开并表达出随时愿意服务的想法	
10	送别客户	客户表示想离开时,确认客户联系方式后,送客户至停车点,指引并目送客户离开	15分	客户离开前再次礼貌确认(或留下)联系方式;送客户至停车点;欢迎客户下次光临或有需要随时联系;挥手告别目送客户离开	
	总分		100分		

项目五 车辆推介流程

学习任务 10 试乘试驾

 学习目标

⭐ 知识目标

1. 理解试乘试驾的意义及目的；
2. 掌握试乘试驾的四个环节；
3. 掌握试乘试驾的要点；
4. 掌握试乘试驾的注意事项。

⭐ 技能目标

1. 能完成试乘试驾的四个环节；
2. 能够符合接待规范要求；
3. 能够灵活应对接待客户时的各种情况。

 建议课时

4课时。

 任务描述

展厅内的产品说明是一种静态的产品展示，汽车的许多性能必须通过客户的亲自体验才能打动客户，为此试乘试驾是最好的让客户感知车辆性能的手段，也是动态介绍车辆性能的最佳措施，通过让客户试乘试驾可以感知车辆的优越性能，以此促进车辆的销售。

一 理论知识准备

（一）情景导入

有的销售人员介绍说："我们在向客户进行汽车产品介绍的时候，一般都会向客户发出试乘试驾的邀请，当客户同意后，我们就会带他去绕一圈，之后我们会问那位客户的感觉如何"。客户可能回答一般、很好，或者不怎么样。

有的销售人员介绍说："我们试乘试驾活动结束之后，感觉客户的兴趣好像没有得到多大提高,对我们的销售业绩也没有多大的帮助。这可能是其中有什么环节出现了错误"。

两位提的问题都很尖锐,这些问题在我们汽车销售的过程中是遍存在的。客户去了以后,好像没有什么表示,只是把车开了一趟;还有的客户回来以后好像没有什么认可,或者没有什么新的兴趣;特别是有的客户回来以后,车停在专营店的门口,说声"谢谢"或者说"先回去考虑一下,"就走了。

① 问题原因

我们来共同讨论一下到底问题出在哪里。曾经目睹过这样的事情,觉得作为销售人员他们付出的实在太多了,但却没有得到一个很好的回报。其实责任不在销售人员,而是由于经理没有把工作做好。企业要改善,必须要制定规范和流程,因为这些不制定出来的话,销售人员不会按照这些方面去做。所以,作为专营店的领导或部门经理,应该首先想办法改善。

问题的原因有两个:缺少流程和规范。

汽车公司以前根本没有一个规范的流程,首先给客户发一个邀请,请客户来参加试乘试驾,然后拿一辆车出来,请客户完成试乘试驾的过程,完成以后客户走了,而公司一点收获都没有,这是需要改变的。没有很好的执行流程和规范,有些企业先走了一步,制定了规范和流程,但是没有很好地去执行。比如客户把车停到公司门口以后就走了,其实工作没有完。是你把客户放走了,所以你不能够单单责怪客户。

② 解决办法

通过介绍试乘试驾的流程,希望能够给大家提供一个方法来改变这种现状。

(二)试乘试驾概述

① 客户对试乘试驾的期望

试乘试驾式车辆的动态说明,也是汽车销售过程中的一个重要环节,通过该环节客户可以动态的了解车辆的性能,增加客户对车辆的信心。该环节客户希望可以自由地进行试乘试驾,可以对感兴趣的车辆有更多的了解和体验,试乘试驾时能充分体验到车辆的特点,销售顾问也能作有针对性的说明。具体的期望有以下几点:

(1)经销店能真正将试乘试驾作为标准流程的一部分,认真贯彻执行。

(2)试乘试驾执行力度不打折扣,规划合理的试乘试驾路线。

(3)加强对陪驾人员的培训,在试驾过程中,主动提供介绍,帮助客户增加对车辆的了解,提高购车兴趣。

② 试乘试驾的意义

从销售满意度调查的结果分析,在试乘试驾这个步骤大都未能达到客户满意,其主要原因是销售顾问大多未能主动邀约客户进行试乘试驾。而试乘试驾其实是车辆介绍的延伸,让客户充分感受拥有车辆的场景或体验,最终达到成交的关键一步。千万不要将试乘试驾变成一种可有可无的制式流程,应该想到这是汽车销售顾问促进成交的砝码。

❸ 试乘试驾的目的

试乘试驾是车辆介绍的延伸,也是客户亲身体验汽车产品性能的最好时机。客户通过切身体会和驾驶感受,加上销售顾问把握时机动态介绍,可加深其对汽车产品的认同,从而增强购买信心,激发购买欲望,收集更多的客户信息,为促进销售作准备。

❹ 试乘试驾的执行方法

基于试乘试驾的重要性,销售人员要严格执行流程的要求,完善试乘试驾的流程和车辆等准备工作;销售顾问在客户试乘时要充分展示车辆特性,并作说明;让客户有时间自己体验车辆的动态特性;适时询问客户的订约意向,收集客户信息。

(三)试乘试驾的主要环节

试乘试驾主要有四个环节,分别是试乘试驾的准备、试乘试驾前、试乘试驾时、试乘试驾后,下面分别介绍。

❶ 试乘试驾的准备

在进行试乘试驾前,必须要做好相应的各项准备工作。确认试乘试驾车是否已预约或安排且车辆清洁、车况良好;每位参与试驾的销售顾问都须能熟练、了解试驾车辆的车型特性,且须有驾照,试乘试驾之前要熟悉客户资料。

试乘试驾的准备主要包括车辆及其文件的准备、路线规划的准备、相关人员的准备。

(1)车辆及其文件的准备。车辆及其文件的准备主要包括以下几点内容:

①汽车经销店必须准备专门的试乘试驾用车,尤其汽车主机厂要求的车型。

②试乘试驾车由专人管理,保证车况处于最佳状态,油箱内有1/2箱燃油。

③试乘试驾车应定期美容,保持整洁,停放于规定的专用停车区域内。

④试乘试驾车证照齐全,并有保险。

(2)路线规划的准备。合理地规划路线可以更好地向客户展现车辆的综合性能,同时也可以保证行车的安全,避免不必要的麻烦。试乘试驾路线应事先规划,以"保证安全"为首要原则。路线规划时应注意以下两点:

①按照车型特性规划试乘试驾路线,确保路线能够展现车辆的性能,同时考虑避开交通拥挤路段。

②随车放置《欢迎参加试乘试驾活动》文件,附有相应的行车路线图。

(3)人员的准备。试乘试驾一定要确保客户和车辆的安全,所以对相关人员要有严格的要求,要提前准备好。主要有以下3点:

①销售顾问必须具有合法的驾驶执照。

②若销售顾问驾驶技术不熟练,则请其他合格的销售顾问进行试乘试驾,自己陪同。

③客户必须携带自身驾驶证,并且复印留存后方可允许试驾。

❷ 试乘试驾前

试乘试驾环节是动态的车辆展示,销售顾问在汽车展厅介绍完车辆后要及时的邀请客户进行试乘试驾并将试乘试驾的相关事宜向客户进行简单的说明。所以试乘试驾前销售顾问应该做两件事情:试乘试驾的邀约和试乘试驾的概述。

(1)试乘试驾的邀约。邀约主要注意以下3点:

①商品说明后销售顾问要主动邀请客户进行试乘试驾。

②销售顾问要适时地安排小型试乘试驾活动,积极邀请客户参加。

③在展厅或停车场显眼处设置"欢迎您试乘试驾"的指示牌。

(2)试乘试驾的概述。将试乘试驾的流程及注意事项事先告知客户可以消除客户的紧张,更好的体验车辆的性能,概述主要应该包含以下4个要点:

①向客户说明试乘试驾流程,重点说明销售顾问先行驾驶的必要性。

②向客户说明试乘试驾路线,请客户严格遵守。

③查验客户的驾驶证并复印存档,签署安全协议与相关文件(《试乘试驾记录表》)。

④向客户简要说明车辆的主要配备和操作方法。

❸ 试乘试驾时

试乘试驾时主要包括客户的试乘环节、换手环节和试驾环节3部分。

(1)客户试乘环节。

①试乘试驾过程应由销售顾问先驾驶,让客户熟悉车内各项配备。

②销售顾问先帮客户开启车门,然后快步回到驾驶座位上,主动系好安全带,确认客户是否坐好并系上安全带,提醒安全事项。

③若有多人参加试乘试驾,则请其他客户坐在车辆后排座位;同时关注客户同伴,询问其乘坐位置是否舒适,并主动帮助其调整椅背或后座扶手,使其乘坐感觉舒适。

④设定好车内空调及音响,同时在进行设定时逐一向客户解释说明。

⑤销售顾问将车辆驶出专用停车区域,示范驾驶。

⑥销售顾问应依据车辆特性,在不同的路段进行动态产品介绍,说明其车辆主要性能及特点。

(2)换手环节。车辆到达规划的行驶路线后,销售顾问可在安全的路段靠边停车,让客户进入试驾环节,这期间的换手需要注意以下事项:

①应选择适当的安全地点进行换手。

②在客户的视线范围内换到副驾驶座。

③简单介绍如何操作变速杆,确认客户已对操作熟悉。

④换手时销售顾问应协助客户调整座椅、后视镜等配备,确认客户乘坐舒适并系好安全带,同时再次提醒客户安全驾驶事项;起动车辆,开始驾驶。

⑤准备不同种类的音乐光盘供客户选择,试听音响系统。

(3)客户试驾时。客户试驾时往往比较兴奋,销售顾问在不打扰客户安全行车的情况下可适时提醒客户尝试车辆的不同性能,同时提醒客户注意驾驶安全。

①客户试车过程中,以精简交谈为原则,不分散客户驾驶注意力,确保行车安全,让客户静心体会驾驶的乐趣。

②客户试驾时应播放合适的音乐,音量大小适中。
③适当指引路线,点明体验感觉。
④不失时机地称赞客户的驾驶技术。
⑤销售顾问仔细倾听客户的谈话,观察客户的驾驶方式,发现更多的客户要求。
⑥若客户有明显的危险驾驶动作或感觉客户对驾驶非常生疏,及时果断地请客户在安全地点停车;向客户解释安全驾驶的重要性,获得原谅;改试驾为试乘,由销售顾问驾驶返回展厅。

4 试乘试驾后

当客户已按照规划的路线试驾后,销售顾问要结合客户试乘试驾的感觉适时的跟进,以促使客户确认购买。需要注意以下事项:

(1)销售顾问要确认客户已有足够时间来体验车辆性能,不排除客户再度试乘试驾的可能性,现实中往往有些销售顾问急于结束客户的试乘环节,造成了客户的不满。

(2)销售顾问协助客户将车辆停放于指定区域,并引导客户回到洽谈桌旁。

(3)销售顾问要适当称赞客户的驾驶技术,通过赞美提升客户对车辆的喜爱程度。

(4)销售顾问必须针对客户特别感兴趣的配备再次加以说明,并引导客户回忆美好的试驾体验。

(5)针对客户试驾时产生的疑虑,应立即给予客观合理的说明。

(6)利用客户试驾后,对产品的热度尚未退却,引导客户进入报价商谈阶段,自然促进成交,对暂时未成交的客户,利用留下的相关信息,与其一同填写《试乘试驾意见表》(表10-1),并与其保持联系。

(7)待客户离去后,填写客户信息表,注明客户的驾驶特性和关注点。

试乘试驾意见表　　　　　　　　　　　　　　　表10-1

试乘试驾车型:_____　　　　　　_____年_____月_____日

1.请您就以下项目对试乘试驾车型给出您的意见:				
起动、起步	□好	□较好	□一般	□差	□很差
加速性能	□好	□较好	□一般	□差	□很差
转弯性能	□好	□较好	□一般	□差	□很差
制动性能	□好	□较好	□一般	□差	□很差
行驶操控性	□好	□较好	□一般	□差	□很差
驾驶视野	□好	□较好	□一般	□差	□很差
乘坐舒适性	□好	□较好	□一般	□差	□很差
静谧性	□好	□较好	□一般	□差	□很差
音响效果	□好	□较好	□一般	□差	□很差
空调效果	□好	□较好	□一般	□差	□很差
操作便利性	□好	□较好	□一般	□差	□很差
内部空间	□好	□较好	□一般	□差	□很差
内饰工艺	□好	□较好	□一般	□差	□很差

续上表

上下车便利性	□好	□较好	□一般	□差	□很差
外形尺寸	□好	□较好	□一般	□差	□很差
外部造型	□好	□较好	□一般	□差	□很差
2. 您对陪同试驾人员的满意程度？					
□很满意	□满意	□一般	□不满意	□很不满意	
3. 您对特许销售服务店试乘试驾服务的满意程度？					
□很满意	□满意	□一般	□不满意	□很不满意	
4. 其他宝贵意见和建议：					
姓名：_____ 地址：_____ 电话：_____ Email：_____					

（四）试乘试驾的要点

❶ 以客户的需求为中心

试乘试驾环节一定要以客户的需求为中心，具体要点如下：

①在确认客户有足够的时间体验车辆及其特色后，再说明车辆的特色和好处。
②在试乘试驾过程中不要和客户提及价格。
③强调或突出在车辆展示时所介绍的特色和好处。
④确认车辆是否符合客户的需求。
⑤指出那些立刻就能激起客户兴趣的内部配备和特征。
⑥在客户试驾过程中，如果客户没有提出问题，销售顾问尽量不要讲话，让客户体会车辆的特性。

❷ 令人满意的试乘试驾要点

销售顾问每次都应根据车辆动态方面的特有强项以及每位客户的特别需求，对试乘试驾进行量身定制。研究表明，下列要点能够增加客户对试驾的满意度：

(1) 主动提供试乘试驾机会。
(2) 在试乘试驾过程中，选择常见类型的路面。
(3) 试乘试驾过程不应太仓促，以 15~20min 为宜。

❸ 试乘试驾的安全注意事项

(1) 在开始行驶时，确认车内每个人的安全带都已系好。
(2) 将开出经销店后，应选择安全的地方和客户交换试驾。
(3) 在客户试驾过程中，如果销售顾问预见到有任何危险，应坚决要求客户将车停放于安全地点，改试驾为试乘。

试乘试驾是一个展现车辆众多卓越特色的极好机会,也有很多的注意事项,销售顾问要充分利用好这个环节,同时注意以上要点。

作为销售人员,在这个时候要有针对性地解决这个问题,即陪客户试乘试驾完以后,客户觉得他没有产生更大的购买欲望,这主要是因为你没去问他,没有去对客户所关心的问题进行确认。所以,你在执行这个流程的时候,一定要让客户参与和确认。

二 任务实施

❶ 试乘试驾前准备

(1)准备专用试乘试驾车辆,并保持车辆处在良好的状态,注意车辆的清洁、试乘试驾的油料充足、必要的 CD 唱片等。

(2)随身携带驾照,并必须熟练驾驶手动挡和自动挡。

(3)根据实地状况和车辆特性,规划能够凸显车辆优势性能的试乘试驾路线。

(4)试乘试驾相关文件文本。

(5)陪客户试驾的销售顾问根据礼仪规范整理好个人仪容。

(6)参加试乘试驾的客户信息资料等。

术语参考如下。

(在展厅)刚才您看过名图轿车的外观、内饰,了解了车辆的相关配置,而且还有很多您感兴趣的车辆性能,静态可能就感受不到了。

看来您比较喜欢这款车,正好这两天公司正举办"新车名图体验"——名图轿车试乘试驾活动,我带您办个手续好吧?您一定很想亲自体验一下名图轿车的优秀性能吧!

❷ 试乘试驾路线

试乘试驾路线规划要能够凸显车型优势性能(直线路段、弯道、连续的弯道或车辆较少的宽阔路段、颠簸路段等),根据我们学校周围的环境给名图轿车的试乘试驾规划路线。

术语参考如下。

(办完手续)这是试乘试驾的路线,您先看一下,就在展厅附近,从试乘试驾区出发,沿 A 路到 B 路,左转到 C 路,再左转到 D 路,直走到 A 路左转,最后回到展厅,一圈大概要 10min 左右。

您可能不太熟悉这附近的道路,没关系,我先开、您试乘,熟悉一下路线;回来后第二圈您再试驾,这样能让您体验车型特性,也比较安全,您看如何?没什么问题的话我们就出发了。

❸ 销售人员驾驶

(1)试乘前先给客户一个试乘试驾的概述,介绍试乘试驾路线、规范、试乘试驾时间。

(2)销售顾问先协助调整座椅,帮客户开启车门,然后快步回到驾驶座位上,主动系好安全带,确认客户是否坐好并系上安全带,提醒安全事项。

(3)介绍仪表板功能及各项操作。

(4)设定好车内空调及音响,同时在进行设定时逐一向客户解释说明。

(5)在不同试乘路段,销售人员简单描述体验重点。

4 换手动作与客户驾驶

(1)选择适当的安全地点进行换手。

(2)在客户的视线范围内换到副驾驶座。

(3)简单介绍车辆操作变速杆,确认客户已对操作熟悉。

(4)换手时销售顾问应协助客户调整座椅、后视镜等配备,确认客户乘坐舒适并系好安全带,同时再次提醒客户安全驾驶事项;起动车辆,开始驾驶。

(5)准备不同种类的音乐光盘供客户选择,试听音响系统。

(6)客户试车过程中,以精简交谈为原则,不分散客户驾驶注意力,确保行车安全,让客户静心体会驾驶的乐趣。

(7)客户试驾时应播放合适的音乐,音量大小适中。

(8)适当指引路线,点明体验感觉。

(9)不失时机地称赞客户的驾驶技术。

(10)销售顾问仔细倾听客户的谈话,观察客户的驾驶方式,发现更多客户要求。

(11)若客户有明显的危险驾驶动作或感觉客户对驾驶非常生疏,及时果断地请客户在安全地点停车;向客户解释安全驾驶的重要性,获得原谅;改试驾为试乘,由销售顾问驾驶返回展厅。

5 试乘试驾结束

(1)利用《意见调查表》,引导客户回展厅。

(2)请客户填写《意见调查表》并询问客户订约意向。

(3)对客户抗拒点适时利用展车再次解说,促成订约。

(4)向客户赠送小礼品。

(5)送客户离开。

(6)完成各项文件记录。

三 学习拓展

【案例1】　一家人来参加试乘试驾活动,老公坐在前面开车,他太太抱一个小孩儿坐在后面,副驾驶位坐的是销售人员。快到红绿灯时他一脚踩下制动踏板,那个车本来制动就硬,他一踩制动踏板,结果车停下后,后排座他太太抱着的那个孩子的脑袋碰到了前面的"头程",孩子哇的就哭起来了。夫妻两人本来是很高兴的,结果两个人在车上吵起来了,弄得很不愉快。

所以,在试乘试驾流程里,大家一定要注意很多细节。销售人员在上路之前要做一个静态的介绍,在客户坐上车以后,先让他别急于上路,先试一试踩加速踏板的感觉、制动的感觉、挡位的感觉,别挂错了挡位。

有的车的倒挡位是在前面,有的倒挡位是在后面。客户坐上车以后按照他的习惯把倒挡往后挂,挂不进去,因为车停在销售公司的门口,他得把车倒出来,他看也不看,按照习惯就往上挂,总听到里面那个齿轮喀喇喀喇在咬合。销售人员告诉他,"你挂错了,你看一看这个挡位倒车是在前面,不是在后面"。所以一定要让客户有这个体验,先要了解这些,要不然会出事故。

我们前面讲过,在作静态介绍的时候有一个六方位的绕车介绍。第6号位是指车的发动机舱。试发动机的节气门有几个好处:

第一,他可以感觉一下他的脚跟加速踏板的配合会起到多么大的效果,他知道在加速的时候一下子踩下加速踏板以后,转速表会提多高。

第二,因为作为客户,他脚底下没感觉,可能会轻轻点一下。他一点发动机嗡一声,转速表哗上来一下,然后又下去了。这个时候你抓住机会就跟他说,"你刚才听到了吧,不相信你再踩一脚"。客户还不知道怎么回事儿呢,你说让他踩一脚,他就再来一脚,一脚又下去了,发动机又是嗡一声,转速表又上去了。你可以告诉他在开车的过程中轻轻地加速就没有这样的声音了。这个时候你要抓住机会跟他讲,"你看这个发动机的动力怎么样,很强有力呀,你听这个声音,正好你又想开,又想体验,这个弄熟了以后下面你就可以上路了"。

第三,刚才我们讲了,如果是匀加速的话,就基本上听不到这个声音了,这个客户在开车的过程当中,心里面还纳闷儿,看来这辆车的速度是提不上来了。没关系,因为你前面已经有了一个铺垫了,这辆车的动力是这样子的……

【案例2】 客户试乘试驾结束后,就请客户到里面坐一下。在一般情况下,客户不坐,说要先回去了。作为销售顾问的你怎么办?

(1)送礼品。这时你可以说:"等一下,我们还有一份礼品送给您。"这是一种让客户跟你进去的方法。

(2)填表。还有一种方法是,你可以说:"还有一件事情麻烦您配合一下,有一张表请填一下,您对这款车有什么好的建议,您自己有什么感受都可以填到里面。"

在这些情况下客户一般不会推辞。因为客户不花钱开了你的车,心想再配合一下又有什么关系呢。这个时候销售人员就可以把客户带到展厅里面去了。

四 评价与反馈

1 自我评价

(1)通过本学习任务的学习你是否已经知道以下问题:
①试乘试驾的意义及重要性是什么?

_____

②试乘试驾的目的是什么?

_____

(2)试乘试驾具体环节有哪些?

_____

_____

(3)试乘试驾的要点及注意事项是什么?

_____

_____。

(4)通过本学习任务的学习,你认为自己的知识和技能还有哪些欠缺?

_____

_____。

签名:_____　　____年__月__日

❷ 小组评价(表10-2)

小组评价表　　　　　　　　　　　　　　　　　　　　　　表10-2

序号	评价项目	评价情况
1	着装是否符合要求	
2	是否符合标准接待礼仪要求	
3	客户是否对本次接待服务满意	
4	是否遵守学习、实训场地的规章制度	
5	是否能保持学习、实训场地整洁	
6	团结协作情况	

参与评价的同学签名:_____　　____年__月__日

❸ 教师评价

_____

_____。

教师签名:_____　　____年__月__日

五 技能考核标准(表10-3)

技能考核标准表　　　　　　　　　　　　　　　　　　　　表10-3

序号	项目	操作内容	规定分	评分标准	得分
1	试乘试驾前准备	销售人员邀约客户试乘试驾前的准备	15分	车辆准备,问价准备,客户资料准备等	
2	路线规划	试乘试驾路线规划	15分	路线规划是否恰当,语言是否规范	
3	邀约客户	邀约客户参加试乘试驾活动及试乘试驾概述	15分	语言规范,试乘试驾概述恰当合理	
4	销售人员驾驶	销售人员为客户试驾,讲解试驾要求,注意事项,准备工作,介绍功能等	15分	让客户熟悉车内各项配备,帮客户开启车门,确认客户是否坐好并系上安全带,提醒安全事项。设定好车内空调及音响,同时在进行设定时逐一向客户解释说明。依据车辆特性,在不同的路段进行动态产品介绍,说明其车辆主要性能及特点	

续上表

序号	项 目	操作内容	规定分	评分标准	得分
5	换手动作与客户驾驶	销售顾问在安全的路段靠边停车,客户进入试驾	15分	在适当的安全地点进行换手。介绍车辆操作变速杆,客户已对操作熟悉。协助客户调整座椅、后视镜等配备,确认客户乘坐舒适并系好安全带,提醒客户安全驾驶事项,准备不同种类的音乐光盘供客户选择,试听音响系统	
6	试乘试驾结束	试乘试驾结束	15分	销售顾问要确认客户已有足够时间来体验车辆性能,协助客户将车辆停放于指定区域,引导客户回到洽谈桌旁,能适当称赞客户的驾驶技术,能针对客户特别感兴趣的配备再次加以说明,能针对客户试驾时产生的疑虑给予客观合理的说明,对未成交的客户,帮助客户一同填写《试乘试驾意见表》,客户离去后,填写客户信息表,注明客户的驾驶特性和关注点	
7	送别客户	客户表示想离开时,确认客户联系方式后,送客户至停车点,指引并目送客户离开	10分	客户离开前再次礼貌确认(或留下)联系方式;送客户至停车点;欢迎客户下次光临或有需要随时联系;挥手告别目送客户离开	
		总分	100分		

项目六　异议处理流程

学习任务11　客户异议类型

学习目标

知识目标

1. 了解客户异议的概念；
2. 掌握客户异议的类型；
3. 掌握客户异议产生的原因。

技能目标

1. 能够判别客户异议的真伪；
2. 能识别客户异议的类型；
3. 能分析出客户异议产生的原因；
4. 能够通过与客户沟通，挖掘出客户深层的需求。

建议课时

6课时。

任务描述

小王是某汽车品牌4S店刚入职不久的销售顾问，小王上班两个月竟然连一辆车也没能够销售出去。每一次客户进店看车他都非常用心的向客户进行汽车展示，但不知为何，当客户快要做出购买决策时都会莫名的提出各种各样的异议，而小王对于客户所提出的异议却不能给予满意的解释和化解。之后销售便陷入了终止状态，客户拒绝购买他所推销的汽车,前面对客户所做的推销工作化为泡影,客户怏怏不乐地离开了4S店。小王初入汽车销售行业的遭遇告诉我们,能不能很好地解答销售过程中客户提出的异议是销售成败的关键。本学习任务我们将学习客户异议的相关内容,为你在以后从事汽车销售工作时能够合理处理客户的异议打下坚实的基础。

一 理论知识准备

情境导入

女客户坐上驾驶座。销售2帮助其调整至最佳位置。此时男客户站在旁边,销售2邀请其坐到后座。

销售2:李先生,您可以感受一下后排空间,非常宽敞舒适,特别适合家用。说着拉开后门。

男客户坐进后排,感觉不错:"嗯,确实不错,真是挺宽敞的,"和女客户沟通:将来咱们可以经常带着爸妈一起出去玩了。

女客户高兴地表示赞同。

销售2:这款车不但空间宽敞,配置也很齐全,非常实用。比如,车窗具有"一键防夹"功能,我给您演示一下。(销售2进行演示)只要按一下键,车窗就能打开或关闭,不必在开窗或关窗的过程中一直按着。还有,如果您不小心把手放在车窗上,它就会自动停下来,这样就能防止您的手被夹伤。

女客户试了试:确实挺方便的。

销售2注意到女客户脖子上挂的MP3,李太太平时喜欢听音乐吧?

女客户:是啊。

销售2:这款车的音响功能也非常齐全,不但有收音机和CD,还能外接MP3。

女客户:是吗?你给我试试。

销售2:接口就在音响下方,我能坐到您旁边给您演示一下吗?

女客户:当然可以。说着摘下MP3。

销售2起身走到副驾驶人处坐下。

销售2接过MP3,进行演示,男、女客户交流表示对音响效果满意。

男客户欠身前探倾听讲解,注意到仪表台及中控台的灯光:这车的仪表板确实设计得不错,挺上档次的,蓝色背景光看起来就是舒服。

销售2:张先生观察得真细致。这款车的仪表采用了最新的LED发光二极管蓝色背景光,在晚上不但能看得更清楚,而且特别柔和,还能够保护眼睛。

女客户:这就好了。我经常加班,老得盯着电脑看,眼睛都酸了。这种仪表光真是挺柔和的。

男客户:这款车除了你刚才说的,还有什么其他配置吗?

销售2:有啊。这款车的性价比相当高。舒适方面有全自动智能空调,前后排中央扶手,行车电脑,天窗,真皮座椅,安全方面配备了博士最新版本的ABS,EBD,双气囊,倒车雷达,安全带提醒功能。

男客户:哦。配置还真不少。对了,问了半天,这车多少钱来着?

销售2:现在这款车是119800元。

男客户:嗯,价格也够高的。有优惠吗?

销售2:目前这款车卖得特别好,没有优惠。

女客户略带失望地:哦,车是不错,就是贵了点,都办完了就得14万元吧?

销售2急于解释:这车真的不贵。关键是看性价比,真的是挺值的,这么多配置。您看,有天窗,真皮座椅,这两项就值6000~7000元。

男客户:天窗其实没多大用,弄不好还漏雨。我们单位那车就是。真皮座椅我觉得也没必要。冬天冷夏天热,脏了还不好洗,不如加个座套,拆洗也方便。

女客户表示认同。

销售2此时还能保持理智:您说的也是,看来您还真是挺讲究实用的。但是这款车还有好多其他配置挺实用的。你比如全自动智能空调,能根据设定的温度自动设定最佳的出风量和制冷量,又经济又环保。

说着赶忙打开自动空调进行演示,注意力转向女客户,希望看到她的反应。一边讲解演示一边说:要是舒适型的就是手动空调了。

女客户看了会,问道:手动空调就是和捷达那样的旋钮吗?

销售2:是啊。差不多。

女客户:其实那我觉得倒无所谓。用惯了觉得手动的也挺好,方便。这个这么多按钮,一看就头晕,开车的时候就怕找不准。

销售2紧急思索:李小姐说得也是,习惯的话手动空调也挺好用,完全看个人习惯。另外我们这款车整体外观设计也不错,不但时尚,而且实用,我来给您再介绍介绍。

说着三人下车。销售2引导客户,三人站在车左前侧45°角。

销售2:您看,悦动的整个前脸动感时尚,采用菱形组合前照灯配合镀铬中网设计,S型腰线配合流线型的顶部线条融合了强劲与典雅,车身采用了镀铬饰条作为装饰,另外您看这里,说着指向外后视镜转向灯:外后视镜加装了转向灯,能够极大地提高安全性能,而且也特别上档次。

说着销售2开始关注客户的反应。

女客户:外形还不错,其实亮条我倒不是特喜欢,有点俗气。

男客户:这种转向灯好是好,就是容易被蹭到,一碰就坏,刮坏了要修也得好几百元吧?没必要。

销售2心里话:不能和客户争辩。无奈,在思索,想对策。俗话说嫌货才是买货人,不会是想下决定了吧?

销售2:李先生想得真周到,不愧是老驾驶人。买车不光是车价,还有其他的一些费用,另外还得考虑售后服务方面,那您看这样好不好,这方面我给您详细地介绍一下,总共算一下多少钱。

男、女客户:嗯,好吧。

销售2:那您二位这边请,咱们到洽谈室吧。

说着引领客户进入洽谈室。

在上面的案例当中，我们看到了，这个销售顾问向客户介绍汽车，开始的时候很融洽了，开发出了一些客户的利益，客户很满意，但是不知道怎么回事，这个销售顾问说着说着就有点得意忘形了，就有点说顺了嘴了，就忘了和客户的沟通了，有点变成说单口相声了，不管客户高兴不高兴，就把这些卖点一股脑地说出来了。

客户的反应怎么样呢？很显然，客户产生了这样或者那样的异议，如：不值、我用不上或者说不喜欢；面对这些突如其来的异议，销售顾问很好地识别出了客户的异议类型及产生异议的原因，并比较恰当将他处理掉了，假如你遇到类似的客户异议将怎么处理？

❶ 客户异议的概念

在整个汽车销售过程中，客户自然而然地会提出各种各样的问题和意见，并作为拒绝购买的理由。我们将客户提出的这些意见或者问题称之为客户异议。所谓客户异议，就是指在汽车销售过程中被客户用来作为拒绝购买理由的各种问题、意见和看法。根据有关汽车销售经理的一项调查资料表明，几乎完全没有异议，直接购买汽车的客户只占成功销售客户人数的15%。可见，在汽车销售过程中，客户提出异议是常见的，没有异议是极少的。作为一名汽车销售顾问应当学会正确对待客户提出的异议，应当充分认识到，客户提出的异议既是成交的障碍，但也是成交的信号。只要认真加以分析，针对不同的异议类型，运用不同的方法与策略予以处理，"坏事将会变为好事"。

❷ 客户异议产生的原因

客户异议产生的原因是指引起客户异议的根源及相关程度密切的影响因素。引起客户异议的原因是多方面的，但概括起来主要有以下三个方面。

(1) 客户希望做出正确的购买决策。

①提出异议是一种习惯。大部分在面对销售顾问时，总会存在抗拒心理，他们把销售顾问当成对手，想尽一切办法来推脱拒绝，他们找各种借口甚至用谎话来对付销售顾问，久而久之成了一种习惯，当么一个新的销售顾问出现在他面前时，他很习惯地把自己武装起来，并且很快的提出异议。对销售顾问来说，只要应付得当，客户的这种习惯并不构成任何威胁。

②要求提供更多的信息。有时客户好像是提出异议，实际上是请求给予更多信息。客户可能已处在被激起兴趣阶段。他们想要购买汽车，但又不太相信这个品牌的车很好，或者不相信你是最好的汽车经销商。如果真是这样，销售顾问可以间接提供他想要的信息，证明汽车的相关性能品质和经销商的实力，让客户放心购买。

③要求更好的条件。有时潜在客户的异议是以销售条件的形式出现的。列入有些客户说："如果你满足了我的要求，我就买。"或者说："你降低10%。我就立即签单。"如果销售顾问感到异议是条件，那么，请尽快确定你是否没法帮助客户满足它。如果不能的话，就需要用一种微妙的方法解答客户的异议。

④周围人的压力。有些客户害怕丢脸。虽然自己对汽车的性能品质或价位等都比较满意，但是害怕自己决策失误，上当受骗，事后被朋友笑话和指责。还有些客户虽然很有主见，但害怕购买某些产品对周围人产生不良影响。例如，某部门主管不买豪华车的理由是"邻居们、同事们会怎么想呢"。对这类客户异议，销售顾问应该为客户解除这些忧虑。对前类客户应想

办法证明你是把客户利益放在心上的诚实人,简单地自我展示是很有必要的。对后类客户异议,应先向他周围的人推销。一旦他周围的人进行购买,该客户就会很快购买。

(2) 来自客户主观或客观的原因。

①客户的消费习惯和偏见。客户的生活环境和长期的消费习惯会形成对某些东西的抵触和对某类东西"情有独钟"。这种消费习惯和偏见,很可能会提出异议。对这类客户的恶异议,销售顾问应该考虑这类客户的情感,针对客户的认识观,做好转换与耐心的解释工作,全面地宣传新的消费观念和消费方式,让客户接受你的观念后才能达成最后的成交。

②客户未发现自己的需求。这主要是客户尚未意识到自己对某些东西的需要。这就需要销售顾问去启发、引导和教育,也就是去寻找客户的需求。现代科技飞速发展,新产品层出不穷,对有些新产品,优势科技含量很高的汽车,许多客户不能充分认识到汽车的高科技给他带来的好处和方便。因此,销售顾问应该用深入浅出的语言,有效地与客户沟通,并说服客户。

③客户的支付能力。客户的支付能力是实现购买需求的重要物质基础,如果客户缺乏支付能力,就会拒绝购买或希望分期付款。常见的情况有:一是客户经济状况一直不好,没有足够资金购买汽车。对此类客户,销售顾问应当慎重推销。二是客户暂时出现经济困难,一时难以凑措资金。在此种情况之下,销售顾问可建议客户做分期付款。三是客户以支付能力不强为借口,向销售顾问施加压力,希望争得更多的交易利益。对这类客户,销售顾问可在不损害己方利益的前提下,适当让步,以达成交易。

④客户的自我表现。有的客户由于个人性格方面的原因,经常会在销售顾问介绍完产品之后,提出一些事实而非的异议,借以现实自己的能言善辩、见多识广、消息灵通、反应敏捷、成熟老练等。出于这种目的的客户异议是无效的异议,销售顾问应以博大的胸怀与包容精神对待他们。

⑤客户的偶然因素。在销售过程中,会出现一些来自客户的因无法预知的偶然原因而造成的客户异议。如家庭原因、情感失落、身体不适等,造成客户在快要签单时心情不好、因客户的偏好与销售顾问发生对立等情绪,都会导致异议的产生。对此,销售顾问务必细致观察,及时判断可能产生异议的时间、地点、情境和环境。必要时立即中断销售,选择适当时候从头开始推介汽车。

(3) 来自销售方面的原因。

①产品问题。由于产品问题而产生异议主要表现在两个方面:一是产品的用途与客户的需要不相符合;二是产品的质量、功能、价格不适当等。对前一个原因产生的异议如果是真实的应立即停止销售,若是客户的误解、偏见造成的,销售顾问应尽量解释清楚。对第二个原因,企业应做适当的改进。销售时应当强调产品的实用性及给客户带来的利益,不要过于强调质量。价格的高低都应该有一定的道理,过高或过低都容易导致异议。

②销售信息问题。在销售过程中,当销售顾问没有向客户提供足够的、具有说服力的有关信息,致使客户感到信息不足或对销售证据半信半疑而难以做出购买决策,因而会提出各方面的异议。对此,销售人员必须掌握大量有关信息,并选择恰当的传递方式,向客户提供充分的销售信息和具有较强说服力的销售证据,克服因销售信息不足导致的客户异议。

③服务质量问题。在日益激烈的市场竞争中,客户对销售服务的要求越来越高。服务作为附加品,是买方市场下有效的竞争手段。如果生产经营企业及销售顾问不能提供比竞争对手更多、更优的服务,给客户更多的附加利益,客户提出服务异议也就在所难免。因此,销售顾问只有向客户提供优良的销售服务,才能有效地预防和处理对销售的服务异议,才能赢得更多的客户。

❸ 客户异议的类型

由于客户的差异、性格的不同、销售过程中各种主客观因素的不确定性,客户所提出的异议类型也是多种多样的。但客户异议还是有其主要类型的,通过将客户异议的主要类型进行分类,将有助于我们更好地掌握客户异议的类型,也更有助于我们合理妥善地化解客户的异议,实现最终的签约成交。

(1) 按对购买所起的作用分类。

①有效异议。有效异议是指客户对销售活动的真实意见和看法,因此又被称为真实异议。对于这种异议,销售人员要认真对待,正确理解,详细分析,消除异议,有效的促进客户做出购买行为。

②隐含异议。隐含异议是指为了掩盖另一种真实的异议。有时候客户提出产品质量有问题,实际上认为价格太高,希望降价。对于这类异议,销售顾问必须用询问法将客户的真实异议挖掘出来,然后再进行处理。

③无效异议。无效异议是指客户用来拒绝购买而故意编造的各种反对意见或看法,是客户对销售活动的一种虚假反应。无效异议并非是客户的真实想法,因此,销售人员不需要处理。及时处理了也不会对购买行为产生促进作用。所以,无效异议又称为虚假异议。一般情况下,对客户的无效异议,销售顾问可以采取不理睬或者一带而过的方法进行处理。

(2) 按产生的原因分类。

①价格异议。价格异议是指客户认为销售的汽车价格与自己估计的价格不一致而提出的异议,主要是指价格过高。比如说:"我没那么多钱!"或者说:"你们店怎么卖这么贵!"由于价格与客户的利益密切相关,所以客户对此十分敏感。因此,作为销售顾问一定要给客户一个明确的解释,以消除客户心中的疑惑。否则,极易引起误解,形成销售障碍。价格异议是客户异议中最为常见的一种异议,销售顾问必须引起高度重视。

②产品意义。产品异议是指客户对产品的质量、规格、款式等方面提出的异议。比如说:"这种车不安全"。或者说:"这种车好像是老款的,不时尚!"在很多情况下,客户担心购买某类产品有风险——害怕产品不能像销售顾问说的那样好,或者担心产品不值得费时费力去使用,或者担心它不值那样的价钱。要解决这类异议,就要求销售顾问一方面要及时收集市场信息,反馈给生产厂,以便组织适销对路的货源;另一方面要用丰富的专业知识,全面、细致地介绍产品,以满足客户的需要。

③财力异议。财力异议是指客户以支付能力不足或没有支付能力为由而提出的一种购买异议。比如说:"这种车好是好,可惜我没有钱。"或者说:"我银行里的钱还没有到期,目前资金比较紧张。"财力异议往往有真实与虚假之分,销售人员一定要善于分析,冷

静思考,加以区别,采取妥善办法处理。

④销售顾问异议。销售顾问异议是指客户拒绝向销售顾问手中购买汽车而提出的异议。在许多情况下,客户提出异议的原因可能来自于销售顾问本身,客户认为销售顾问太年轻或者没有经验,或者是销售顾问工作过失引起客户的反感。有时,尽管销售顾问本身素质没有太大问题,但是客户就是不喜欢这种销售顾问。因此,销售顾问应该尽量做到对不通过的人采取不同的销售策略。

⑤权利异议。权利异议是指客户以自己无权决定购买而提出的异议。如客户这样说:"领导不在,我不能做主。"或者说:"这个事情我得回去再请示一下领导。"权利异议有两种情况:一是真实异议;二是虚假异议。销售顾问对这种异议,同样要认真分析,有针对性的采取不同的方式处理。

⑥购买时机异议。购买时机异议是指客户对购买产品的时机的不同看法。比如客户会说:"我需要,但是我现在不会购买。"或者说:"我们现在还有货,等以后再说吧。"购买时机异议有时是客户的一种拖延战术。产生购买时机异议的原因很多,可能是客户一时拿不定主意;也可能是顾客一时资金周转有困难;还可能是客户所做的决定,办事没主见。克服购买时机异议必须有耐心,有时不得不等待。

⑦服务异议。服务异议是指客户对购买产品后能否获得优良的售后服务表示不信任而提出的异议。比如说:"空调坏了,又过了质保期,怎么办啊?有没有免费的售后事故救援啊?"服务——大多源于售后服务。

⑧无需求异议。无需求异议是指顾客主观上认为自己不需要你所销售的产品而提出的一种异议,也是当前较为常见的客户异议。比如说:"我根本不需要这种产品。"产生无需求异议的原因很多,如客户安于现状而没有认识到自己的需要;销售顾问介绍不够详细;客户对新产品缺乏较为全面的了解而拒绝购买;客户对本企业产品持有成见,等等。

二 任务实施

识别客户异议类型及产生原因。

❶ 准备工作

(1)相互检查仪容仪表。
(2)确认小组成员已各就各位。
(3)确认学习工具已准备齐全。

❷ 技术要求与注意事项

(1)销售顾问在整个销售过程中态度要诚恳。
(2)销售顾问礼仪规范要得体。
(3)销售顾问言语要温和。
(4)销售顾问要注意倾听技巧。

❸ 操作步骤

(1)倾听客户异议。倾听是沟通过程中重要的一个环节,销售的过程其实也是沟通的过程,故有效倾听客户的异议对于分析客户异议的真伪、识别客户异议的类型和处理好客户异议具有重要作用。那么我们如何倾听客户的异议呢?

①以真诚的目光关注客户的异议。
②以友善的微笑接纳客户的异议。
③以理解的点头回馈客户的异议。

(2)分析客户异议的"真伪"。分析客户异议的真伪对识别客户异议类型具有重要作用。在销售的过程中,对于客户的异议进行认真倾听以后,就会发现有些客户异议是"假"的,有些客户异议是无效的,有的客户异议是由于"误解"或者误会产生的。故正确分析客户的异议是"真实意义"还是"虚假异议";是有效异议还是无效异议;是客观存在的异议还是客户主管误解而产生的异议是处理好客户异议的关键。那么,我们应该如何分析判别客户异议的"真伪"呢?

①听其言。
②观其行。
③询其问。

(3)识别客户异议类型及产生原因。识别客户的异议类型是正确处理客户异议的关键。不能识别出客户的异议类型就不能对症下药,从而无法解决客户的异议,起到的是事倍功半的效果;相反,只要能识别出客户的异议类型,就能做到有的放矢,从容解决客户的异议,从而起到事半功倍的效果。

【案例1】 某日,小刘独自一人来到东风标致4S店看车,刚要进入4S店展厅大门,销售顾问就热情的迎接上来,欢迎他的到店。紧接着销售顾问开始询问小刘的需求,以便更好地为他服务,可销售顾问正要开口询问其需求,小刘便突然来了一句:"你先别跟着我,先别给我介绍汽车,我自己知道看!"面对这句话,销售员可谓是挨了当头一棒啊!还没开始销售就遭到了客户的异议,还没开始推销,推销就好似已经结束。请组内分析小刘的异议属于什么类型?他为什么会突然提出此异议呢?

_____。

【案例2】 在汽车展示环节,当销售顾问向小陈介绍汽车的真皮座椅时,销售顾问介绍说:"我们这款车采用真皮座椅,坐上去非常舒适……此时,小陈提出了异议"舒适是舒适,就是冬天坐上去会非常冰冷"。小陈的异议属于什么类型?他为什么提出此异议?

_____。

【案例3】 现代汽车销售顾问正在向客户小孙推销现代汽车。在推介的过程中,小孙产生了异议,说:"现代这个车质量上怎么样啊?我怎么听说韩国车质量还是不行啊?"请组内分析小孙的异议属于什么类型?小孙此异议产生的原因是什么?

_____。

【案例4】 客户可能提出很多异议,但这些异议并不是他们真正在乎的地方,而是虚

假异议,如:
  ①这车价格太贵了;
  ②这车外观不够时尚;
  ③提出非常过分的要求;
  ④坚持自己的错误观点等。
  请组内分析客户提出以上异议的原因是什么?

_____

【案例5】 客户抱有隐藏异议,不愿说明,也会提出各式各样的异议。比较常见的有:
①你的价格怎么比另一家的高呢?
②如果买了以后不久又降价了怎么办呢?
③听说这款车油耗蛮大的、动力也不足;
④在我们买车之前,每一个经销商都说自己的售后服务这也好那也好,其实,谁知道呢?
⑤你的这款车上的进口件所占的比率怎么这么少呀;
⑥车身比人家短,空间怎么会大呢? 等等。
请组内分析客户提出以上异议的原因是什么?

_____

三 学习拓展

常见客户异议种类及表现

❶ 对价格有异议

客户最常讲的话就是:
"这个价钱太高了……"
"太贵了,我买不起……"
"你们有便宜点的汽车吗……"

对价格有异议,是所有异议中最常见的一种,销售顾问如果无法处理这种异议,十之八九,他的推销工作会遭到失败。

❷ 对产品有异议

"听说这个车很耗油啊……"
"这个车的外形怎么不太好看啊……"
"这个车的发动机好像不行……"

这也是常见的一种异议,销售顾问一定要对产品有充分的认识,然后才能用适当的、有力的理由消除客户的异议。

四 评价与反馈

❶ 自我评价

通过本学习任务的学习你是否已经知道以下问题:

(1)客户异议的种类有哪些?

_____

(2)如何识别客户的异议?

_____

(3)客户异议产生的原因是什么?

_____

签名:_____　　___年__月__日

❷ 小组评价(表11-1)

小组评价表　　　　　　　　　　　表11-1

序号	评价项目	评价情况
1	着装是否符合要求	
2	是否进行有效组内讨论	
3	是否完成相关内容填写	
4	是否遵守学习、实训场地的规章制度	
5	是否能保持学习、实训场地整洁	
6	团结协作情况	

参与评价的同学签名:_____　　___年__月__日

❸ 教师评价

_____

_____

教师签名:_____　　___年__月__日

五 技能考核标准(表11-2)

技能考核标准表　　　　　　　　　　　表11-2

序号	项目	操作内容	规定分	评分标准	得分
1	倾听异议	当客户提出异议时,要用心倾听,以便准确把握有关信息	50分	目光专注 微笑领会 点头示意	
2	询问反馈	当倾听客户异议后,需要通过询问客户其异议,以便确认其异议	50分	语气温和 表情微笑 语言组织得当	
		总分	100分		

学习任务 12　客户异议处理技巧

　学习目标

　知识目标

1. 掌握客户异议处理的基本策略；
2. 掌握客户异议处理的方法、原则、技巧；
3. 掌握客户异议处理的步骤。

　技能目标

1. 能够对客户异议进行深入分析；
2. 能够通过处理客户异议，提升客户满意度；
3. 能够灵活运用异议处理方法处理其他客户异议。

　建议课时

6课时。

 任务描述

客户异议处理是汽车销售流程中的关键环节，能否有效处理好客户异议，是销售成功的关键。本任务在掌握了客户异议类型的基础上，根据不同的客户异议类型，用不同的方法，解决不同类型的客户异议，使销售获得成功。

一　理论知识准备

情境导入

一天，王某与其朋友一同来店，王某对贵公司的汽车非常满意，但是其朋友对此车评价一般，并且希望王某放弃购买此车，作为销售顾问的你会怎么办？

分析提示：

（1）感谢王某对我公司车辆的关注。

（2）了解王某朋友为什么对我公司的车型不满意，不满意的地方在哪里，并询问王某对哪一款车比较感兴趣，进行竞争车型比较。

（3）在了解王某朋友不满意我公司的车后，对其进行我公司车辆的介绍，突出我公司车辆的特点。

处理方法或话术：

（1）王先生，车是你自己开，朋友的建议固然重要，但购车的主导人一定是自己，特别是汽车这样的一件大物品。

（2）搞定王某的朋友。与王先生一起来购车的朋友对其购车的决策有很大的影响，王先生虽很喜欢，但是考虑要尊重其朋友的建议，还是会慎重考虑的。所以，一定要搞定王先生的朋友才能最终搞定王先生。销售顾问可以对其朋友说：先生，您好！我非常理解您作为王先生的好朋友，对其购车出谋划策的良苦用心，不论是自己买车，还是朋友买车，您都希望买到一款好车。您说这辆车很一般，但是王先生却是非常喜欢，我冒昧地询问一下您："对于您来说，您对于这辆车哪里不太满意，或者说跟哪辆车比较显得一般？"其实嘛，这款车的质量摆在这儿的，性能、可靠性、科技感、都得到了广大购车者的认可，王先生也是非常喜欢。我们中国人喜欢喝白酒，外国人喜欢喝红酒"萝卜白菜各有所爱嘛！"

以上案例是汽车销售过程中常见的客户异议中的一种，销售顾问非常灵活的运用客户异议处理的方法、技巧、原则、步骤顺利的化解了客户的异议，使得销售获得了成功。

（一）处理客户异议的基本策略

处理客户异议的方法是多种多样的，也是千差万别的。但是，有些规律性的原则和策略是销售人员应该掌握的。

❶ 欢迎并倾听客户异议

客户异议既是推销的障碍，也是成交的信号。若客户对产品毫无兴趣，根本不会提出任何异议，俗话说："喝彩的都是不买的。"客户的异议，有利于销售人员发现客户的真实想法和需求。认真倾听客户的异议，一方面是对客户的尊重；另一方面能够认真分析、了解客户的异议，从而对症下药。

❷ 避免争论和冒犯客户

销售过程本质上是一个人际交往的过程。销售顾问应该与客户保持良好的、融洽的关系，使客户觉得你是他的助手和顾问，可以向他们提供许多帮助和建议。与客户争论或冒犯客户都是销售洽谈的一大禁忌，争论往往会使双方不欢而散。一旦争吵，无论是谁胜谁负只能表明销售的失败。我们需要的是优秀的销售人员而不是辩论家。

❸ 预防和扼要处理客户异议

销售顾问针对特定的销售环境，应该能预先了解或意识到某些特定的反对意见，然后在潜在客户尚未提出时，领先一步适当地予以回答；或者先想好答案，等适合的机会在予以回答。

对于客户的异议，销售人员不要夸大，或在某个异议上纠缠太长时间，简明扼要地回答完异议后，继续你的正确展示或要求成交，对那些次要异议和无效异议可以策略性的不予以处理。有时客户异议是随口说的，你越对他关注，他越认为有问题。

（二）处理客户异议的时机选择

选择好处理客户异议的最佳时机也是处理客户异议的技术之一。它与答复内容、答复技巧具有同等的重要性。能否正确地把握处理异议的最佳时机是考察销售人员能力和素质和重要条件之一,也是销售人员必练的基本功。

❶ 预先处理客户异议

预先处理客户异议是指在客户异议提出之前,即先克服已知的异议。

预先处理客户异议这种先发制人的处理技巧有许多好处:

(1)可以赢得信任。这样做会使客户认为你是个诚实的人,也很善解人意。

(2)利于化解异议。自己主动提出异议,措辞慎重,有利于淡化异议。

(3)省时、高效。可以节省大量时间,提高洽谈效率。

❷ 推迟处理客户异议

推迟处理客户异议是指在客户提出异议后,过一段时间再处理。其目的是避免销售顾问立即回答可能造成客户强烈的抗拒结果。比如说:"王先生,你是说价格吗?它远远超出你的意料之外,先让我告诉你它的特性,以及帮助你降低经营成本。"

销售顾问通常在以下五种情况下推迟处理客户异议:

(1)不能立即给出满意答复。不能立即给客户一个满意的答复,或者没有足够的资料做说服性的回答,应当暂时将客户的异议搁下,等时间成熟时再具体给予答复。如此处理,说明销售顾问对待客户异议持谨慎态度,不会影响客户对销售顾问的信任;相反,客户会觉得该销售顾问是稳重的、老练的,值得信赖。

(2)马上答复对论点不利。如果立即答复客户的异议,会对推销洽谈的说服工作产生不利影响,影响销售步骤的实施。

(3)离题太远。如果客户异议离题太远,或者对这一异议的回答会涉及一些对客户来说没有任何实际意义的问题时,销售顾问可以不马上答复。

(4)策略性的安排。如果销售顾问预计推迟回答异议,可以降低客户的抵触情绪,或者客户替销售顾问回答时,可以不马上答复。

❸ 不处理客户异议

对客户反对意见不太强烈或者不太显著的异议,可以不予处理。对无效的异议也同样不需要处理。当客户异议只是一种自我表现时,销售顾问最好不予以反驳。因为,让客户感觉正确比否定客户更有利于产品销售。当客户情绪不佳时,提出异议是客户发泄的一种方式,此时销售顾问只需要一种倾听,销售顾问要勇于充当受气包,全神贯注倾听客户诉说。当客户情绪平静下来时,就会产生歉意或内疚,在他们看来,购买产品是感情方面补偿销售顾问的一种最佳选择。

❹ 立即处理客户异议

一般来说,客户都希望销售顾问能够尊重和听取自己的意见,并立即做出满意答复。在产品推销过程中,对直接影响客户购买决策的异议,销售顾问要及时予以答复,否则客户就会认为销售顾问无法解决这些问题,就会对销售顾问提供的产品信息的真实程度产生怀疑。

（三）处理客户异议的方法

❶ 询问处理法

询问处理法是利用客户异议来追问客户的一种方法。此法的目的是将客户的虚假异议（隐含异议和敷衍异议）转变成真实异议（有效异议和无效异议），或者把客户的一般性客户异议转换成具体的客户异议。

客户异议复杂多样，真假难辨，销售顾问搞不清客户的真实意图时，无法使用后面的几种方法，只能利用提问法找出真实有效的主要问题，再配合其他方法进行处理。

为了尽己所能把问题弄清楚，销售顾问可以考略使用如下技巧：

（1）首先用一个问题询问理由："你这么说一定是有道理的，我可以问问是什么理由吗？"即使引出的是另一种虚假异议，你依然可以按照同样的方式询问，然后要对方做出承诺："如果我能解决这个问题，你就买我的产品吗？"客户要么同意购买，要么把真实的反对意见告诉销售顾问。

（2）"怎么才能让你信服？"

（3）"请告诉我，你心里究竟有什么想法？"

（4）"你心目中理想的东西是什么样的？"这样说可以使一般性异议转化成具体异议。例如当客户说："这辆车做工太粗糙了。"销售顾问可回答："你是觉得车的内饰太粗糙了吗？"

❷ 转折处理法

转折处理法是指先表示同意客户异议，再用事实和理由来否定客户异议的一种方法。此法的目的是先表示理解客户以消除客户的敌意和疑问，然后转变到自己的立场上来。

❸ 补偿处理法

补偿处理法是指销售顾问利用客户异议以外的该产品的其他优点或长处对客户异议涉及的短处进行补偿或抵消的一种方法。补偿法适用于客户的反对意见有道理的情况，这时销售顾问采取否认的态度和反驳的策略是不明智的。在销售实践中，当客户冷静地提出一些确实存在的购买异议时，销售顾问应客观对待，通过详细的产品介绍使客户既看到产品的缺点，也清楚地认识到产品的优点，并且确信优点大于缺点，该产品值得购买。当客户提出的异议是有效的认知异议时，如："车是好，就是贵了点"，我们只能用补偿法，不能用直接反驳、转折、利用等方法。

使用该方法时，销售顾问应该及时提出产品优点和带给客户的利益进行有效补偿，还应注意要对客户的主要购买动机进行补偿。销售顾问对待异议和利益要采取不同态度，减轻、淡化异议，强调主要动机所对应的利益，调整客户的价值观。

❹ 利用法

利用法是指利用客户异议本身的积极一面来处理异议的方法。此法的目的是把客户的异议转换成购买理由。比如说："你说平时工作太忙，更需要听听各种设备为什么可以为你节省很多时间。"或者说："是的，这辆车下个月会涨价，为什么不现在购买呢？"

❺ 直接否定法

直接否定法是指否定客户异议的一种方法。该法特别适合于回答客户用问句形式提出的客户异议或不明真相的揣测陈述。

❻ 举证法

举证法是指销售顾问通过列举认证、物证、例证等来处理客户异议的方法。在现实生活中，大多数客户出于自尊、自信的需要，都喜欢自己对事物作出判断。但鉴于所掌握的知识、经验和判断能力等方面的限制，他们面对复杂的事物又显得手足无措，常常拖延做出购买的决策。

使用该法时要注意：例证是可信的；例证要具体，并且可以考证，销售顾问不能随便编造故事来欺骗客户，例证必须是真实的、已经发生了的。

(四) 灵活运用处理客户异议的方法

处理客户异议的方法很多，各种方法均有其特点。销售顾问在实际工作中需要根据具体情况灵活处理，注重各种方法的配合使用，还要注重创造新方法。价格异议是最典型的，也是最容易被客户涉及的异议，对于"价格太高"这个异议我们该怎么处理？我们以价格异议为例，看看我们通常是如何实际处理客户异议的。

❶ 搭配法

搭配法是指利用各种异议有效组合来处理异议的方法。通常客户提出异议时我们并不清楚他们的异议的真实性。我们可以首先使用询问法："你是拿我们的报价和哪一家比较？"这可以使价格异议更加具体化。然后问："若价格低一点你会买这辆车吗？"等到搞清楚客户的真实异议后，再用但是、利用、补偿、反驳等。如："价格是应考虑的因素，您是否认为价值也同样的重要？请让我讲讲产品的价值……"（转化法）"您考虑的是价格还是质量？价格虽然低，但是质量不一定好，一分钱一分货啊！"

❷ 转化法

转化法是指将价格异议转化成其他异议的方法，也就是把客户对价格的定义除去，把问题置于客户的真实需要或利益的范围内。这样价格问题将转化为价值、使用成本等。

(五) 处理客户异议的"三原则"

❶ 正确对待

虽说客户的异议是销售的主要障碍之一，但在我们的日常汽车销售中，很少有客户不提出"异议"的，正如我们前面所说过的那样，销售人员必须勇于面对这一普遍存在的现象。要以良好的心态正确地对待客户提出的异议，把这个过程看成是一个必经的流程。

❷ 避免急论

销售人员在回答客户的问题或异议时常常会产生急论，这种现象在日常的销售活动中经常会发生。有时你会突然发现自己在不知不觉地和客户争论起来，还不知道是怎样开的头，也弄不清究竟是由谁引起的。与客户争论可以说是有百害而无一利，客户一旦不高兴,就有可能终止买卖。所以,这就要求你必须牢牢地记住:无论客户怎样挑你毛病,无论怎样反驳你,甚至即使他的话是错误的,你也不要与他争论。自己先要冷静下来,待客户降温后再适当地加以陈述。

❸ 把握时机

从客户心理科学的角度来讲,一般情况下,客户为了证明自己的信息,自己的观点,或者想急于达到某种目的,往往会越说越多。在客户说的话语中,有的是正确的,有的是自编的、听来的、没有依据的。你得让他说,在他说的过程中,及时地发现那些不正确的"异议",这样你就会变被动为主动。

(六)处理客户异议的"五技巧"

(1)认真倾听。

(2)重复问题。

(3)认同回应。

(4)提出证据。

(5)从容解答。

二 任务实施

❶ 准备工作

(1)相互检查仪容仪表。

(2)确认小组成员已各就各位。

(3)确认学习工具已准备齐全。

❷ 技术要求与注意事项

(1)销售顾问在整个销售过程中态度要诚恳。

(2)销售顾问礼仪规范要得体。

(3)销售顾问言语要温和。

(4)销售顾问要注意倾听技巧。

❸ 操作步骤

(1)处理价格异议的步骤。客户异议类型各异,处理方式也多种多样,但不同的处理方式却遵守一个共同的步骤,即:弄清、缓和、解答。

①弄清。即面对客户提出的价格异议,销售人员首先要弄清客户价格异议的来龙去脉。通过倾听、询问,搞清客户认为价格高的理由以及客户提出价格异议的目的,以便销售人员调整策略,对症下药。这是应对客户价格异议的第一个步骤。

②缓和。就是在弄清客户真正的价格异议之后,销售人员要缓和客户情绪。缓和是心理学中一种高明的应用手法。客户在提出价格异议时,总希望能够购买到更便宜的商品,其期望值很高。而销售人员不可能无限制地降低价格以满足客户的要求。为解决购买与销售之间的矛盾,销售人员需要缓和客户与自己的树立心态。先认同他的观点,重复

他的意见。可以说"我能够理解您的心情"等缓和性的语言。

③解答。就是提出证据,婉转解答。即使客户真的错了,你也不能"理直气壮"。

(2)处理价格异议的方法。

案例分析处理:

【案例1】 销售顾问向客户介绍汽车产品的时候,客户一般都会说这个车的价格高,作为销售顾问应该如何处理此异议?

分析提示:这也是在汽车销售过程中遇见最多的问题。销售人员如果与客户就价格展开讨价还价式的争论,那简直就是在浪费时间。所以,你一定要把客户引导到认识到这辆车的价值上来。

处理方法或话术:_____
_____。

【案例2】 假如你是一名丰田汽车的销售顾问,一位客户看中了丰田系列产品中的某一款汽车,但是该客户却因为近期丰田的"召回门"事件而担心汽车的质量,作为销售顾问的你该如何解决?

分析提示:

(1)丰田汽车"召回门"是一个既定事实,不要和客户争辩。

(2)汽车召回是汽车厂家因产品的设计缺陷而对消费者负责的一种补偿行为。

(3)汽车召回只是小概率事件,且车型批次都是不一样的。

(4)告诉客户本款车上市已久未发现任何质量问题,未发生召回事件。

处理方法或话术:_____
_____。

【案例3】 大众车展厅里,洪先生带了一位业内人士一起来看车,洪先生是住宅装修承包商,赚了点钱,业务也多,想买辆车。对于性能、外形及售后服务方面都已经认可,但谈来谈去,洪先生还是拿不定主意。你看他比较有诚意,报了比较实在的价格,并告诉他:"近期内宝来车没有促销活动,所以价格上不会有大幅度的调整。我给你的价格已经非常实在了。"洪先生说:"但我看杂志分析说年底大部分车型都要降价,尤其这种家庭用车。我想再等几个月再看看吧。"作为销售员,你如何处理?

分析:_____
_____。

处理方法或话术:_____
_____。

【案例4】 一位客户来店购车,而公司此时并没有现车,于是销售顾问建议客户订车,但是客户不愿交付定金,作为销售顾问的你会怎样处理这样的情况?

分析:_____
_____。

处理方法或话术:_____
_____。

项目六 异议处理流程

【案例5】 一位新客户看中某个品牌的车,但是他从朋友那里听说该品牌的售后服务不尽如人意,你作为销售顾问该如何消除客户的顾虑?

分析:_____

_____。

处理方法或话术:_____

_____。

【案例6】 客户看上了一款车,但内心觉得价格偏高。当他坐在驾驶室时,摆弄各种功能,就不停地抱怨这不好那不好,你如何跟客户回应?

分析:_____

_____。

处理方法或话术:_____

_____。

【案例7】 某客户对该车每个方面都很满意,价格也合适,但最后有一个要求是把备胎换成与其他4条同样轮毂的轮胎,不换就不买车了。你如何应对?

分析:_____

_____。

处理方法或话术:_____

_____。

三 学习拓展

汽车销售过程中客户的异议可谓是花样繁多,下面再列举一些常见客户异议作为学习拓展。

(1)一位客户在展厅看车,他发现自己喜欢的一款车的真皮座椅接缝处有开线的迹象,便问销售顾问,你们展厅的车都么差,那卖给车主的汽车问题岂不是更多吗?你如何回答?

(2)如果一位客户订车,事先已经把需要的车型和成交的价格通过电话与销售顾问谈好了,但是来提车那天却被告知选中的车辆被一位大客户在昨天买走,当天无法提车,你作为销售顾问如何跟客户解释?

(3)车展期间,王先生看中了贵公司的一款新车,并且愿意出高价购买,却被告知此车尚未在国内出售,仅用于广告宣传,你如何满足客户的需求?

(4)张某去一个国产车4S店选购车辆,他觉得汽车好不好看无所谓,关键是安全性能要好,但是他发现配置了较高级别安全配置的车比有很少的安全配置的车的价格要高得多,于是便问旁边的销售顾问,你们公司是不是不在乎车主的安全?为什么差距会这么大啊?

(5)王某在4S店购车,已经挑选好了车型,对销售顾问小李说只要试车满意就购车了。但是小李发现公司的试驾车正在进行维护,王某听到这个消息很不满意,接着对小李说你们的试驾车应该是首先满足客户需求,却在这时进行车辆维护。小李应该如何化解这次信任危机?

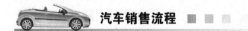

(6)张某到4S店购车与销售顾问交谈甚欢,但当谈到付款时却无言,作为销售顾问,当你遇到此类问题时,该怎样处理?

(7)在即将达成交易的时候,作为销售顾问的你该如何巧妙地问客户是一次性付清还是按揭支付?

(8)你为一对中年夫妇讲解了新天籁轿车,试驾回来丈夫郭先生感觉挺满意,正准备跟你到里面谈价格,这时候太太突然说:"人家都说日本车安全性比较差。前些天报纸上还看到了一则事故报道。老王,我们还是到别处看看吧!"王先生有点犹豫了。

(9)当客户对你所介绍的所有车型均不满意,作为销售顾问的你该如何处理此时的窘境?

四 评价与反馈

1 自我评价

(1)通过本学习任务的学习你是否已经知道以下问题:
①客户异议处理的技巧是什么?
_____。
②客户异议处理的原则是什么?
_____。
③客户异议处理的步骤是什么?
_____。

(2)在客户异议处理过程中会用到了哪些接待礼仪知识?
_____。

(3)客户异议处理完成情况如何?
_____。

(4)通过本学习任务的学习,你认为自己的知识和技能还有哪些欠缺?
_____。

签名:_____　　___年__月__日

2 小组评价(表12-1)

小组评价表　　　　　　表12-1

序号	评价项目	评价情况
1	着装是否符合要求	
2	是否符合客户异议处理原则要求	
3	是否能圆满地处理客户异议	
4	是否遵守学习、实训场地的规章制度	
5	是否能保持学习、实训场地整洁	
6	团结协作情况	

参与评价的同学签名:_____　　___年__月__日

❸ 教师评价

_____
_____。

教师签名：_____　　___年__月__日

五 技能考核标准（表12-2）

技能考核标准表　　　　　　　　　　　表12-2

序号	项目	操作内容	规定分	评分标准	得分
1	案例分析	通过阅读案例，对客户异议进行分析	30分	是否能够发现问题，是否找准引发客户异议的真实原因	
2	异议处理方式	根据实际情况对客户异议进行处理	30分	处理方式是否得当，是否有理有据，客户是否认同	
3	处理异议话术	通过语言技巧，与客户沟通处理客户异议	20分	语言内容是否有说服力，语言表达是否清晰，语言技巧是否让客户满意	
4	处理异议的礼仪	用正确的服务礼仪处理客户异议	20分	有声语言是否让客户感到舒适，倾听技巧是否到位，面部表情、肢体语言是否协调	
	总分		100分		

项目七　成交签约流程

学习任务 13　签订购车合同

 学习目标

 知识目标

1. 掌握签订购车合同前的准备工作；
2. 掌握签订购车合同的流程；
3. 了解办理贷款的流程；
4. 清楚制定购车合同的原则、内容。

★ 技能目标

1. 能够熟练准备签订购车前的工作；
2. 能够熟练掌握签订购车合同的流程；
3. 能够在签订购车合同过程做到肢体语言和口头语言表达简练、得体、大方。

建议课时

6课时。

 任务描述

在通过需求分析、商品说明和异议处理环节后，客户会对车辆基本满意，接下来就是达成购买协议的重要环节：签订购车合同。此阶段是所有销售流程中重要的一环，让客户采取主动，并允许有充分的时间自主地审核销售方案，同时通过一些话术来加强客户的信心。让客户感到销售顾问不是在卖车,而是帮客户一起买车。

一 理论知识准备

(一)签订购车合同的主要环节

1 签订合同前的准备

(1)确保销售顾问有一整套完整的材料以完成这笔交易。所有的必备文件应用一个写有客户的信封封装,同时准备好所有必备的工具,如计算器、签字笔(红、黑各一支)、利率表(图13-1)。

图13-1 需要准备的部分工具

(2)确定客户正确的姓名、工作、家庭住址和联系电话。确定谁是名义上的购买者以及由谁支付款项。

(3)请客户确认所选择的车型,报价内容,以及保险、按揭等一条龙代办手续的意向,并提供灵活的付款方式:先付一定数目的定金,提车再付余款;一次付清;办理贷款。如客户需要办理贷款,则要详细告知客户办理流程(图13-2):销售经理向银行推荐。到银行网点提出贷款申请(图13-3),必须要的资料有:贷款申请书、有效身份证件、职业和收入证明以及家庭基本情况(如结婚证)、购车合同或协议、担保所需的证明或文件、贷款人规定的其他条件。借款人应当对所提供材料的真实性和合法性负完全责任。

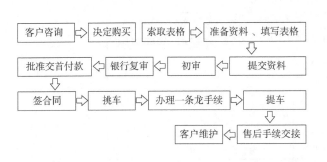

a)

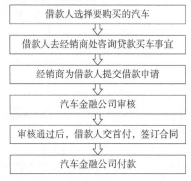

b)

图13-2 贷款流程
a)银行贷款;b)汽车金融公司贷款

(4)检查客户需求的车辆库存状况,合理安排交车时间,并取得客户认可。

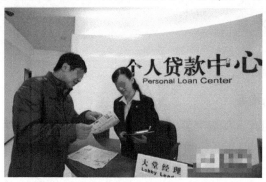

图 13-3　个人贷款中心

(5)根据客户需求拟定销售方案,制作《合同书》(图 13-4)与上司就合同内容进行确认,并得到其认可,确定与客户洽谈好的条件能够满足。

编号：

客户		身份证号或组织机构代码	
地址		固定电话	
邮政编码		手提电话	
卖方		联系电话	
地址		开户银行	
邮政编码		开户行账号	
车型：	产地：	颜色：	（备选颜色：　　）
车价		服务费	
装潢费		代付代缴税费	
总价款	人民币　佰　拾　万　仟　佰　拾　元整	付款方式	
□定金	人民币　佰　拾　万　仟　佰　拾　元整	付款方式	
□余额	人民币　佰　拾　万　仟　佰　拾　元整	付款方式	
	人民币　佰　拾　万　仟　佰　拾　元整	付款方式	
约定事项	一、产品质量：符合东风本田汽车有限公司产品出厂标准。 二、交车时间： 三、交车地点： 四、余款付款时间及方式： 五、客户汽车装潢委托书、用户提车交接单是本销售合同不可分割的一部分，具有同等法律效力。（若无认购则以本合同为准） 六、本合同书不得转让，抵押或典当。 七、本合同书请买方认真审核，如无异议并自愿的前提下，双方签字生效，未尽事宜双方协商解决，如协商不妥可向卖方所在地仲裁委员会提请仲裁。 八、本合同一式二份，买卖双方各执一份。 九、违约责任： 十、卖方向买方出具的“机动车销售统一发票”中的客户名称必须与该合同“客户名称”统一。 十一、本合同内之标准规格配备以原厂发布为准，如有变动，仍以原厂发布规格为准。 十二、特别约定：		
××××汽车销售服务有限公司 签订日期：　年　月　日		客户： 签订日期：　年　月　日	

图 13-4　合同书

(6)注意收集其他有关的一些信息,包括:具有影响力的人、重要事件(出生、周年纪念)、最近住所的变化、居住条件的变化等。

❷ 签约及订金手续

签约及订金手续的过程是整个销售环节最关键的环节,销售顾问要集中精力。

(1)再次确认客户对车辆和购买条件完全满意。

(2)专心处理客户签约事宜,谢绝外界一切干扰,暂不接电话,表示对客户的尊重。

(3)完成有关成交的书面文件工作,并向客户详细说明每个文件(如:订单、销售合同、保险单、贷款申请表等)。

(4)请客户签署订单及其他文件,并把合同书副本以及其他文件的客户联交给客户。

(5)销售人员带领客户前往财务部门,并确认往来发票。

(6)合同正式生效后,销售人员应将合同内容录入到经销商的销售管理系统中。

❸ 履约及余款处理

签约以后销售顾问不能冷落客户,相反更应该关注客户。

(1)销售人员根据实际情况,再次与客户约定交车时间。

(2)客户等车期间,保持与客户的联络,让客户及时了解车辆的准备情况。

(3)如客户余款使用现金支付,销售人员确认配送车辆后,提前通知客户准备好余款。

(4)销售人员进行余款缴纳的跟踪确认,直至客户完成缴纳款。

(5)从签约后到交车前这段时间,销售顾问携带《驾驶员手册》拜访客户。

(6)保持与客户的联系,看准时机打个电话给客户(也可安排专人在签约后与客户联络)。

(7)若等车期间恰逢节日,邮寄一份小礼物表示心意。

(二)成交技巧的注意事项

❶ 成交阶段

(1)一旦进入成交阶段就不动摇条件了。

(2)有气魄地说话,短促有力,不说多余的事情。

(3)让客户有自己决定的感觉。

(4)不要使用含糊的语句(明确 Yes/No)。

❷ 写订单之前的阶段

(1)不要在销售条件上软下来。

(2)在规定的条件框内决定。

❸ 写订单的阶段

(1)不要说多余的话。

(2)一定要将承诺和条件互相确认。

(3)确认车辆的所有人。

(4)确认支付方法、支付银行、交易银行、有无账户等。

❹ 签字或盖章阶段

(1)动作要迅速。

汽车销售流程

(2)尽可能规范性处理。

(3)一定要确认资金和支付方式。

(4)收取订金。

(5)把订单的客户联交给客户。

(6)注意事项在事前说清楚。

❺ 成交后的注意事项

洽谈完毕后销售顾问怎么都会表现出高兴、得意的表情,但是这个阶段客户对洽谈的内容还存有担心。所以一定要给客户留下"买了好东西"的印象,让客户感到销售人员不是在卖车,而是在帮客户买车。如:"买得正是时候","真的是买了好东西","到底还是给您便宜了很多"。

二 任务实施

❶ 准备工作

(1)环境:模拟4S店洽谈区域。

(2)人员:销售顾问,客户(1~2名),销售经理。

(3)物品:购车合同,签字笔,计算器,一次性水杯等。

❷ 技术要求与注意事项

(1)正确主动引导客户签约。

(2)销售顾问应正确填写《销售合同》中相关条款并进行说明,让客户充分确认所有细节。

(3)填写《销售合同》时,字体应端正避免潦草,填写完毕后应再次逐一确认,避免笔误。

(4)肢体语言得体大方,口头语言简练、有礼貌。

(5)签约后,销售顾问应主动向客户表示感谢。

❸ 操作步骤

(1)客户接待。经过异议处理环节后,引导客户进入洽谈区域坐下,询问客户是否需要饮品(图13-5)。

销售顾问需要专心处理客户签约事宜,谢绝外界一切干扰,暂不接电话,表示对客户的尊重,同时要让客户感到销售顾问不是在卖车,而是帮客户一起买车。

(2)资料准备。销售顾问确保有一整套完整的材料以完成这笔交易。所有的必备文件应用一个写有客户的信封封装,同时准备好所有必备的工具,如计算器、签字笔、利率表。

(3)信息确认。确定客户正确的姓名、工作、家庭住址和联系电话(图13-6)。确定谁是名义上的购买者以及由谁支付款项。

销售顾问请客户确认所选择的车型,报价内容,以及保险、上牌等一条龙代办手续的意向,并提供灵活的付款方式:先付一定数目的定金,提车再付余款;一次付清;办理贷款。如客户需要办理贷款,则要详细告知客户办理流程:销售经理向银行推荐。到银行网点提出贷款申请必须要的资料有:贷款申请书、有效身份证件、职业和收入证明以及家庭基本情况(如结婚证)、购车合同或协议、担保所需的证明或文件、贷款人规定的其他条件。

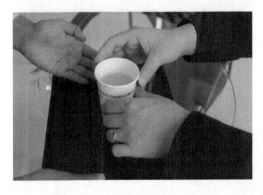

图 13-5　引导客户至洽谈区域

(4)库存检查。销售顾问需要检查客户需求的车辆库存状况,合理安排交车时间,并取得客户认可。

(5)合同确认。根据客户需求拟定销售方案,制作《合同书》与销售经理就合同内容进行确认,并得到其认可,确定与客户洽谈好的条件能够满足。

(6)信息收集。销售顾问与客户签约谈话过程中,注意收集其他有关的一些信息,包括:具有影响力的人、重要事件(周年纪念)、最近住所的变化、居住条件的变化等。

(7)再次确认。再次确认客户对车辆和购买条件完全满意,让客户有自己决定的感觉。

(8)签订合同。销售顾问与客户(车辆的所有人)一起完成有关成交的书面文件工作,并向

图 13-6　确认客户信息

客户耐心地详细说明每个文件(如：订单、销售合同、保险单、贷款申请表等)。填写销售合同时，字体应端正避免潦草，填写完毕后应再次逐一确认，避免笔误(图13-7)。

请客户签署订单及其他文件，并把合同书副本以及其他文件的客户联交给客户。

(9) 缴纳费用。销售人员带领客户前往财务部门，并确认往来发票。

(10) 售后参观。洽谈完毕后，这个阶段客户对洽谈的内容还存有担心。所以一定要给客户留下"买了好东西"的印象，让客户感到销售人员不是在卖车，而是在帮客户买车。如："买得正是时候"，"真的是买了好东西"，"到底还是给您便宜了很多"。同时，销售顾问还可以介绍车辆售后服务内容，可以引导客户至售后维修区域(图

图13-7　签订购车合同

13-8)，从入口处进行说明。向客户介绍机修区域：快修区、一般维修区；事故车修理区域：钣金区、烤漆区；洗车区域、客户休息区等，让客户感到买得安心，用得放心，无后顾之忧。

图13-8　引导客户至售后区域

(11) 信息录入。合同正式生效后，销售人员应将合同内容录入到经销商的销售管理系统中。

(12) 送别客户。客户确认无误后，表示想准备离店时，销售顾问应将客户送至店门

外,并再次感谢客户(图13-9)。

图13-9 送别客户

三 学习拓展

订立汽车销售合同

(1)订立合同的原则。在签订合同的过程中,应按照平等、自愿、公平、诚实信用的原则。

①平等原则。平等原则是指地位平等的合同当事人,在权利义务对等的基础上,经充分协商达成一致,以实现互利互惠的经济利益目的的原则。

②自愿原则。自愿原则是《中华人民共和国合同法》的重要基本原则,合同当事人通过协商,自愿决定和调整相互权利义务关系。

③公平原则。公平原则要求合同双方当事人之间的权利义务要公平合理,要大体上平衡,强调一方给付与对方给付之间的等值性,合同上的负担和风险的合理分配。

④诚实信用原则。诚实信用原则要求当事人在订立、履行合同,以及合同终止后的全过程中,都要诚实,讲信用,相互协作。

(2)订立合同的内容。汽车销售合同是汽车销售企业与客户双方为实现汽车产品买卖而明确相互权利义务关系的协议,主要包括以下条款:

①合同主体。买方:汽车购买者;卖房:汽车经销商。

②合同主体的基本情况。主要包括:名称(姓名)、经办人、地址、电话、营业执照(身份证)。

(3)车辆资料。主要包括:出厂车型、车架号、牌号、颜色、座位、发动机号。

(4)数量。主要指买卖汽车的数量。

(5)价格构成。主要包括:车价、选用装备价格、运费、其他(车辆附加费、牌照费)。

(6)付款方式。通常方式为:定金(数额)+余款(余额),有一次性付款和按揭付款两种方式,有现金、支票、汇票、转账几种支付形式。

(7)余款拟付日期。

(8)交车时间、交车地点。

(9)违约责任。指合同中明确约定的违约方应承担的具体责任。

(10)解决争议的方法。指所签订的合同产生纠纷,自行协商不成时,在合同中约定的解决纠纷的形式(如到仲裁机构仲裁、去法院诉讼)。

(11)代办事宜。车辆检测、购买保险、牌照办理。

(12)履行期限。指合同的履行期限和合同的有限期限。

(13)签署日期。合同签署的年、月、日。

四 评价与反馈

1 自我评价

(1)通过本学习任务的学习你是否已经知道以下问题:

①签订购车合同前需要准备哪些工作?

_____

②签订购车合同主要有哪些环节?

_____

(2)在签订购车合同的过程中你用到了哪些礼仪知识?

_____

(3)签订购车合同过程完成情况如何?

_____

(4)通过本学习任务的学习,你认为自己的知识和技能还有哪些欠缺?

_____

签名:_____   ___年__月__日

2 小组评价(表13-1)

小组评价表 表13-1

序 号	评 价 项 目	评价情况
1	着装是否符合要求	
2	是否符合标准接待礼仪要求	
3	客户是否对本次接待服务满意	
4	是否遵守学习、实训场地的规章制度	
5	是否能保持学习、实训场地整洁	
6	团结协作情况	

3 教师评价

_____

教师签名:_____   ___年__月__日

五 技能考核标准（表13-2）

技能考核标准表　　　　　　　　　表13-2

序号	项　目	操作内容	规定分	评分标准	得分
1	接待客户	主动引导客户至洽谈区域,并询问是否需要饮品;专心处理客户签约事宜,谢绝外界干扰	5分	热情礼貌周到的接待客户,是否符合迎接礼仪规范要求	
2	准备材料	准备好签订合同所必要的文件和必备的工具	15分	资料文件袋,签订合同的文件;签订过程中必备的工具	
3	信息确认	确认客户个人相关信息和购买者;确认所选车型和报价;询问一条龙服务项目	10分	认真和客户确认个人信息、所选车型和报价,咨询时用语简练、正确、礼貌	
4	库存检查	检查客户需求的车辆库存状况,合理安排交车时间,并取得客户认可	5分	确认客户所选车型库存,与客户协商交车时间,用语正确、温和、礼貌	
5	确认合同	将与客户需求的销售内容,制作《销售合同》并取得销售经理认可	10分	将与客户协商的合同递呈给销售经理审查,正确用语与销售经理沟通	
6	信息收集	适当与客户聊天,注意收集客户表达内容中的信息	5分	适当与客户聊天,用语正确;观察客户,做好记录并有分析说明	
7	再次确认	再次确认客户对车辆和购买条件完全满意,让客户有自己决定的感觉	5分	耐心询问客户所选车型和购买条件,增加客户满意度	
8	签订合同	销售顾问与客户(车辆的所有人)一起完成有关成交的书面文件工作,并向客户耐心地详细说明每个文件	20分	字体应端正避免潦草,填写完毕后再次逐一确认,避免笔误;耐心详细说明每个文件	
9	缴纳费用	引导客户至财务处,缴纳相关费用	5分	引导过程中注意肢体语言和用语表达	
10	参观售后	赞同客户选择车型;引导客户至售后维修区域,简介售后区域内容	10分	正确用语赞同客户所选择车型;引导至车辆售后维修区域,引导过程中注意肢体语言和用语表达	
11	信息录入	合同正式生效后,销售人员应将合同内容录入到经销商的销售管理系统中	5分	将客户信息正确录入至经销商的销售管理系统中	
12	送别客户	客户表示想离开时,确认客户联系方式后,送客户至停车点,指引并目送客户离开	5分	客户离开前再次礼貌确认(或留下)联系方式;送客户至停车点;欢迎客户下次光临或有需要随时联系;挥手告别目送客户离开	
	总分		100分		

学习任务 14　一条龙服务

学习目标

★ **知识目标**
1. 掌握一条龙服务中包含的项目;
2. 了解汽车消费贷款的流程;
3. 了解汽车保险的种类、作用。

★ **技能目标**
1. 能够正确为客户讲解汽车消费贷款办理流程;
2. 能够正确为客户讲解汽车保险的种类和作用;
3. 能够熟练地为客户讲解操作一条龙服务项目,以及计算出购买车辆的最终提车付款金额。

建议课时

6课时。

在购买车辆时,相当一部分客户对汽车是比较陌生的。在汽车的销售过程中,为了给客户提供更加周到的服务,同时也为了吸引客户并增加利润,销售人员可以为客户提供附加的服务项目,这些附加服务项目通常称之为一条龙服务项目。

一　理论知识准备

一条龙服务概述。

一条龙服务,是一个模糊的概念,并没有确切的定义。一般来说,一条龙服务包括导购、试车、购车签约、按揭签约、新车上牌、代缴税收、代办保险、配套的装饰等项目。还包括会员办理、赠送礼品礼券或者提供一些免费的美容装饰项目等。

这些服务项目,有的可以直接收益,有的则是吸引客户的手段,能够增加车主的信任度,带来间接的收益。

项目七　成交签约流程

❶ 汽车导购

作为经销商,应该对所售车型与市场上类似车型的各种性能参数作一个详细对比,得出各种车型的性能优劣。同时了解各种车型在市场上的各种变化,当客户来到经销商处选车时,经销商应主动为客户介绍销售车型的各种性能与结构,市场行情,作为客户的参考,同时对客户提出的各种疑问进行解答。好的经销商还会根据客户的喜好、性格与购车用途等因素,为客户提供适合自己的购车参考。客户在购车过程中如果充分体会到经销商的优质服务,便会对经销商产生一份好感,增加购车热情。

客户通过车型、颜色、性能、功能的多种比较后,在经销商处终于选购一款自己喜欢且适合自己的车后,决定购买这辆车。作为汽车经销商应注定向客户提供合法证明、发票及交车的相关手续。

在交车之前,销售商需要帮助车主进行车辆的静态和动态检查。其中静态检查包括:车辆灯光是否齐全有效;音响调试;检查转向盘、座椅、反光镜的调整;各种电器开关、车门、车锁、车窗、遥控器,是否灵敏有效;检查蓄电池桩头安装是否牢固;检查轮胎气压是否正常。动态检查包括:起动汽车,检查各种仪表显示;听发动机有无异响;检查空调工况,压缩机和皮带有无异响;各种传感器和继电器是否正常启用;上路试验检查制动是否灵敏有效;转向是否跑偏,助力器有无异响;检查挡位是否清晰,离合器和变速器、减振器有无异响。这些检查得到车主的认可后,车辆就可以正式交付于车主了。

❷ 汽车消费贷款

汽车消费贷款是银行对在其特约经销商处购买汽车的购车者发放的人民币担保贷款的一种新的贷款方式。汽车消费贷款利率就是指银行向消费者也就是借款人发放的用于购买自用汽车(不以营利为目的的家用轿车或7座(含)以下商务车)的贷款数额与本金的比例。利率越高,那么消费者还款的金额就越大。

(1)基本信息。汽车贷款是指贷款人向申请购买汽车的借款人发放的贷款,也叫汽车按揭。

①贷款对象:借款人必须是贷款银行所在地常住户口居民、具有完全民事行为能力。

②贷款条件:借款人具有稳定的职业和偿还贷款本息的能力,信用良好;能够提供认可资产作为抵押、质押,或有足够代偿能力的第三人作为偿还贷款本息并承担连带责任的保证人。

③贷款额度:贷款金额最高一般不超过所购汽车售价的80%。

④贷款期限:汽车消费贷款期限一般为1~3年,最长不超过5年。

⑤贷款利率:一般消费贷款由中国人民银行统一规定,信用卡贷款由贷款银行当地总行制定。

⑥还贷方式:可选择一次性还本付息法和分期归还法(等额本息、等额本金)。

汽车金融或担保公司就是文中的——有足够代偿能力的第三人作为偿还贷款本息并承担连带责任的保证人。

(2)申请条件。申请汽车消费贷款除了必须在银行所认可的特约经销商处购买限定范围内的汽车外,申请汽车消费贷款的购车者还须具备以下条件。

①购车者必须年满18周岁,并且是具有完全民事行为能力的中国公民。

②购车者必须有一份较稳定的职业和比较稳定的经济收入或拥有易于变现的资产,这样才能按期偿还贷款本息。这里的易于变现的资产一般指有价证券和金银制品等。

③在申请贷款期间,购车者在经办银行储蓄专柜的账户内存入低于银行规定的购车首期款。

④向银行提供银行认可的担保。如果购车者的个人户口不在本地的,还应提供连带责任保证,银行不接受购车者以贷款所购车辆设定的抵押。

⑤购车者愿意接受银行提出的认为必要的其他条件。

如果申请人是具有法人资格的企业、事业单位,则应具备以下条件:

①具有偿还银行贷款的能力。

②在申请贷款期间有不低于银行规定的购车首期款存入银行的会计部门。

③向银行提供被认可的担保。

④愿意接受银行提出的其他必要条件。

贷款中所指的特约经销商是指在汽车生产厂家推荐的基础上,由银行各级分行根据经销商的资金实力、市场占有率和信誉度进行初选,然后报到总行,经总行确认后,与各分行签订《汽车消费贷款合作协议书》的汽车经销商。

(3)贷款的金额、期限、利率和还款方式。

①贷款金额:最高贷款金额不得超过购车价款的80%。

②贷款期限:贷款的期限最长不超过3年。

③贷款的还本付息方式:贷款实行按月等额本息分期还款或按月等额本金、递减利息分期还款的还本付息方式。

④借款人可以申请变更借款合同的期限、还本付息方式、扣款账户等合同条款,但不得延长贷款期限。

(4)贷款的担保。借款人的借款除以所购车辆作为抵押担保外,还可以由指定汽车经销商提供连带责任保证;由借款人提供其他抵押、质押担保措施;由其他第三方为借款人提供连带责任保证担保措施。担保方式一般有以下两种:

①车辆抵押:借款人应与银行签订抵押合同,将贷款所购车辆作为抵押物,提供车辆抵押担保措施。抵押担保的期限应自低压登记之日起至债务履行完毕止,借款人的配偶应签订同意抵押的书面证明。

②指定经销商担保:如借款人不符合上述条件,需要追加其他担保措施的,可由指定经销商提供连带责任保证担保,并缴纳一定的担保保证金,落实多方式组合担保措施。

(5)普通按揭贷款程序。

①借款申请:借款人可以委托经销商向银行提出借款申请,也可以直接向银行汽车消费信贷中心提出借款申请。通过委托经销商向银行提出借款申请的,银行经办人员应在接到申请后以电话方式核实申请内容的真实性。借款申请人提供的资料以银行要求为准。

②申请的受理和调查。重点核实：借款申请人固定职业或工作单位的核实；借款申请人住所地的真实性和自有住房的状况；借款申请人的所购车辆价值与其职业、收入的匹配性。

③贷款发放的准备事项。协助借款人签署必要的法律文本，并将银行所需资料交给汽车消费信贷中心做贷款审批和发放处理。

（6）贷款操作流程。客户接待、咨询；上门考察、签文件；客户资信评估；贷款审批；签阅文件；收首付款；定车、提车；建档保存；购置、上牌、抵押；银行划款；售后服务。

3 办理移动证/临时牌

没有牌照的车辆不能上路，因此验车后本地居民还须到当地公安交管部门（或其驻场代办处）填写临时移动证申请表（图14-1），然后办理车辆移动证（图14-2），去外地的车辆则须先到检测场验车并办理临时牌照方准许上路。

图14-1　临时移动证申请表　　　　　　　　图14-2　临时移动证

4 验车

新车须经车辆检测场检验合格才能领牌，验车场由车管所指定。检验合格后填发由驻场民警签字的机动车登记表。验车时须带齐所需相关证件。验车前还应该事先清洗车辆，检查汽车有无漏油、漏水现象，发现后应及时修复。除了这些还应该检查车辆的灯光是否有效、制动系统是否制动有效、是否加装安全防护网以及附加装置（灭火器、三角警告牌）是否齐全。

验车时需要填写车辆检测表，记录车辆的基本信息以及各项指标。如果需要进行上线检测时,将准备好的车辆开至检测站检验。检测合格后由相应的负责人签署意见。最后将各种文件交于驻站交警审核并在《机动车登记表》上签字。完成整个验车过程。

❺ 工商验证

车主持正规购车发票、厂家提供的汽车质量合格证,进口车还应提供海关货物进口证明或罚没证明书、商检证明书,到指定地点加盖工商验证章。

❻ 车辆购置附加税

附加税征收多少是依据车价的,车价有两种,一种是全国统一售价,另一种是开发票价格。当开发票价格低于或等于所购买车型的全国统一售价时,附加税大厅就以全国统一售价为计算基准;当开发票价格高于所购买车型的全国统一售价时,附加税大厅则以开发票价格为计算基准,缴纳费用后,开具发票和车辆购置税完税证明(图14-3)。国家税务总局2015年公布《车辆购置税征收管理办法》,并决定自2015年2月1日起施行。根据新规定,2015年2月份起,4S店经销商提供的市场价格信息,将作为车购税征收的重要核定依据,其中规定,纳税人购买自用的应税车辆,计税价格为纳税人购买应税车辆而支付给销售者的全部价款和价位费用(销售方价外向购买方收取的基金、集资费、违约金和手续费等,不包括销售方代办保险等而向购买方收取的保险费,以及向购买方收取的代购买方缴纳的车辆购置税、车辆牌照费),不包含增值税税款。

$$车辆购置附加税 = (车价 - 车价 \times 17\%) \times 10\%$$

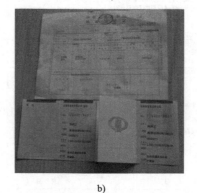

a)   b)

图14-3 车辆购置税完税证明

a)车辆购置税完税证明封面;b)车辆购置税完税证明内页和发票

❼ 新车上牌照

(1)车主准备好上牌照需要的各种资料,才能顺利上牌。首先要填写机动车登记表。将登记表、购车发票、车辆购置附加税完税证明和发票、车管所回执、档案袋、身份证(企业代码证书)及复印件。

(2)车辆检测。根据公安部与工业和信息化部联合发布的《关于进一步加强道路机动车辆生产一致性监督管理和注册登记工作的通知》规定,从2010年10月1日起,所有经出厂检验合格的交车产品,办理注册登机前,都无须再进行机动车安全技术检验。

(3)电脑选号和领取车牌。将所需资料交到相关的窗口挑选车牌号,通常车牌号挑选都是以电脑随机的方式为主(图14-4),也可以在交通管理局自编选号。目前,客户可以直接利用电脑输入所在城市新车上牌网上选号的服务系统网址,在家中上网自主选号。一般电脑每次随机提供5~50个车牌号码(不同地方系统提供数量有差别),由车主任选一个。领取车辆牌照后,安装在车辆上(图14-5)。

a) b)

图 14-4 电脑选号

a)电脑随机选号;b)自编预选号

(4)拍摄照片。在指定地点由工作人员拍摄带牌照的车辆照片。

(5)领证。在领证窗口领取机动车登记证书(图14-6)、机动车行驶证。要告知车主机动车行驶证必须随车携带,以便于公安交通管理部门的检查。

图 14-5 新车上牌　　　　　　图 14-6 机动车登记证书

8 办理行驶证

新车在上牌照的时候,管理机关会给车主一个与车牌号相同号码的行驶证,它记录车辆的基本信息,包括车辆的归属和技术指标状况,可以确认车主对车辆的所有权,也是车辆能够上路形式的书面证明。

现有的行驶证的样式如图14-7和图14-8所示。

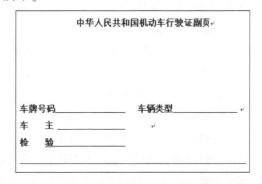

图 14-7 行驶证样式　　　　　　图 14-8 行驶证副页

9 汽车保险

汽车保险是保险人通过向被保险人收取保险费的形式建立保险基金，并将它用于补偿因自然灾害或意外事故所造成的车辆的经济损失，负担责任赔偿的一种经济补偿制度。

我国汽车保险分为机动车交通事故责任强制保险(交强险)、商业险，其中商业险包括基本险和附加险，其中附加险不能独立保险。基本保险包括第三者责任险(三责险)和车辆损失险(车损险)；附加险包括全车盗抢险(盗抢险)、车上责任险、无过失责任险、车载货物掉落责任险、玻璃单独责任险、车辆停驶损失险、车身划痕损失险、自燃损失险、新增设备损失险、不计免赔特约险等。

(1)机动车交通事故责任强制保险(交强险)。

由保险公司对被保险机动车发生道路交通事故造成受害人(不包括本车人员和被保险人)的人身伤亡、财产损失，在责任限额内予以赔偿的强制性责任保险。交强险是中国首个由国家法律规定实行的强制保险制度。其保费是实行全国统一收费标准的，由国家统一规定的，但是不同的汽车型号的交强险价格也不同，主要影响因素是"汽车座位数"。

根据《交强险条例》的规定，在中华人民共和国境内道路上行驶的机动车的所有人或者管理人都应当投保交强险，机动车所有人、管理人未按照规定投保交强险的，公安机关交通管理部门有权扣留机动车，通知机动车所有人、管理人依照规定投保，并处应缴纳的保险费的2倍罚款。

①保险责任。在中华人民共和国境内(不含港、澳、台地区)，被保险人在使用被保险机动车过程中发生交通事故，致使受害人遭受人身伤亡或者财产损失，依法应当由被保险人承担的损害赔偿责任。

②责任免除。下列损失和费用，交强险不负责赔偿和垫付：

a. 因受害人故意造成的交通事故的损失。

b. 被保险人所有的财产及被保险机动车上的财产遭受的损失。

c. 被保险机动车发生交通事故，致使受害人停业、停驶、停电、停水、停气、停产、通信或者网络中断、数据丢失、电压变化等造成的损失以及受害人财产因市场价格变动造成的贬值、修理后因价值降低造成的损失等其他各种间接损失。

d. 因交通事故产生的仲裁或者诉讼费用以及其他相关费用。

③责任限额。

a. 死亡伤残赔偿限额为110000元。

b. 医疗费用赔偿限额为10000元。

c. 财产损失赔偿限额为2000元。

d. 被保险人无责任时，无责任死亡伤残赔偿限额为11000元；无责任医疗费用赔偿限额为1000元；无责任财产损失赔偿限额为100元。

④险费率表。机动车交通事故责任强制保险按机动车种类、使用性质分为家庭自用

汽车、非营业客车、营业客车、非营业货车、营业货车、特种车、摩托车和拖拉机8种类型。

交强险的基础费率共分42种,家庭自用车、非营业客车、营业客车、非营业货车、营业货车、特种车、摩托车和拖拉机等八大类42小类车型保险费率各不相同。但对同一车型,全国执行统一价格,参见表14-1。

机动车交通事故责任强制保险的基础费率(2008年版)　　　表14-1

车辆分类	车辆明细分类	保费(元/年)
家庭自用车	家庭自用汽车6座以下	950
	家庭自用汽车6座以上	1100
非营业客车	企业非营业汽车6座以下	1000
	企业非营业汽车6~10座	1130
	企业非营业汽车10~20座	1220
	企业非营业汽车20座以上	1270
	机关非营业汽车6座以下	950
	机关非营业汽车6~10座	1070
	机关非营业汽车10~20座	1140
	机关非营业汽车20座以上	1320
营业客车	营业出租租赁6座以下	1800
	营业出租租赁6~10座	2360
	营业出租租赁10~20座	2400
	营业出租租赁20~36座	2560
	营业出租租赁36座以上	3530
	营业城市公交6~10座	2250
	营业城市公交10~20座	2520
	营业城市公交20~36座	3020
	营业城市公交36座以上	3140
	营业公路客运6~10座	2350
	营业公路客运10~20座	2620
	营业公路客运20~36座	3420
	营业公路客运36座以上	4690
非营业货车	非营业货车2t以下	1200
	非营业货车2~5t	1470
	非营业货车5~10t	1650
	非营业货车10t以上	2220
营业货车	营业货车2t以下	1850
	营业货车2~5t	3070
	营业货车5~10t	3450
	营业货车10t以上	4480

续上表

车辆分类	车辆明细分类	保费(元/年)
特种车	特种车一	3710
	特种车二	2430
	特种车三	1080
	特种车四	3980
摩托车	摩托车50CC及以下	80
	摩托车50~250CC(含)	120
	摩托车250CC以上及侧三轮	400
拖拉机	按保监产险[2007]53号文件实行地区差别费率待定	

注:1.座位和吨位的分类都按照"含起点不含终点"的原则来解释。

2.特种车一:油罐车、汽罐车、液罐车;特种车二:专用净水车、特种车一以外的罐式货车,及用于清障、清扫、清洁、起重、装卸、升降、搅拌、挖掘、推土、冷藏、保温等各种专用机动车;特种车四:集装箱拖头。

3.挂车不投保机动车交通事故责任强制保险。

4.低速载货汽车参照运输型拖拉机14.7kW以上的费率执行。

(2)车辆损失险。

车辆损失险是指被保险人或其允许的驾驶人在驾驶保险车辆时发生保险事故而造成保险车辆受损,保险公司在合理范围内予以赔偿的一种汽车商业保险。

①保险责任。被保险人或其允许的驾驶人员在使用保险车辆过程中,因下列原因造成保险车辆的损失,保险人负责赔偿:

a.碰撞、倾覆、坠落。

b.火灾、爆炸、自燃(须另投自燃险)。

c.外界物体坠落、倒塌。

d.暴风、龙卷风。

e.雷击、雹灾、暴雨、洪水、海啸。

f.地陷、冰陷、崖崩、雪崩、泥石流、滑坡。

g.载运保险车辆的渡船遭受自然灾害(只限于有驾驶人员随车照料者)。

发生保险事故时,被保险人为防止或者减少保险车辆的损失所支付的必要的、合理的施救费用,由保险人承担,最高不超过保险金额的数额。

②责任免除。下列情况下,不论任何原因造成保险车辆损失,保险人均不负责赔偿:

a.地震、战争、军事冲突、恐怖活动、暴乱、扣押、罚没、政府征用。

b.竞赛、测试,在营业性维修场所修理、维护期间。

c.利用保险车辆从事违法活动。

d.驾驶人员饮酒、吸食或注射毒品、被药物麻醉后使用保险车辆。

e.保险车辆肇事逃逸。

f.驾驶人员有下列情形之一者:无驾驶证或驾驶车辆与驾驶证准驾车型不相符;公安交通管理部门规定的其他属于无有效驾驶证的情况下驾车;使用各种专用机械车、特种车的人员无国家有关部门核发的有效操作证;驾驶营业性客车的驾驶人员无国家有关部门核发的有效资格证书。

g. 非被保险人允许的驾驶人员使用保险车辆。

h. 保险车辆不具备有效行驶证件。

保险车辆的下列损失和费用,保险人不负责赔偿:

a. 自然磨损、锈蚀、故障、轮胎单独损坏。

b. 玻璃单独破碎、无明显碰撞痕迹的车身划痕。

c. 人工直接供油、高温烘烤造成的损失。

d. 自燃以及不明原因引起火灾造成的损失。

自燃是指因本车电器、线路、供油系统发生故障或所载货物自身原因起火燃烧。

e. 遭受保险责任范围内的损失后,未经必要修理继续使用,致使损失扩大的部分。

f. 因污染(含放射性污染)造成的损失。

g. 因市场价格变动造成的贬值、修理后因价值降低引起的损失。

h. 车辆标准配置以外,未投保的新增设备的损失。

i. 在淹及排气筒或进气管的水中起动,或被水淹后未经必要处理而起动车辆,致使发动机损坏。

j. 保险车辆所载货物坠落、倒塌、撞击、泄漏造成的损失。

k. 摩托车停放期间因翻倒造成的损失。

l. 被盗窃、抢劫、抢夺,以及因被盗窃、抢劫、抢夺受到损坏或车上零部件、附属设备丢失。

m. 被保险人或驾驶人员的故意行为造成的损失。

其他不属于保险责任范围内的损失和费用。

③险费率表。见表14-2。

机动车辆保险车辆损失险费率　　　　表14-2

党政机关、事业团体非营业客车	机动车损失保险							
	1年以下		1~2年		2~6年		6年以上	
	基础保费(元)	费率(%)	基础保费(元)	费率(%)	基础保费(元)	费率(%)	基础保费(元)	费率(%)
6座以下	285	0.95	272	0.90	269	0.89	277	0.92
6~10座	342	0.90	326	0.86	323	0.85	333	0.87
10~20座	342	0.95	326	0.90	323	0.89	333	0.92
20座以上	357	0.95	340	0.90	336	0.89	346	0.92

(3) 第三者责任险。被保险人或其允许的驾驶人在使用保险车辆过程中发生意外事故,致使第三者遭受人身伤亡或财产直接损毁,依法应当由被保险人承担的经济赔偿责任,保险人负责赔偿。

①保险责任。被保险人或其允许的驾驶人员在使用保险车辆过程中发生意外事故,致使第三者遭受人身伤亡或财产直接损毁,依法应当由被保险人承担的经济赔偿责任,保险人负责赔偿。

经保险人事先书面同意,被保险人因上条所述原因给第三者造成损害而被提起仲裁或者诉讼的,对应由被保险人支付的仲裁或者诉讼费用以及其他费用,保险人负责赔偿;赔偿的数额在保险单载明的责任限额以外另行计算,最高不超过责任限额的30%。

②责任免除。保险车辆造成下列人身伤亡或财产损失,不论在法律上是否应当由被保险人承担赔偿责任,保险人均不负责赔偿:

a. 被保险人及其家庭成员的人身伤亡、所有或代管的财产的损失。

b. 本车驾驶人员及其家庭成员的人身伤亡、所有或代管的财产的损失。

c. 本车上其他人员的人身伤亡或财产损失。

下列情况下,不论任何原因造成的对第三者的经济赔偿责任,保险人均不负责赔偿:

a. 地震、战争、军事冲突、恐怖活动、暴乱、扣押、罚没、政府征用。

b. 竞赛、测试,在营业性维修场所修理、维护期间。

c. 利用保险车辆从事违法活动。

d. 驾驶人员饮酒、吸食或注射毒品、被药物麻醉后使用保险车辆。

e. 保险车辆肇事逃逸。

f. 驾驶人员有下列情形之一者:无驾驶证或驾驶车辆与驾驶证准驾车型不相符;公安交通管理部门规定的其他属于无有效驾驶证的情况下驾车;使用各种专用机械车、特种车的人员无国家有关部门核发的有效操作证;驾驶营业性客车的驾驶人员无国家有关部门核发的有效资格证书。

g. 非被保险人允许的驾驶人员使用保险车辆。

h. 保险车辆不具备有效行驶证件。

i. 保险车辆拖带未投保第三者责任保险的车辆(含挂车)或被未投保第三者责任保险的其他车辆拖带。

下列损失和费用,保险人不负责赔偿:

a. 保险车辆发生意外事故,致使第三者停业、停驶、停电、停水、停气、停产、通信中断的损失以及其他各种间接损失。

b. 精神损害赔偿。

c. 因污染(含放射性污染)造成的损失。

d. 第三者财产因市场价格变动造成的贬值、修理后因价值降低引起的损失。

e. 保险车辆被盗窃、抢劫、抢夺造成第三者人身伤亡或财产损失。

f. 被保险人或驾驶人员的故意行为造成的损失。

其他不属于保险责任范围内的损失和费用。

③责任限额。第三者责任险每次事故的最高赔偿限额是保险人计算保险费的依据,同时也是保险人承担第三者责任险每次事故赔偿金额的最高限额。

每次事故的责任限额,由投保人和保险人在签订保险合同时按5万元、10万元、20万元、30万元、50万元、100万元和100万元以上不超过1000万元的档次协商确定。第三者责任险的每次事故的最高赔偿限额应根据不同车辆种类选择确定。确定方式如下:在不同区域内,摩托车、拖拉机的最高赔偿限额分4个档次:2万元、5万元、10万元和20万元;

摩托车、拖拉机的每次事故最高赔偿限额因不同区域其选择原则是不同的,与《汽车保险费率规章》有关摩托车、拖拉机定额保单销售区域的划分相一致。即广东、福建、浙江、江苏4省,直辖市(北京、上海、天津、重庆),计划单列市(深圳、厦门、宁波、青岛、大连),各省省会城市,各自治区首府城市属于A类,最低选择5万元,其他区域属于B类,最低选择2万元。

除摩托车、拖拉机外的其他汽车第三者责任险的最高赔偿限额分为以下几个档次:5万元、10万元、20万元、30万元、50万元、100万元和100万元以上,且最高不超过1000万元。例如,6座以下客车分为5万元、10万元、20万元、30万元、50万元、100万元及100万元以上不超过1000万元等档次,供投保人和保险人在投保时自行协商选择确定。

主车与挂车连接时发生保险事故,保险人在主车的责任限额内承担赔偿责任。发生保险事故时,挂车引起的赔偿责任视同主车引起的赔偿责任。保险人对挂车赔偿责任与主车赔偿责任所负赔偿金额之和,以主车赔偿限额为限。

④险费率表(表14-3)。

机动车辆保险车辆第三者责任险费率(单位:元)　　　　表14-3

车辆性质	保　额	5万	10万	15万	20万	30万	50万	100万
家庭自用车	6座以下	710	1026	1169	1270	1434	1721	2242
	6~10座	659	928	1048	1131	1266	1507	1963
	10座以上	659	928	1048	1131	1266	1507	1963
企业非营运客车	6座以下	758	1067	1206	1301	1456	1734	2258
	6~10座	730	1039	1179	1275	1433	1711	2228
	10~20座	846	1207	1370	1484	1669	1995	2599

(4)乘坐险。乘坐险也就是附加险中的车上人员责任险。发生意外事故,造成保险车辆上人员的人身伤亡,依法应由被保险人承担的经济赔偿责任,保险人负责赔偿。

责任免除:违章搭乘人员的人身伤亡;车上人员因疾病、分娩、自残、殴斗、自杀、犯罪行为造成的自身伤亡或在车下时遭受的人身伤亡。

(5)全车盗抢险。保险车辆被盗窃、抢劫、抢夺,经出险当地县级以上公安刑侦部门立案证明,满60天未查明下落的全车损失;保险车辆全车被盗窃、抢劫、抢夺后,受到损坏或车上零部件、附属设备丢失需要修复的合理费用;保险车辆在被抢劫、抢夺过程中,受到损坏需要修复的合理费用

责任免除:非全车遭盗窃,仅车上零部件或附属设备被盗窃或损坏;保险车辆被诈骗、罚没、扣押造成的损失;被保险人因民事、经济纠纷而导致保险车辆被抢劫、抢夺;租赁车辆与承租人同时失踪;全车被盗窃、抢劫、抢夺期间,保险车辆造成第三者人身伤亡或财产损失;被保险人及其家庭成员、被保险人允许的驾驶人员的故意行为或违法行为造成的损失。

(6)无过失责任险。无过失责任险是指投保了该项保险的车辆在使用中,因与非机动车辆、行人发生交通事故,造成对方人员伤亡和财产直接损毁,保险车辆一方无过失,且被保险人拒绝赔偿未果,对被保险人已经支付给对方而无法追回的费用,保险公司负责给

予赔偿。

责任限额:投保人在投保时与保险人按第三者责任险规定的赔偿限额档次协商确定。即投保人投保的第三者责任险保险金额为10万元,无过失责任险的保险金额可选择5万元或10万元。投保第三者责任险保险金额为20万元,无过失责任险的保险金额可选择5万元、10万元或20万元。

(7) 玻璃单独破碎险。玻璃单独破碎险,为车险附加险种。指对车辆的风窗玻璃和车窗玻璃发生单独破碎,保险公司负责赔偿。

责任免除:灯具、车镜玻璃破碎;安装、维修车辆过程中造成玻璃的破碎。

(8) 车辆停驶损失险。车辆停驶损失险负责赔偿保险车辆发生保险事故造成车辆损坏,因停驶而产生的损失。

责任免除:车辆被罚没、扣押、查封期间的损失;因车辆修理质量不符合要求,造成返修期间的损失;其他附加险项下发生保险事故时造成车辆停驶的损失。

(9) 车身划痕损失险。车身划痕损失险是指由于他人恶意行为造成车身划痕损坏,保险公司将按实际损失进行赔偿。赔偿时可能存在免赔率,也就是说保险公司不一定赔偿全部损失,部分损失可能需要您自己承担。

责任免除:被保险人及其家庭成员、驾驶人及其家庭成员的故意行为造成的损失。他人因与被保险人或其家庭成员发生民事、经济纠纷造成保险车辆的损失;车身表面自然老化、损坏的损失。其他不属于保险责任范围内的损失和费用。

(10) 自燃损失险。

自燃损失险指负责赔偿因本车电器、线路、供油系统发生故障及运载货物自身原因起火造成车辆本身的损失。本保险为车辆损失险的附加险,投保了车辆损失险的车辆方可投保本保险。

责任免除:不明原因产生的火灾;自燃仅造成电器、线路、供油系统的损失;因人工直接供油、高温烘烤等违反车辆安全操作规则造成的损失;在修理期间或被扣押期间;保险车辆改装或加装的设备引起的火灾;被保险人的故意行为或违法行为造成保险车辆的损失;车辆无档案或与档案不符的;未按政府规定进行年度检验或检验不合格的车辆。

(11) 新增加设备损失险。

新增加设备损失险是车辆损失险的第三大附加险,在现在的生活中有着越来越广泛的应用。它负责赔偿车辆由于发生碰撞等意外事故而造成的车上新增设备的直接损失。当车辆发生碰撞等意外事故造成车上新增设备(是指除车辆原有设备以外,被保险人另外加装的设备及设施。如:加装制冷设备、CD及电视录像设备、真皮或电动座椅等)的直接损毁时,保险公司按实际损失赔偿。

责任限额:保险公司会根据您在事故中所负责任的大小,赔偿所有应赔偿总金额的80%～95%(其余部分为保险条款规定的免于赔偿部分)。被保险人在事故中负全部责任的赔偿80%,负主要责任的赔偿85%,事故双方负同等责任的赔偿90%,被保险人负次要责任的赔偿95%。

(12) 不计免赔特约险。

不计免赔率特约条款属于附加险的一种。该险种通常是指经特别约定,保险事故发生后,按照对应投保的主险条款规定的免赔率计算的、应当由被保险人自行承担的免赔金额部分,保险人负责赔偿。

该险种通常是指经特别约定,保险事故发生后,按照对应投保的主险条款规定的免赔率计算的、应当由被保险人自行承担的免赔额部分,保险人负责赔偿的一种保险。投保后,车主不仅可以享受到按保险条款,应由保险公司承担的那一部分赔偿;还可享受到由于车主在事故中负有责任,而应自行承担的那部分金额赔偿。按照保险对象的不同,不计免赔险又可分为基本险的不计免赔和附加险的不计免赔,车主在投保时应详细了解。

责任免除:机动车损失保险中应当由第三方负责赔偿而无法找到第三方的;因违反安全装载规定增加的;被保险人根据有关法律法规规定选择自行协商方式处理交通事故,但不能证明事故原因的;投保时指定驾驶人,保险事故发生时为非指定驾驶人使用被保险机动车而增加的;投保时约定行驶区域,保险事故发生在约定行驶区域以外而增加的;因保险期间内发生多次保险赔偿而增加的;附加险条款中规定的。

新车车辆保险一定要在领取牌照之前办理,购车时一并完成保险手续,可省略以后麻烦。汽车事故率较高,容易给他人带来危害,因此购买新车建议承保第三者责任险。新车办理保险时,需要确定如何投保,提供身份证或法定代码证、购车发票。

办理汽车保险的手续:

①投保人应携带以下资料投保:《机动车行驶证》,未领取牌证的新车提交机动车销售统一发票及《车辆出厂合格证》;投保人身份证。

②选择投保项目。机动车交通事故责任强制保险属于非投不可的险种。除此之外,投保项目越多,得到的保障金就越全面,但所需缴纳费用也越多。车主可根据具体情况投保。

⑩ 缴纳养路费

新车要到住所所在地指定的养路费稽征所办理登记、交费业务。根据《中华人民共和国公路法》,国家将用"燃油附加税"替代养路费,国务院决定,成品油税费改革自2009年1月1日起实施。

⑪ 缴纳车船使用税

车船使用税是以车船为征收对象,向拥有并使用车船的单位和个人征收的一种税。各省均不统一。2012年后,新的车船税为:1.0L(含)以下60~360元;1.0L以上至1.6L(含)300~540元;1.6L以上至2.0L(含)360~660元;2.0L以上至2.5L(含)660~1200元;2.5L以上至3.0升(含)1200~2400元;3.0L以上至4.0L(含)2400~3600元;4.0L以上3600~5400元;不足一年按当年剩余月算。

二 任务实施

❶ 准备工作

(1)环境:模拟4S店洽谈区域。

(2)人员：销售顾问，客户(1~2名)。

(3)物品：购车合同，签字笔，计算器，一次性水杯等。

❷ 技术要求与注意事项

(1)正确主动告知客户本4S店一条龙服务的项目内容。

(2)销售顾问应确实填写一条龙服务中相关条款并进行说明，让客户充分确认所有细节。

(3)填写时，字体应端正避免潦草，填写完毕后应再次逐一确认，避免笔误。

(4)肢体语言得体大方，口头语言简练、有礼貌。

(5)办理后，销售顾问应主动向客户表示感谢。

❸ 操作步骤

本次实施操作过程以客户贷款购买"名图2014款1.8L自动尊贵型轿车"为例。

(1)客户接待。引导客户进入洽谈区域坐下，询问客户是否需要饮品(图14-9)。

销售顾问需要专心处理客户签约事宜，谢绝外界一切干扰，暂不接电话，表示对客户的尊重，让客户感到销售顾问不是在卖车，而是帮客户一起买车。

图14-9 引导客户至洽谈区

(2)资料准备。销售顾问确保有一整套完整的材料以完成这笔交易。所有的必备文件应用一个写有客户的信封封装，同时准备好所有必备的工具，如计算器、签字笔、利率表。

(3)代交购置税。销售顾问详细讲解购置税的计算方法,帮助客户计算该款车型的购置税,"名图2014款1.8L自动尊贵型轿车"裸车价为159800元,车辆购置税=159800/(1+17%)×购置税率(10%)=13658元。在4S店专职人员完税后,销售顾问要将发票和车辆购置税完税证明交于客户。

(4)代办贷款。销售顾问要向客户详细讲解办理流程,确保客户无疑问。

首先,销售顾问向客户讲解贷款申请必需的资料有:贷款申请书、有效身份证件、职业和收入证明以及家庭基本情况(如结婚证)、购车合同或协议、担保所需的证明或文件、贷款人规定的其他条件。

其次,根据客户首付金额,帮助客户计算出贷款的金额,再根据选择还款期限、方式,告知客户银行相对应的利率。例如,客户选择首付30%,还款3年,等额本息法,则购买"名图2014款1.8L自动尊贵型轿车"首付金额为47940元,贷款额为111860元,3年贷款利率为6.65%,月付额度为3436元。

再者,根据职业选择是否需要车辆抵押。如客户不属于可担保职业,则告知客户应与银行签订抵押合同,将贷款所购车辆作为抵押物,提供车辆抵押担保措施。

【案例1】 客户:贷款怎么办理,你们找的银行利息太高,我自己找。

销售顾问:您好,先生/女士,首先各家银行的利息和央行利率是统一的,具体的会视客户资质情况上浮或下浮10%,各家银行都一样。我们之所以要指定银行,是因为按揭车辆我们公司承担着非常大的风险,因为按揭的流程是银行审批通过之后,出具同意贷款通知书,收到通知书后您只需支付30%的车款,我公司就必须办理上牌手续,车辆上牌后从法律意义上来讲,此车就属于您的了。而贷款合同书上则会注明如在放款前发现资料存在不真实的情况下,银行会拒绝发放此笔贷款,到时银行不放款,车子又上了牌,会给客户以及我公司都带来不必要的麻烦!当然我不是说您的资料会出现不真实的情况,只是公司为避免风险,所有客户都将一视同仁。

(5)代办保险。向客户详细讲解汽车保险有哪些种类、保险作用、保险范围、责任免除等内容,区分国家统一要求必须购买的保险和自主选择的保险。由于汽车事故率较高,容易给他人带来危害,建议客户新车购买第三者责任险和车损险。那么该环节,需要销售顾问话术合适到位,不能让客户感觉到在推销保险,而是让客户感受到销售顾问在帮助自己一起考虑买什么类型的保险(图14-10),进而消除客户其他顾虑。

图14-10 介绍保险

【案例2】 销售顾问:刘先生,保险您考虑买哪家的?我们这边有中保、平安、太保三家公司,都是大保险公司。我们的新车主几乎都是在我们4S店购买的。

客户：保险啊，不买了，你们的太贵了。(提示：客户此时对销售顾问有所戒备，所以第一步首先应消除客户的戒备心理)

销售顾问：刘先生，感谢您选择×××(4S名称)！同时，也请您放心，我们公司是不会强迫车主买保险的。但是，我们都知道，汽车在外面跑，磕磕碰碰的风险是在所难免的，所以买好保险相当重要。因此，作为您的销售顾问，我很期望您能给我几分钟时间，我想给您介绍一下购买保险的标准。

客户：哦……

销售顾问：购买保险的标准，首要的一条是投保方案要合适。我们很多客户都容易信任朋友的推荐，不太关注朋友到底给买了哪些险种。但是，万一你朋友推荐的保险不合适，汽车需要保险服务的时候，您是找保险公司还是找您朋友？

客户：哦。

销售顾问：比如，对于您所买的这款车，我们推荐按这样的方式投保，包括：车损、第三者、盗抢、玻璃、划痕、不计免赔。这些险种的作用您都知道吧？(提示：客户如果表现出兴趣，便可介绍各险种作用)

(6)代办上牌。销售人员向客户讲解上牌流程，首先，选取车牌号码。客户可以通过3种途径选号，在4S店内利用选号系统直接选号、回到在家中利用网络、去交通管理局自行选择车牌号，确认车牌号码以后，4S店可以安排专职人员去代办工商验证、出库、移动证、环保卡、拓号、行驶证相片、行驶证、机动车登记证书、托盘等项目，可以节省客户花费大量时间和精力去排队办理、登记。该环节中，销售顾问要尽量用话术彰显服务的内容，突出高品质的服务，让客户感到物有所值。

【案例3】 销售顾问：刘先生，我们公司还特意为您提供了为您的爱车选号、上牌的服务；请问您是要立即享受这项服务吗？

客户：你们这边还能代办牌照吗？要收多少钱代办费呢？

销售顾问：是的，我们这边可以为您提供机动车选号、上牌的服务，您只要支付××元钱的服务费，就可以享受我们公司提供的全程代办服务，包括：工商验证、出库、移动证、环保卡、拓号、行驶证相片、行驶证、机动车登记证书、托盘等项目，即您只要将车牌号码选号，我们的上牌专员会为您提供全程专业的服务，帮您的爱车上到您想要的吉祥号牌；您就不用自己再到处跑了。

(7)车船使用税。销售人员向客户讲解车船使用税内容，属于国家要求必须缴纳项目费用，具体收取费用则根据省份要求标准费用收取，4S店可以帮助客户代缴纳，客户也可以自行去缴纳。

(8)再次确认。销售人员请客户确认以上购买车辆及相关服务项目所需要付款金额和信息。

(9)签订合同。销售顾问与客户(车辆的所有人)一起完成有关成交的书面文件工作。填写合同时，字体应端正避免潦草，填写完毕后应再次逐一确认，避免笔误。

(10)缴纳费用。销售人员带领客户前往财务部门，并确认往来发票。

(11)送别客户。客户确认无误后，表示想准备离店时，销售顾问应将客户送至店门外,并再次感谢客户(图 14-11)。

图 14-11　送别客户

三　学习拓展

汽车金融服务举例

雪佛兰 GMAC(上海通用汽车金融公司)购车全流程。

第一步:咨询王先生看中并订下一辆价格为 16.98 万元的银色 2.0L 舒适型景程轿车,想通过首付压力最小的按揭方式购买。该 4S 店专业信贷顾问根据王先生的情况和需求,为他定制了"2 成首付 5 年还款"的方案,即首付 3.48 万元、日供 90 元的按揭方案。

第二步:填写申请表。在工作人员的协助下,王先生翔实地填写了《汽车个人信贷申请表》,GMAC 专员对王先生做信用调查。4 日后,王先生接到 GMAC 获准办理的电话。

第三步:交首付款,提交资料。王先生带上身份证、工作证、户口本、收入证明、3 个月的水电气缴费单等资料及复印件,连同首付款交给 4S 店。

第四步:GMAC 放贷。4S 店将首付款及全套资料汇至 GMAC,等待 GMAC 审核。5 日后,王先生收到 GMAC 反馈回来的资料和合同,与 GMAC 签订按揭合同,GMAC 为王先生发放个人汽车消费信贷款 13.5 万元。

第五步:交车上牌。2 日后贷款到账,王先生开着景程轿车满意而归。

保险免赔案例——收费停车场中丢车、剐蹭

实例:2012 年,焦小姐考下了驾照后,买了一辆高尔夫轿车。每天她都把她的车停在小区的停车场里。为此,每个月焦小姐还要交给物业 300 多元停车费。今年 6 月,焦小姐一早去上班时,发现自己的车在小区停放时丢失。由于焦小姐是新手,所以给车上的是全险,车辆丢失后,她向保险公司报案并要求理赔,但保险公司的答复是:凡是在收费停车场中丢车,保险公司不赔!

原因:按照保险公司的规定,凡是车辆在收费停车场或营业性修理厂中被盗,保险公司一概不负责赔偿。因为上述场所对车辆有保管的责任,在保管期间,因保管人保管不善

造成车辆损毁、丢失的,保管人应承担责任。保险公司不负责赔偿。因此,无论是车丢了,还是被划了,保险公司一概不管。

应对方法:正确的方式是找停车场去索赔。因此,驾驶人一定要注意每次停车时收好停车费收据。虽然很多收费停车场的相关规定中写着"丢失不管",但根据《中华人民共和国合同法》中关于格式合同的规定,这属于单方面推卸自己应负的责任,如无法协商解决,只好诉诸法律,目前已经有人打赢了这样的官司。

四 评价与反馈

1 自我评价

(1)通过本学习任务的学习你是否已经知道以下问题:

①一条龙服务内容中有哪些项目?
_____
_____

②汽车保险中哪些保险是车辆所有人必须购买?
_____
_____

(2)在对客户的一条龙服务过程中你用到了哪些礼仪知识?
_____
_____

(3)接待过程完成情况如何?
_____
_____

(4)通过本学习任务的学习,你认为自己的知识和技能还有哪些欠缺?
_____
_____

签名:_____ ___年__月__日

2 小组评价(表14-4)

小组评价表　　　　　　　　　　　　　　　表14-4

序号	评价项目	评价情况
1	着装是否符合要求	
2	是否符合标准接待礼仪要求	
3	客户是否对本次服务满意	
4	是否遵守学习、实训场地的规章制度	
5	是否能保持学习、实训场地整洁	
6	团结协作情况	

3 教师评价
_____
_____

教师签名:_____ ___年__月__日

五 技能考核标准(表14-5)

技能考核标准表　　　　　　　　　表14-5

序号	项目	操作内容	规定分	评分标准	得分
1	接待客户	主动引导客户至洽谈区,并询问是否需要饮品;专心处理客户签约事宜,谢绝外界干扰	5分	热情礼貌周到地接待客户,是否符合迎接礼仪规范要求	
2	准备材料	准备好签订合同所必要的文件和必备的工具	15分	资料文件袋,签订合同的文件;签订过程中必备的工具	
3	代办购置税	正确帮助客户使用公式计算车辆购置税,承诺第一时间将车辆购置税完税证明和发票交给客户	10分	正确使用工具计算出车辆购置税,并两次确认,确保金额无误	
4	代办贷款	正确讲解贷款步骤;向客户正确讲解贷款需要准备的资料;根据首付、期限、利率和还款方式,正确计算出贷款的金额、月还款金额;根据职业确认是否需要车辆抵押担保	15分	正确讲解步骤;贷款准备资料全面;正确计算贷款的金额、月还款金额;能根据职业确认是否需要车辆抵押担保;话术正确、温和、礼貌	
5	代办保险	向客户介绍保险的种类、作用;帮助客户选择合适保险项目	15分	正确话术去引导客户了解保险,消除客户其他顾虑,以及帮助客户购买保险	
6	代办上牌	向客户详细讲解上牌流程,以及包含的内容	10分	适当的话术,让客户感到在4S店里上牌方便快捷,物有所值	
7	代缴车船使用税	向客户详细讲解车船使用税,属于国家要求必须缴纳费用之一,取出所在省份缴纳费用标准	5分	讲解到位,客户能够理解,并且知道所购买车辆应缴纳费用标准	
8	再次确认	销售人员请客户确认购买相关服务项目所需付款金额和信息	5分	耐心询问客户购买相关服务项目,不得缺失或者自行添加	
9	签订合同	销售顾问与客户(车辆的所有人)一起完成有关成交的书面文件工作,并向客户耐心地详细说明每个文件	10分	字体应端正,避免潦草,填写完毕后应再次逐一确认,避免笔误;耐心详细说明每个文件	
10	缴纳费用	引导客户至财务部门,缴纳相关费用	5分	引导过程中注意肢体语言和用语表达	
11	送别客户	客户表示想离开时,确认客户联系方式后,送客户至停车点,指引并目送客户离开	5分	客户离开前再次礼貌确认(或留下)联系方式;送客户至停车点;欢迎客户下次光临或有需要随时联系;挥手告别目送客户离开	
		总分	100分		

项目八 交车流程

学习任务 15 新车 PDI 作业

学习目标

 知识目标

1. 了解新车 PDI 检查的目的；
2. 掌握新车交车前的 PDI 检查项目；
3. 了解新车交车前的准备工作。

 技能目标

1. 能说出新车交车前的 PDI 检查项目；
2. 能做好新车交车前的准备工作。

 建议课时

4 课时。

任务描述

　　交车是我们销售流程的最后一个步骤，也是非常关键的一步。若客户有了愉快的交车体验，就为今后的长期合作关系奠定了积极的基础，这将会提高客户的满意度并强化他对 4S 店的信任感。如果想要赢得客户的满意，交车前的检查工作是非常必要的，因为客户对新车的期望都是很大的。如果客户的期望没有被满足，例如车身有划痕、内饰不干净等情况出现，客户会极度地不满，并且会影响到新车的销售情况。

　　客户张先生在北京现代爱民 4S 店买了一辆三厢 1.6L 自动领先型 GLX 瑞纳轿车，车身颜色为白色,与4S店约定再过两日后就可以提车,4S店的销售人员小王正准备进行新车交车前的准备工作。现在,请你作为一名销售顾问,代替小王做好与客户张先生交车前(包括PDI检查在内)的所有准备工作。

一 理论知识准备

(一)新车PDI检查的目的

❶ 情景导入

阅读以下案例,分析这名销售顾问对客户李先生的交车工作是否正确?为什么?

某4S店销售人员小周约定客户李先生今天到店进行交车服务。客户李先生非常高兴地来到店里,准备提走自己的新车。

——销售员:李先生,请问您是否已经将购车的余款全部补齐?

——李先生:已经交齐了,你看,这是发票。

——销售员:好的。

——李先生:那什么时间可以取车,我先出去转转。

——销售员:我们需要先给您的车做检测,两三小时以后可以交给您车。

——李先生:那好吧。

因为李先生很兴奋,他想早点拿到车,所以不到两小时他就回来了。在对车进行检查时发现了问题,当把这个新车抬起来以后发现变速器漏油,而库房就剩这一辆车了。了解到客户在3h之后才取车,以为还来得及,就把车拆了,换了油封,把变速器也拆了下来。拆一个变速器不是简单的事情,要拆很多零部件。没想到李先生提前回来了。当时客户李先生对拆车并没在意。

——李先生:你不是说两三小时吗,现在已经2h了。

——销售员:还在做检查呢,请您再等一会儿。

这时,客户有点不高兴了。3h后变速器还没装好。李先生已经有些不耐烦了,催促销售员。

——李先生:这车到底什么时候才能检查完呀,都已经超过3h了!

——销售员:请您再稍等一会儿,马上就好了。

当汽车拆装完之后开了出来。客户李先生一看,这辆车不就是刚才在举升机上拆的那辆吗?他非常生气。

——李先生:这不就是刚才在举升机上拆的那辆吗?你们凭什么拆我的车啊?是不是这车质量有问题?退车!

归纳上述案例,我们不难发现问题。第一,销售人员要告诉客户新车交车前的PDI检查的目的。第二,销售人员告知客户的时间计算上要保守一些,防止车在PDI检查时发现问题无法紧急应对,让客户产生不满。

❷ 新车PDI检查的目的

(1)在新车投入正常使用前及时发现问题,并按新车出厂技术标准进行修复。

(2)确认汽车的外观无划伤、内饰清洁、性能良好、各辅助设备功能齐全等。

(3)确认各种润滑油、冷却液是否符合技术要求,以保证客户所购汽车能正常运行。

(二)新车 PDI 检查的项目

1 新车交车前 PDI 检查的项目

交车前两日,PDI 人员按照《PDI 出库检查表》进行交车前检查(表 15-1)。通过 PDI 检查,发现问题,在交车之前解决问题,确保待交车保持最佳状态。

PDI 出 库 检 查 表　　　　　　　表 15-1

VIN 码:	检查结果	发动机号:	检查结果
发动机舱(冷机时)		右前门	
冷却液(max)		安全带的操作状态	
发动机润滑油(L~H)		车门的开关、锁止的功能	
清洗液(min~max)		座椅的功能	
制动液(min~max)		内装有无脏迹、损伤	
离合器液(min~max)		发动机舱(暖机后)	
冷却液、油脂类有无渗漏		怠速的状态	
蓄电池接线柱有无松动、腐蚀		有无异响	
线束的固定装配位置		变速器油(min~max)	
发动机罩的开关、锁止的功能		转向机油(min~max)	
驾驶室		车身周围	
各灯光(包括仪表、警告灯)开关和喇叭		车身号、发动机号、铭牌是否和合格证相符	
风窗刮水器及冲洗开关		车门、行李舱钥匙的功能	
玻璃升降器及中控门锁的功能		遥控装置的功能	
安全带的操作状态		在客户提车前 24h 揭膜	
电动后视镜的功能		车身油漆有无损伤	
各开启开关/拉手的功能		轮胎气压(前:220kPa,后:220kPa)	
座椅的功能		车轮螺栓的紧固情况(98~118N·m)	
将钥匙插在点火锁上使之分别处于 0、1、2、3、4 位,各部位的功能		汽车底部	
内装有无脏迹、损伤		传动轴防尘套是否漏油和破裂	
左后门		球头橡胶是否破裂	
安全带的操作状态		制动系统、发动机、变速器、转向系统、冷却系统是否有渗漏	
车门的开关、锁止的功能		驾驶操作	
后部		制动踏板的自由行程及踏量	
行李舱、加油口盖开关、锁止的功能		换挡、节气门、转向、车速表、空调器功能	

续上表

随车用品是否齐全		检查人：
备胎气压（300kPa）		
右后门		
安全带的操作状态		检查日期：
车门的开关、锁止的功能		
内装有无脏迹、损伤		

说明：1. 检查项目正常打"√"；不正常打"×"，并将处理结果写入"处理措施"栏中；无此项目打"／"。

　　　2. 此表一式两份，销售部和服务部各保存一份，保存期两年。

❷ 新车交车前PDI检查的注意事项

（1）做PDI检查一般情况下需要一定的时间，我们告知客户的时间计算上需要保守一些，以防止车在做PDI检查的时候出现问题。

（2）需清洗车辆，保证车辆内外美观整洁，包括发动机舱和行李舱，车内地板铺上脚垫。（图15-1）

图15-1　新车交付前清洁车辆

（3）应重点检查灯光、车窗、后视镜、烟灰缸、备用轮胎及工具，校正时钟，调整收音机频率等。

（三）新车交付前的准备工作

❶ 交车预约

按照与客户签订的购车合同中约定的交车时间，交车前一天需与客户进行交车前的预约，以确保能准时交车给客户。如果不能按照合同约定的时间交车，应该提前告知客户，并表达歉意，为了保证客户满意度可以向客户送一些小礼品。

❷ 车辆准备

交车前两日，PDI人员按照《PDI出库检查表》进行交车前检查，确保待交车辆保持最佳状态。

❸ 交车区准备

（1）交车区现场环境干净、温馨、舒适、光线不受阻碍。

（2）交车区布置背景横幅、祝贺词、彩带、红花、气球等可以烘托出喜庆气氛的物料，可根据当地的民俗习惯及客户的要求,来布置烘托现场喜庆气氛的物料(图 15-2)。

(3)交车专区应设立交车专区告示牌。

图 15-2 新车交车区布置

4 文件资料准备

(1)随车文件:使用手册、维护手册、快捷使用手册、使用光碟、合格证、出厂车检验单、车架号、发动机号拓印本、PDI 出库检查表等。

(2)其他相关文件:费用清单、交车确认单、交车服务验收清单、满意度调查表等。

(3)再次确认客户的付款条件和付款情况,以及对客户的承诺事项。

(4)针对已缴清费用客户,还将准备各项缴费收据及发票。

二 任务实施

新车交车前的 PDI 检查和其他准备工作

1 准备工作

(1)场地设备准备。

①场地:汽车营销实训场地交车区(模拟汽车专营店销售展厅、交车区域)。

②车辆:北京现代 1.6L 自动领先型 GLX 瑞纳轿车(根据实际情况可任意设置)。

③其他设备:电话、办公桌、计算机、各种表格、交车资料、车辆清洁工具、绸带、气球等。

(2)人员角色任务分配。

①客户:1 名。

②销售顾问:1 名。

③参与交车人员:若干(根据学习小组人员分配),主要包括 PDI 检查人员、财务部人员、销售经理、售后服务经理、售后服务人员等。

(3)任务场景设定。

某日上午 9 时,销售顾问与客户进行交车预约,随即进行交车前的各项准备工作。

2 技术要求与注意事项

(1)从联系客户确认预约交车时间开始,到提前通知所有参与交车人员做好准备的各项工作作为结束。整个准备过程,销售顾问应按照要求完成。

(2)销售顾问要与财务部人员确认客户的付款情况,并准备好各项缴费的收据与发票等。

(3)销售顾问要与PDI检查人员确认车辆的检查实施情况,准备好随车文件。

(4)销售顾问要确认交车区的现场环境布置情况,确保交车环境干净、温馨、舒适。

(5)销售顾问要提前通知好参与交车的人员,做好交车前的准备。

3 操作步骤

(1)电话联系客户,确认交车日期、时间与场所(图15-3)。

——销售顾问:"××先生您好,我是北京现代爱民4S店的销售顾问小王,请问您现在方便接电话吗?"

——客户:"方便,你有什么事,请说?"

——销售顾问:"××先生,我想再次跟您确认一下,您在我们店购买的北京现代悦动1.8L自动豪华版的新车将在后天(即18号)下午2时准时交车,您看时间安排可以吗?"

——客户:"可以,没问题,我会准时到达的。"

——销售顾问:"谢谢您的配合!到时我会在我们的4S店门口迎接您!期待您的光临,再见!"

——客户:"再见!"

图15-3 交车前电话联系客户

(2)联系财务部人员,确认客户付款情况,确认交车手续、保险证等。

(3)参照新车订单检查装备、附件的配置情况;确认订购装备、装载附件、车身颜色;确认变速器(AT/MT)。

(4)参照车辆确认登记编号、车检标签、是否去掉座位上的透明塑料罩等。

(5)与PDI检查人员确认PDI的实施情况(登记 月 日);设定收音机和时钟;确认汽油剩余量;准备好相关材料(保证书、车主手册、票据、小礼物等)。

(6)确认交车区的现场环境干净、温馨;确认交车区背景布置妥当;提前通知好参与交车人员。

三 学习拓展

1 什么是交车前的检查(PDI)

所谓PDI就是新车送交客户之前进行的一种检查,英文是Pre-Delivery Inspection,PDI是缩写简称。PDI是交车体系的一部分,该体系包括一系列在新车交货前需要完成的工作。其中大部分项目是由服务部门来完成的。服务部门的责任是以正确迅速地方法执行(PDI)检查,以便能使车辆完好地交付到客户手中。

❷ 为什么要进行交车前的检查(PDI)

新车出厂要经过一定的运输方式到销售部门,通过销售商才到用户手中,期间要运输(或行驶)适当里程或者花费较长时间。在运行中,可能由于种种原因难免发生一些意外。如,汽车在从汽车制造厂家到特约店的时间可能是几个星期,也可能需要几个月。在这段时间内车辆可能遇到极端恶劣的情况:保管过程中的高温、运输过程中的碰撞、飞石、严寒、风雨等。尽管在生产过程中及产品制成后的质量管理是持续进行的,但是不能保证汽车完好无损地运到特约店,因此检查新车在运输过程中是否受到损伤是一项非常重要的工作。

在很多情况下,新车是在库存状态,但是如果库存不当,新车也将不可避免地出现一些问题,如果不仔细检查也会给客户带来不良印象,为今后的销售工作带来麻烦。

当交车前检查(PDI)时,我们可能会发现一些新车库存中的问题,例如:蓄电池过度放电等,发现这些问题,并去防止这些问题,那将会使服务部门省去不少麻烦。检查新车在库存的过程中,是否因保管不当而造成损坏。如果必要的话,新车应加以整备,以恢复出厂时应有的品质。

此外,新车出厂时虽有厂检的技术质量标准,各种装备也按一定的要求配齐,但也难免一时的疏忽,生产线上人为错误导致的差错和损坏,也要一并检查,及时反馈给生产厂家,这对整车质量提高可以带来许多宝贵意见。

总之,新车交车之前的检查(PDI)是新车在投入运行前的一个重要环节,涉及制造厂、供应商和用户三方的关系,是对汽车制造厂汽车质量的再一次认可,是消除质量事故隐患的必要措施,也是对购车客户承诺及系列优质服务的开始。

❸ 交车前的检查(PDI)服务的基本要求

我国汽车服务行业 2002 年 7 月 23 日起实施的《汽车售后服务规范》中提出了 PDI 服务、技术咨询的基本要求:

(1)供方在将汽车交给客户前,应保证汽车完好。

(2)供方应仔细检查汽车的外观,确保外观无划伤及外部装备齐全。

(3)供方应仔细检查汽车内饰及装备,确保内饰清洁和装备完好。

(4)供方应对的汽车性能进行测试。确保汽车的安全性和动力性良好。

(5)供方应保证汽车的辅助设备的功能齐全。

(6)供方应向客户介绍汽车的使用常识。

(7)供方有责任向客户介绍汽车的装备、使用常识、维护常识、保修规定、保险常识、出险后的处理程序和注意事项。

(8)供方应向客户提供 24h 服务热线及救援电话。

(9)供方应随时解答客户在使用中所遇到的问题。

❹ 交车前的检查(PDI)服务的项目

PDI 检查始于车辆被运到特约店时,在运输者在场的情况下,接车人员检查下列项目:

(1)确认车辆的车架编号、型号、颜色等。

(2)总体检查破损情况:车体(特别是底部和保险杠)、玻璃、车辆内部。

(3)检查是否所有的部件、工具或应装备的设备齐全。

(4)车辆状况良好,填写接车确认单,接车人员和运输商代表双方签字交接。否则,当时确认发生破损的责任者和修理费用。如果存在问题,经运输商确认,双方在确认单上注明存在问题、处理方法及估计修理费用,并确认签字;属于运输商责任的问题,由运输商承担修复的全部费用。接车确认单第三联交给运输商。

注意:接车确认不等同于PDI。属于运输责任导致车辆任何损坏,制造厂家将不予保修,其修理费用由运输商负责。

附:新车交接PDI检查表(表15-2)

新车交接PDI检查表　　　　　　　　　　　　　　　表15-2

服务商名称:_____	服务商代码:_____	经销商名称:_____
车型:_____	发动机号:_____	运输商名称:_____
车身颜色:_____	车架号:_____	检查日期:_____

外观与内饰	□内部与外观缺陷(如变形、擦伤、锈蚀及色差等) □油漆、电镀部件和车内装饰 □关闭车门检查缝隙情况 □车玻璃有无划痕 □随车物品、合格证、工具、备胎、使用说明书 □VIN码、铭牌 □示宽灯及牌照灯 □前照灯(远近光)、雾灯开关 □制动灯和倒车灯	室内检查与操作	□离合器踏板高度与自由行程 □制动踏板高度与自由行程 □加速踏板自由行程与操作 □转向盘自由行程 □收音机调节 □转向盘自锁功能 □驻车制动调节 □遮阳板、内后视镜 □室内照明灯 □前后座椅安全带及安全带提示灯	点火开关及车门装置	□组合仪表灯及性能检查 □门灯;中门儿童锁 □车门、门锁工作是否正常 □门边密封条接合情况 □钥匙的使用情况 □滑动门的工作情况,必要时加润滑脂 □蓄电池和起动机的工作及各警告灯的显示情况 □手动车窗及开关
发动机舱	□制动液液位及缺油警告灯 □发动机润滑油液位 □冷却液液位及浓度 □玻璃清洗剂液位 □传动带的张紧力 □节气门控制拉索 □离合器控制拉索		□座椅靠背角度及头枕调整 □加油口盖的开启 □杂物箱的开启及锁定 □前后刮水器及清洗器的工作情况 □点烟器及喇叭的操作		
底部及悬架系统	□底部状态及排气系统□变速器液位 □制动管路有无泄漏或破损 □轮胎气压(包括备胎)(前轮:220kPa;后轮:250kPa) □燃油系统管路有无泄漏或破损□确认所有车轮螺母力矩 □悬架的固定□齿轮、齿条护罩情况 □确认保安件螺母力矩			驾驶试验	□制动器及驻车制动的效果 □转向盘检查与自动回正 □变速器换挡操作 □离合器、悬架系统工作情况
热态检查	□燃油、防冻剂、冷却液、制动液及废气的渗漏□蓄电池电压≥12V,怠速时≥13.5V □冷却风扇的工作情况□热起动性能□有无其他异响				

续上表

故障描述	
处理方法	

备注：以上检查项目：合格"√"、异常"×"；如果需要提出维修时，请将此单和《新车到货质量信息反馈表》传真至公司服务部
1. PDI 检查：对以上项目的正确安装、调试及操作进行详细检查，简述故障现象及处理方法，并签字确认。
2. 接车员：确认该车辆已完成了所有的检查项目。

PDI 检查人员签字：_____ 接车员签字（经销商公章）：_____ 运输商签字：_____

四 评价与反馈

❶ 自我评价

(1) 通过本学习任务的学习你是否已经知道以下问题：

①新车交车前的 PDI 检查目的是什么？

_____。

②新车交车前的 PDI 检查项目有哪些？

_____。

(2) 交车前准备的工作共有哪些方面的准备？

_____。

(3) 实训过程完成情况如何？

_____。

(4) 通过本学习任务的学习，你认为自己的知识和技能还有哪些欠缺？

_____。

签名：_____   ___年_月_日

❷ 小组评价（表 15-3）

小组评价表   表 15-3

序 号	评 价 项 目	评 价 情 况
1	着装是否符合要求	
2	是否能正确与客户及其他工作人员沟通	
3	是否能够全面做好交车前的准备工作	
4	是否遵守学习、实训场地的规章制度	
5	是否能保持学习、实训场地整洁	
6	团结协作情况	

参与评价的同学签名：_____   ___年_月_日

3 教师评价

_____
_____。

教师签名：_____　　___年__月__日

五 技能考核标准（表15-4）

新车交付前自查技能考核标准表　　　　　　　　　表15-4

序号	项目	操作内容	规定分	评分标准	得分
1	联系客户并确认	及时与财务部人员确认客户的付款情况	3分	沟通及时、信息核对准确	
		能礼貌联系客户并确认交车日期	10分	沟通语言礼貌、得体	
		仔细确认交车手续	3分	是否有检查动作并给出检查结果	
		仔细核对车辆保险及其他保险	5分	是否有检查动作并给出检查结果	
		检查车辆座位上的透明塑料罩是否去掉	5分	是否有检查动作并给出检查结果	
2	参照车验证确认	确认登记编号	4分	是否有检查动作并给出检查结果	
		确认车牌号码	4分	是否有检查动作并给出检查结果	
		确认所有者姓名、车检标签	6分	是否有检查动作并给出检查结果	
3	参照新车订单确认	检查装备、附件的配置情况	6分	是否有检查动作并给出检查结果	
		确认订购装备、装载附件、车身颜色	6分	是否有检查动作并给出检查结果	
		确认变速器（AT/MT）	4分	是否有检查动作并给出检查结果	
4	销售店确认	确认PDI的实施情况（　月　日）	10分	能与检查人员进行核对并签字确认	
		设定收音机和时钟	4分	是否有检查动作并给出检查结果	
		确认汽油剩余量	4分	是否有检查动作并给出检查结果	
		准备好相关材料（保证书、车主手册、票据、小礼物等）	8分	是否认真准备并给出准备结果	
5	交车区准备	整理交车现场环境，保持干净温馨、光线不受阻碍	6分	是否认真准备并给出准备结果	
		布置交车区背景横幅等烘托现场喜庆气氛的物料	4分	是否认真准备并给出准备结果	
		设立交车区告示牌	4分	是否认真准备并给出准备结果	
		提前通知好参与交车人员	4分	是否提前通知并给出通知结果	
		总分	100分		

学习任务 16　车辆交付

学习目标

⭐ **知识目标**
1. 了解车辆交付的目的;
2. 掌握车辆交付的流程。

⭐ **技能目标**
1. 能正确地接待客户和送离客户;
2. 能进行文件资料的点交及讲解;
3. 能进行整车功能介绍并进行简单操作讲解,请客户确认签字。

建议课时

4课时。

任务描述

做好交车的准备工作,只是为完美交车打下基础,要实现完美交车还必须在新车交付的过程中体现。新车交付过程包括客户接待、交车说明、交车仪式等环节,力求通过高质量的差异化服务,给客户一个完美的交车体验。

客户张先生一个月前在北京现代爱民4S店买了一辆三厢1.6L自动领先型GLX瑞纳轿车,车身颜色为白色,今天上午10时到店来提车,4S店的销售人员小王为客户张先生进行车辆交付工作。现在,请你作为一名销售顾问,代替小王做好与客户张先生的新车交付工作。

一　理论知识准备

（一）热情交车的目的

情景导入

阅读以下案例,分析这名销售顾问在交车工作中哪些方面做得较好,令客户满意?

某4S店销售人员小李约定客户王先生今天到店进行交车服务。客户王先生非常高兴地来到店里,准备提走自己的新车。

——销售员:王先生,恭喜您,马上就可以提走您的爱车了。

——王先生:谢谢,车在哪呢?

——销售员:王先生,请别着急,我先为您介绍一下我们今天为您安排的交车,今天整个交车大概需要40min。这是今天整个交车过程的流程表,整个交车过程大概分为三大块来进行,首先是在这个洽谈区我将所有交车资料点交给您,然后我带您到我们专门的交车区确认车辆状况,最后为您介绍售后服务顾问、客服顾问给您认识,并为您和您的新车做合影留念,您看这样好吗?

——王先生:这么麻烦,能不能快点。

——销售员:王先生,看您今天挺忙的,要不您自己选择参加一些必需的项目吧。我觉得一些书面文件的讲解和使用方法的讲解对您来说,可能比较重要,要不我在这方面做详细讲解,其他流程简单过一下就好了,您看可以吗?

——王先生:那好吧。

——销售员:王先生,这边请。

销售人员将客户王先生请到洽谈桌前,将资料一一点交给客户王先生(包括《用户手册》、《保修手册》、保险购置的相关资料、上牌的相关资料等),并请客户王先生在《交车确认表》上签字。随后,销售人员便带领王先生进行新车点检。

——销售员:王先生,这就是您购买的爱车。我们有一套严格的PDI/PDS检查制度。首先新车到店后我们会进行PDI检查,确认车辆没有问题才入库。在将新车交给客户前12h,我们会再次对新车进行全面检查。您的爱车已经经过我们这里维修技术最好的技师为您做了PDS检查,不仅仅对您新车的外观进行检查,对其他所有项目参数、安全性能、动力性能、变速器等都做了严格的检查。具体的检查结果都在这张《PDS检查单》上,请您过目。您这辆新车所有的配备都非常正常,请您放心使用。下面,需要您最后确认一下车的外观,为了您能够更仔细有序的确认您的爱车,您可以参照这份《交车确认表》,您可以根据点检表逐项的检查,检查完毕后如果没有疑问,需要您在点检表上签字确认,谢谢!

——王先生:哦,好的。(检查、签字确认)

——销售员:王先生,现在我首先为您介绍一下车辆相关的使用操作方法和注意事项。另外,刚才在点交资料时给您的《快捷指南》和《新车使用手册》,一定在使用车辆之前仔细阅读。

下面,我为您介绍一下车辆的主要使用、操作方法……

——王先生:不麻烦了,我是老驾驶人了,都会用。

——销售员:王先生,为了您更加详细地了解爱车的维护,我帮您介绍一下我们公司最优秀的售后服务顾问×××先生/女士,您以后在维护和技术方面遇到疑问时可以直接向他咨询。

……

——销售员:王先生,我们已经为您的新车添加了约1/4油箱的汽油,可以供您行驶150km左右。您可以放心开回家了。

……

——销售员:王先生,今天是你购车的大喜日子,我们特意为您和您的爱车安排了一个合影环节,纪念这美好的一刻。我们会把相片打印出来邮寄给您。再次恭喜您今天正式成为我们尊贵的车主,感谢您对我工作的配合,谢谢!

——王先生非常高兴,特别满意这次的交车服务。

通过上述案例,我们不难看出,客户王先生之所以对这次交车服务感到满意,是因为:第一,销售人员能够按照交车的标准规范操作;第二,销售人员能够始终尊重客户的选择,不强人所难。作为一名销售顾问,就要通过高质量的差异化的服务,带给客户一个完美的交车体验。

2 热情交车的目的

(1)在客户最兴奋的时刻通过交车激发其热情,开始建立并保持与4S店的长期关系。

(2)加强客户满意度(CSI),建立长期联系,并以此为契机发掘更多商机。

(3)让客户充分了解车辆的操作与使用,尤其在安全方面,体现"顾客第一"的理念。

(4)说明售后服务的作用以及维修的好处,建立客户与售后服务部门的联系。

(二)新车交付的流程

1 新车交付流程图(图16-1)

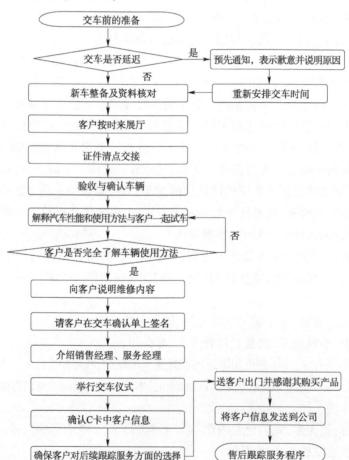

图16-1 交车流程图

2 客户到店时的接待

(1)销售人员应提前到门口迎接,态度热情,面带微笑并恭喜客户本日提车。

(2)如客户开车到达时,销售顾问应主动至停车场迎接。

(3)销售顾问可先邀请客户到交车区看一下新车,然后告知客户尚有手续要办。随后引领客户至洽谈桌。

3 向客户交代清楚流程、时间等事项

除了恭喜之外,销售顾问要对客户讲:"我跟您大概先交代一下,这个车跟您分三个部分交接,整个流程预计××时间。"……

4 执行交车

(1)文件资料点交及讲解。

①销售顾问将客户引导至洽谈桌说明交车流程及所需时间(图16-2)。

②出示"客户交车确认表",并解释说明其用意。

③各项费用的清算(超过、不足金额),上牌手续和票据交付。

④移交有关物品和文件:《用户手册》《保修手册》、购车发票、保险手续、车钥匙等,并请客户签字确认。

⑤准备"客户资料袋",将所有证件、文件、手册、名片放入资料袋内,并将其交给客户(图16-3)。

图16-2 交付说明

图16-3 资料点交

(2)整车交付。

整车部分除了外观,车辆各部分的功能等都要给客户进行详细的介绍(图16-4)。客户买了车以后,很少有人把说明书从头到尾看一遍的,其实事先了解说明书里面的一些内容是非常有必要的。因此我们在规范客户交车这个过程中,一定要把一些关键性的东西提示给客户,并和客户一起确认车辆及功能的完整性,并在交车确认书上签字(图16-5)。

5 介绍售后服务(双顾问交车)

(1)介绍销售经理、售后经理和售后服务顾问与客户认识。

(2)服务顾问务解释车辆检查、维护的日程,重点介绍提醒首次维护的服务项目、里程数和免费维护项目。

(3)服务顾问利用"保修手册"说明保修内容和保修范围。

(4)介绍售后服务项目、服务流程及24h服务热线。

图16-4 整车交付

图16-5 行李舱功能介绍

❻ **合影留念**(图16-6)

(1)销售经理、售后服务经理、销售顾问、售后服务等相关人员一起列席参加交车典礼。

(2)交车区物料销售顾问向客户赠送鲜花和标示有品牌LOGO的精美小礼物,并在新车前合影留念。

(3)销售展厅内其他空闲的工作人员应列席交车典礼并鼓掌以示祝贺。

❼ **送离客户**

(1)销售人员取下车辆上的绸带、花球,向客户赠送油票(如有必要,亲自陪同加油)。

(2)告知客户将来可能收到销售或售后

图16-6 交车合影

服务满意度电话或问卷调查,请客户予以支持。

(3)请客户推荐朋友前来赏车试车。

(4)再次恭喜并感谢客户。

(5)微笑目送客户的车辆离去,挥手道别一直到看不见为止。

❽ **表卡完善**

详细填写《客户信息卡》并保存建档。

二 任务实施

新车交付的工作

❶ **准备工作**

(1)场地设备准备。

①场地:汽车营销实训场地交车区(模拟汽车专营店销售展厅、交车区域)。

②车辆:北京现代 1.6L 自动领先型 GLX 瑞纳轿车(根据实际情况可任意设置)。
③其他设备:电话、办公桌、计算机、各种交车资料、交车检查表等。
(2)人员角色任务分配。
①客户:1~2 名。(根据学习小组人员分配)
②销售顾问:1 名。
③参与交车人员:3 名,主要包括销售经理、售后服务经理、售后服务人员。
(3)任务场景设定。
某日上午 10 时,客户某先生/女士来店提车,销售顾问对客户进行交车服务工作。

2 技术要求与注意事项

(1)销售顾问要按要求接待客户,并向客户进行交车前的必要的说明工作。
(2)销售顾问要向客户介绍车辆功能,并一同完成交车检查表。
(3)销售顾问要向客户介绍售后服务经理和售后服务顾问。
(4)销售顾问要与客户合影留念,送客户离店。
(5)销售顾问要整理客户资料、完善销售工作表卡信息。

3 操作步骤

(1)按要求接待客户、并向客户进行交车前的必要的说明工作(表 16-1)。

交车流程执行表 表 16-1

环节	做什么	怎么做
交车	当客户一到来,立即迎接	恭喜客户拥有了一部好车,我们很重视并预先做好了交车准备
	给客户提供合适的招待(茶饮等)	
	向客户简介交车的步骤及所需时间	提前将交车区进行清洁,做到整洁、宽敞,并备有饮料
	寻求客户认同,确认有时间参与哪些项目	
	如果客户没有时间完成交车全过程,进行例行的简略交车过程	避免客户等待时间过长
	车辆点交,检查整车及报有配备的控制部件,对车辆的主要功能进行示范操作	以 PDI 检查单为引导,随车工具的使用
	试车,检验车况	客户对车辆检验合格后,由销售顾问陪同进行动态试车(试乘试驾)
	付款开票	得到客户确认车辆后,带领客户至收银处付车款并开票
	解释试用说明书及其用法	熟练掌握车辆各部分功能及使用操作方法,了解维修常识,熟知上牌程序。告知定期维护项目
	说明车辆的登记和更新程序	
	解释车辆"保修手册"及其用法	
	说明日常的维护	
	明确告知第一次维护的日期或里程	5000km 或 3 个月,及内容说明
	说明"保修手册"的内容以及不属保修范围的特殊部件	重点强调
	将客户介绍给服务部经理或服务顾问	介绍服务人员的重要性,预约和 24h 救援电话
	说明"服务流程",联系人以及如何进行预约服务	
	确认客户对车况感到满意	在交车区进行交车
	签署交车检验单,并请客户和销售部经理也进行签署。至少保存 2 年	客户亲笔签名。严禁代签
	合影留念	要求销售顾问与服务顾问同时到场

(2)向客户介绍车辆功能,并一同完成交车检验单(表16-2)。

交车检验单　　　　　　　　　　　　　　　　　　　　　　　　　　表16-2

车型:　　　　　车架号:　　　　　发动机号:　　　　　检验日期:

检验内容	状况		检验内容	状况	
	自检	客户		自检	客户
外观			喇叭、CD		
油漆、车身			空调性能、出风口控制		
通风栅、字徽及字饰			座椅调节、儿童门锁		
轮胎及气压			空挡安全起动开关		
发动机舱			驻车制动		
发动机罩的开启及保险钩			**内饰**		
发动机冷却液、机油			内饰板、车顶饰板、地毯		
动力转向液			中央搁手部分、座椅、安全带		
制动液			仪表板、仪表、导向装置		
风窗清洁剂			转向盘及操纵机构装罩、杂物箱		
蓄电池			收音机、空调操作面板		
发动机舱其他附件			点烟器、烟灰缸、饮料架、遮阳板		
电气部分			开关及组合开关面板		
仪表指示、远光灯、近光灯及变光			**车底部(可视部分)**		
转向灯、侧面转向灯			车底是否有划伤和损坏		
尾灯、警告灯、倒车灯、雾灯			无明显的漏油现象		
顶灯、阅读灯、杂物箱灯			各组件连接正常,无脱钩现象		
中央锁控、电动摇窗、防反锁按钮、外后视镜			**行李舱**		
			随车工具、文件		
刮水器及配水装置			备胎		

备注:请对车辆认真进行检验,并在"状况栏"之空白处"√"以示正常,打"×"以示不正常。

经本人检查,确认该车辆完好,符合《汽车销售合同》要求,同意办理上牌手续。

用户签名:　　　　　销售顾问签名:　　　　　检查日期:

手续移交:

随车文件:　　说明书:有(　)无(　)　　　保修卡:有(　)无(　)

　　　　　　　附加费票据:有(　)无(　)　　车辆发票:有(　)无(　)

　　　　　　　行驶证:有(　)无(　)　　　　登记证:有(　)无(　)

随车工具及物件:随车工具:有(　)无(　)　　千斤顶:有(　)无(　)

　　　　　　　　备胎:有(　)无(　)　　　　三脚架:有(　)无(　)

　　　　　　　　点烟器:有(　)无(　)　　　车钥匙2把:有(　)无(　)

客户:　　　　　销售顾问:　　　　　销售经理:　　　　　日期:

(3)向客户介绍售后服务经理和售后服务顾问。

(4)与客户合影留念,送客户离店。

(5)整理客户资料、完善销售工作表卡信息。

三 评价与反馈

❶ 自我评价

(1)通过本学习任务的学习你是否已经知道以下问题：

①新车交付时应如何接待客户？

_____

②新车交付当天在洽谈桌应点交那些资料给客户？

_____

(2)送离客户时应注意哪些问题？

_____

(3)实训过程完成情况如何？

_____

(4)通过本学习任务的学习，你认为自己的知识和技能还有哪些欠缺？

_____

签名：_____   __年__月__日

❷ 小组评价（表16-3）

小组评价表　　　　　　　　　　　　　表16-3

序号	评价项目	评价情况
1	着装是否符合要求	
2	是否能正确与客户及其他工作人员沟通	
3	是否能够全面做好交车的服务工作	
4	是否遵守学习、实训场地的规章制度	
5	是否能保持学习、实训场地整洁	
6	团结协作情况	

参与评价的同学签名：_____   __年__月__日

❸ 教师评价

_____

_____

教师签名：_____   __年__月__日

四 技能考核标准（表16-4）

新车交付技能考核标准表　　　　　　　　表16-4

序号	项目	操作内容	规定分	评分标准	得分
1	迎接客户，引导至洽谈区	到门口（或停车场）迎接客户，主动致贺	3分	是否主动热情，面带微笑并恭喜客户	

续上表

序号	项 目	操 作 内 容	规定分	评 分 标 准	得分
1	迎接客户,引导至洽谈区	邀请客户看新车,并引领客户至洽谈桌	3分	是否主动邀请,沟通语言是否礼貌得体	
2	说明交车流程和所需时间	与客户沟通整个交车的流程和所需时间	客户同意,按流程进行	3分	是否主动热情,面带微笑的进行说明	
			客户较忙,请客户选择参加一些流程	3分	是否尊重客户选择,主动提出选择建议	
3	点交资料及讲解	出示客户交车确认表,并解释说明其用意	3分	是否主动,语言表达是否准确得体	
		各项费用的清算,上牌手续和票据交付	4分	是否主动清算,语言表达是否准确得体	
		移交《用户手册》并说明	4分	是否主动热情,语言表达是否准确得体	
		移交《保修手册》并说明	4分	是否主动热情,语言表达是否准确得体	
		移交保险手续及《车险条款》的说明	4分	是否主动热情,语言表达是否准确得体	
		《空气囊彩页单张》的说明	3分	是否主动热情,语言表达是否准确得体	
		备用钥匙说明	3分	是否主动热情,语言表达是否准确得体	
		其他说明事项(如:临时号牌的说明)	2分	是否主动热情,语言表达是否准确得体	
		请客户核对资料,在《交车确认表》上签字确认	2分	是否主动热情,语言表达是否准确得体	
4	介绍车辆使用方法及检查新车	请客户检查车辆外观	3分	是否主动热情,语言表达是否准确得体	
		检查并介绍遥控钥锁功能及操作方式	3分	是否实际演示操作,确认客户是否明白	
		打开发动机罩,介绍机油、制动液、蓄电池、冷却液、清洗液等的储存位置和检查方法,并轻轻关上发动机罩	5分	是否实际演示操作,确认客户是否明白	
		打开车门,检查并说明车门边操作开关;请客户就座,说明座椅、转向盘调整方法;征求客户同意,到乘客座,而后轻关车门	5分	是否实际演示操作,确认客户是否明白,此过程中是否让客户亲自操作	

续上表

序号	项 目	操作内容	规定分	评分标准	得分
4	介绍车辆使用方法及检查新车	坐在乘客座,检查并说明仪表板内各项功能,包括空调、音响、导航等;变速系统的操作方式及应注意事项	5分	是否实际演示操作,确认客户是否明白,此过程中是否让客户亲自操作	
		为客户开乘客座的车门,请客户坐到后座,再轻轻关起车门;销售顾问就座后,逐一为客户介绍后座的相关配备	4分	是否实际演示操作,确认客户是否明白,此过程中是否让客户亲自操作	
		帮客户打开车门,请客户出来,客户离座后再轻轻关门,再次请教客户是否完全明白	3分	是否主动热情,语言表达是否准确得体	
		提醒并邀请客户参加维护知识讲堂	2分	是否主动热情,语言表达是否准确得体	
		请客户在交车确认书上签字	2分	是否主动热情,语言表达是否准确得体	
5	介绍售后服务	介绍售后服务顾问	2分	是否主动热情,语言表达是否准确得体	
		服务顾问解释车辆检查、维护日程	3分	是否主动热情,语言表达是否准确得体	
		服务顾问说明保修内容和保修范围	3分	是否主动热情,语言表达是否准确得体	
		介绍售后服务项目、服务流程及24h服务热线	3分	是否主动热情,语言表达是否准确得体	
6	合影留念	销售顾问及售后服务相关人员一起列席参加交车典礼	2分	是否主动热情,语言表达是否准确得体	
		销售顾问赠送精美礼品并在新车前合影留念	3分	是否主动热情,语言表达是否准确得体	
7	送离客户	取下车辆上的绸带、花球,向客户赠送油票	2分	动作是否规范,态度是否热情	
		告知客户将来可能收到销售或售后服务满意度电话或问卷调查,请客户予以支持	3分	是否主动热情,语言表达是否准确得体	
		请客户推荐朋友前来赏车试车	2分	是否主动热情,语言表达是否准确得体	
		再次恭喜并感谢客户	2分	是否主动热情,语言表达是否准确得体	
		微笑目送客户的车辆离去,挥手道别	2分	是否主动热情,语言表达是否准确得体	
	总分		100分		

学习任务 17　跟踪服务

学习目标

★ 知识目标
1. 了解售后跟踪服务的目的；
2. 掌握售后跟踪服务的流程。

★ 技能目标
1. 能进行服务跟踪准备工作；
2. 能定期进行客户跟踪服务；
3. 能掌握售后跟踪服务的流程。

建议课时

4 课时。

任务描述

新车交付完成后并不代表销售工作的结束，而是新一轮销售工作的开始。大部分客户在购车后，都希望之前热情的销售人员能一如既往地对他们进行关注和重视，来解决他们在汽车使用过程中遇到的问题和麻烦，这样有利于进一步提高客户满意度。

客户张先生一个月前在北京现代爱民 4S 店买了一辆三厢 1.6L 自动领先型 GLX 瑞纳轿车，车身颜色为白色，今天是客户张先生提车后的第 3 天，4S 店的销售人员小王准备进行售后跟踪服务工作。现在，请你作为一名销售顾问，代替小王做好与客户张先生的售后跟踪服务工作。

一　理论知识准备

（一）售后跟踪的目的

1 情景导入

阅读以下案例，分析这名销售顾问的跟踪回访情况怎么样？还有哪些可以完善的地方？

黄女士3天前购买了中天日产的骐达轿车,销售顾问小周对她进行一次售后跟踪服务的回访,以下是她们两人的对话。

——销售员:黄女士您好,我是中天日产4S店的销售顾问小周,很冒昧打扰您!您现在方便接听电话吗?

——黄女士:可以。

——销售员:首先对您购买我们东风日产品牌汽车表示由衷的感谢,您在这一路上驾驶新车是否适应?有什么操作不明白的地方吗?

——黄女士:不客气,你在交车的时候,各个操作你讲得很清楚了,暂时没有发现这辆车有什么问题,如果有什么问题打你电话,可以吗?

——销售员:完全可以啊,为了更好地爱护您的车辆,在3个月内,5000km左右车辆应该做首保,首保是免费的,请您在进店的时候带着您的保修手册,我们的服务顾问和维修技师会为您的车做一次全面的检查。到时候我再电话提醒您,可以吗?

——黄女士:哦,麻烦你了!

——销售员:黄女士,还要提醒您的是:车辆在首保之前属于磨合期,为了使您的爱车处于良好的磨合期状态,行驶时车速低于80km/h,减少急加速、急减速和制动。

——黄女士:好的,谢谢你的提醒。

——销售员:黄女士,对于您此次的购车经历,您对我的服务有什么意见或者建议吗?

——黄女士:不错不错!

——销售员:黄女士,如果您满意我的服务的话,以后有朋友或亲戚需要购车的话,也请介绍给我吧,我一定会提供更好的服务给他们。

——黄女士:好的,一定!

——销售员:感谢您对我们工作的支持,如您的车辆在使用中需要帮助的话,欢迎您拨打我们的服务电话!祝您用车愉快!再见!

通过上述案例,我们会发现:新车交付跟踪服务的目的是完善服务,培养忠诚的客户,让忠诚客户带来新客户。通常要求销售顾问在交车后3日内向客户发出感谢信,并电话致谢。和客户进行联系,询问客户在购车过程中的感受,对于车辆的使用情况是否满意,并为我们的销售服务环节进行评分,解答客户在使用中遇到的问题等,让客户感觉自己的尊贵。我们销售顾问愿意按照客户能接受的方式与客户保持长期联系,为其提供优质服务。

❷ 跟踪服务的目的

(1)以"顾客第一"的态度关心客户,与客户保持长期的关系。维护基本客户群,增进客户满意度(CSI)。

(2)与客户建立伙伴关系,提供用车咨询,成为客户终生用户顾问。不断开发新的商机,开拓业务、促进销售。

(二)跟踪服务的流程

❶ 跟踪服务的准备工作

查阅C卡中客户基本信息,包括姓名、电话、购买车型及维修历史等,制订跟踪计划。

❷ 新车交车后的跟踪

（1）销售顾问在交车后 3 日内向客户发出感谢信,并电话致谢(图 17-1)。

图 17-1　交车后跟踪

（2）服务顾问在交车后一周内根据约定的时间与客户进行电话联系,询问车辆情况,介绍维护服务等业务。

（3）跟踪人员在电话中直接告知自己的姓名、职称和经销商的名称。依据客户的意愿掌握谈话内容与时间长度。

❸ 客户跟踪回访过程中常见情况的正确处理

（1）除如果客户忙,没时间谈,则询问他什么时候方便,并安排一次确定日期和时间的电话回访,记下约定的时间。禁忌:如果客户表示不愿意联系,不要催促或纠缠他。

（2）如果客户表示愿意进行这次交谈,则感谢客户花时间和你交谈。首先感谢客户购车,在询问客户迄今为止对车的感受。

（3）如果客户对销售服务店和车的感受均满意,则感谢客户的参与。询问客户是否还有什么问题,提出今后可随时为其提供任何帮助。确认客户今后愿意进行联系的方式(电话、拜访、电子邮件),利用客户对所使用的车辆有好感,请其推荐有购车意向的客户。

（4）如果客户对车或销售服务店表示不满,则让客户说出自己的不满,并为给客户带来的不便表示歉意。用你自己的话重述一遍客户对你所说的,请客户确认你的理解,以使客户相信你已理解他的意见。把客户的担忧或投诉作为第一优先事项加以处理,如有需要,寻求其他同事的帮助。弄清客户担忧或投诉的原因,提供解决方法来消除客户的担忧或投诉。如果你不能解决客户的担忧或投诉,就询问客户是否可以等你去寻求支援或是否可以在稍后再给他去电话。

禁忌:如果客户不愿意,就不要勉强他回应你提出的关于车或对销售服务店的意见的要求。不要承诺你办不到的事情,否则会破坏客户对你和销售服务店的信任感。

❹ 首保提示

当预计客户新车行驶里程已达到首次维护的标准时应和客户提前进行联系,提醒客户首次维护事宜,如果客户还没有预约,就对客户的首保进行预约。有利于促进双方的关系,以保证客户会返回公司处进行首保。

❺ 定期与客户进行联络

（1）做好计划,通过电话、信件与客户保持联系,将联系工作规范化,确认何时做何事。

（2）重视与已购车客户建立日常联系。

（3）每次售后跟踪后,将新的客户信息填入 C 卡,及时更新。

(4)C卡为经销店的资产,设定相应的归档及转接手续,以保持长期的客户满意度。

(5)交车后每3个月亲自拜访或电话访问客户一次,以确保和客户建立持续发展的关系。向客户问候致意,关心客户生意经营的情形并问候其家庭状况,协助客户对汽车使用问题的处理,提醒客户有关定期维护服务及预约。当客户对使用车辆有好感时,请他推荐有购车意愿的潜在客户。视客户的需要,推荐公司现有的商品及配件。

(6)交车后第12个月、第24个月,亲自拜访或电话访问客户,维系客户关系,并填写《营业活动访问日报表》,客户访问情况录入《保有客户管理卡》:向客户问候致意,关心客户生意的经营情形并问候其家庭状况。协助客户对汽车使用问题的处理,招揽续保。当客户对使用车辆有好感时,请他推荐有购车意愿的潜在客户。

(7)交车后第36个月、第48个月、第60个月,亲自拜访或电话访问客户,维系客户关系,并填写《营业活动访问日报表》,客户访问情况录入《保有客户录入卡》:向客户问候致意,关心客户生意的经营情形并问候其家庭状况。协助客户对汽车使用问题的处理。邀请客户做车检前整备及续保之招揽。当客户对所使用车辆有好感时,请他推荐有购车意愿的潜在客户。引导客户换购新车的意愿,促进其购买新车。

(8)经常向客户提供最新和有附加值的信息(如新车、新产品信、售后服务信息,精品、备件信息等),寻求各种机会促进客户来店,与客户保持持续的关系来促进客户购买新车。

(9)每年都向所有客户寄送生日卡和节日卡(如春节、中秋等重要节日)。

二 任务实施

新车交付的工作

1 准备工作

(1)场地设备准备。

①场地:汽车营销实训场地交车区(模拟汽车专营店销售展厅、交车区域)。

②车辆:北京现代1.6L自动领先型GLX瑞纳轿车(根据实际情况可任意设置)。

③其他设备:电话、办公桌、计算机、客户信息卡、回访记录表等。

(2)人员角色任务分配。

①客户:1名。

②销售顾问:1名。

(3)任务场景设定。

某日上午9时,销售顾问对购车3天、7天、首保后(3个月)的客户进行跟踪服务工作。

2 技术要求与注意事项

(1)销售顾问要致谢,询问客户是否有时间。如果客户表示不愿意联系,不要催促或纠缠他。

(2)销售顾问根据约定的时间与客户进行电话联系,询问车辆情况,介绍维护服务等业务。

(3) 销售顾问要在电话中直接告知自己的姓名、职称和经销商的名称,并依据客户的意愿掌握谈话内容与时间长度。

(4) 如果客户对销售服务店和车的感受均满意,销售顾问则要感谢客户的参与。询问客户是否还有什么问题,提出今后可随时为其提供任何帮助。确认客户今后愿意进行联系的方式(电话、拜访、电子邮件),利用客户对所使用的车辆有好感,请其推荐有购车意向的客户。

(5) 如果客户对车或销售服务店表示不满,销售顾问则要让客户说出自己的不满,并为给客户带来的不便表示歉意。重述一遍客户对你所说的话,请客户确认你的理解,以使客户相信你已理解他的意见。

3 操作步骤

(1) 查阅 C 卡中客户基本信息,包括姓名、电话、购买车型及维修历史等。

(2) 对交车后 3 日内的客户发出感谢信,电话致谢;并询问客户迄今为止对车的感受,对销售的服务的感受;完善客户信息卡(表 17-1)。

客 户 信 息 卡   表17-1

车牌号				档案号		
车主信息							
车主姓名		生日		身份证号码		
(公司名称)		(创立日)		(组织机构代码)		
联系地址			联系电话		工作单位	
变更地址			联系电话			
车辆使用者			联系电话			
方便拜访场所		□住所 □公司 维修站 □其他			
方便拜访时间		□上午 □下午 □晚上 时 分			
相关信息							
购买类型		付款方式		家庭情况		
□新购	□换购		现金	姓名	称谓	出生日	职业
□增购	□其他	分期	贷款银行				
客户来源			按揭年限				
			起始时间				
车辆信息							
车型			牌照价格			
车辆售价			装潢项目			
车架号						
发动机号			上牌服务费			
生产日期			年检时间			
交车日期			保险费用			

续上表

车辆信息			
颜色		保险公司	
主钥匙密码		保险时间	
音响PIN		保险项目	
车辆使用情况			
车辆主要用途			
月里程			
节假日用车			
客户推介情况					
推介次数	推介客户名称	所购车型	购车数量	购车时间	备注
第一次					
第二次					
第三次					

①《客户信息卡》填报说明：

使用目的：掌握客户信息、车辆信息资料，以及客户对车辆的使用习惯等；为后期销售服务店的售后回访及维修服务提供保证。

填写人：销售顾问，单一客户一张表格。

填写时间：客户交款开发票时，销售顾问根据得到本日的销售序号编写本卡档案号。

客户提车时间：请客户详尽填写本卡。

②填写说明：

档案号：×××××××××××

客户档案编号原则：前三个字符为销售店或分销售店名称的首位字母组合；中间六个字符为销售时间，以开票日期为准，例如2010年6月2日销售，则表示为100602；最后两位字符为当天客户成交顺序，例如第3位成交的客户，则表示为03。

回访（强制回访）：销售顾问回访，并按各自回访要点填写本栏目。

回访（客户关系维护）：由客户服务中心的客服人员回访，没有客服的，可由客户管理员负责。

客户信息来源：T—来电；S—来电；A—广告；V—走访；D—DM；M—市场推广；R—介绍；Q—其他。

车辆主要用途：营运，家庭，商务，公务，特种，其他。

回访方式：电话，拜访，短信，信函。

（3）对交车后一周内的客户，根据约定的时间与客户进行电话联系，询问车辆情况，介绍维护服务等业务。

（4）交车后每3个月亲自拜访或电话访问客户一次，以确保和客户建立持续发展的关系。向客户问候致意，关心客户生意经营的情形并问候其家庭状况，协助客户对汽车使用问题的处理，提醒客户有关定期维护服务及预约。

（5）按照回访频次要求，向客户回访，填写回访记录（表17-2）。

客户回访记录　　　　　　　　　　表17-2

回访(强行回访)				
第一次回访	车辆使用情况		客户意见	
	回访方式	负责人		回访时间
第二次回访	车辆使用情况		客户意见	
	回访方式	负责人		回访时间
制表		审核	时间	
回访(客户关系维护)				
第一次回访	车辆使用情况			
时间	客户近况			
第二次回访	车辆使用情况			
时间	客户近况			

三 评价与反馈

1 自我评价

(1)通过本学习任务的学习你是否已经知道以下问题：

①为什么要进行售后跟踪服务？

_____。

②售后跟踪服务的流程主要包括哪些？

_____。

(2)如果客户不愿意我们回访应该怎么办？

_____。

(3)实训过程完成情况如何？

_____。

(4)通过本学习任务的学习，你认为自己的知识和技能还有哪些欠缺？

_____。

签名：_____　　____年__月__日

❷ 小组评价(表 17-3)

小组评价表　　　　　　　　　　　　　　　表 17-3

序号	评价项目	评价情况
1	着装是否符合要求	
2	是否能正确与客户进行沟通	
3	是否能够全面做好售后跟踪服务工作	
4	是否遵守学习、实训场地的规章制度	
5	是否能保持学习、实训场地整洁	
6	团结协作情况	

参与评价的同学签名：_____　　___年_月_日

❸ 教师评价

_____

_____。

教师签名：_____　　___年_月_日

四 技能考核标准(表 17-4)

售后跟踪服务技能考核标准表　　　　　　　　表 17-4

序号	项目	操作内容	规定分	评分标准	得分
1	查阅客户信息、整理客户档案	查阅 C 卡客户基本信息	5 分	是否仔细认真	
		交车后 3 日内发出感谢信,并电话致谢	10 分	是否及时认真,语言表达是否准确得体	
		整理客户资料、建立客户档案	10 分	是否及时认真补充资料,建立档案	
2	与客户进行电话联系	询问客户用车情况	10 分	是否热情,语言表达是否准确得体	
		询问客户对本公司服务的意见和建议	10 分	是否热情,语言表达是否准确得体	
		询问客户近期有无新的需求需要我公司效劳	10 分	是否热情,语言表达是否准确得体	
		告知客户相关的汽车运用知识和注意事项	10 分	是否热情,语言表达是否准确得体	
		介绍本公司近期为客户提供的各种服务,特别是新的服务内容	10 分	是否热情,语言表达是否准确得体	
		介绍本公司近期为客户安排的各类优惠联谊活动,如免费检测周,优惠服务月等	10 分	是否热情,语言表达是否准确得体	
		咨询服务	10 分	是否热情,语言表达是否准确得体	
3	填写回访记录	按照回访频次要求,填写回访记录	5 分	是否及时,是否记录准确认真	
		总分	100 分		

项目九　汽车销售系统

学习任务 18　操作汽车销售单

学习目标

★ 知识目标

1. 了解汽车销售单的理论知识及组成；
2. 掌握汽车销售单的重要数据；
3. 掌握汽车销售单的操作方法。

★ 技能目标

1. 熟悉汽车销售单的主要内容；
2. 能正确操作录入汽车销售单信息。

建议课时

4 课时。

任务描述

　　活动任务重点是认识和操作汽车销售单系统。通过学习汽车销售单功能模块及包含的知识点内容和操作使用方法，形成对汽车销售单系统的认识。通过实训室实际操作练习使用汽车销售单，正确录入系统所要求的客户信息、汽车信息等，从而具有个人独立完成汽车销售单系统使用操作的能力。

项目九　汽车销售系统

一　理论知识准备

（一）认识汽车销售系统

汽车销售系统是由软件公司集车辆管理经验开发的车辆综合管理系统，主要用于各种机动车经销商的车辆销售管理，是具有客户信息库、销售登记、财务收款、财务开票等多种业务处理功能，同时还具有车辆保险佣金结算、按揭还款、车辆上牌等业务处理功能的机动车销售管理系统（图18-1）。

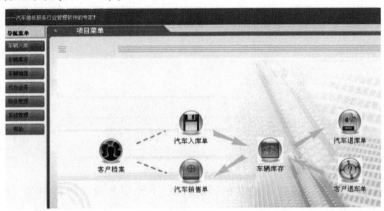

图18-1　汽车销售系统

1 汽车销售系统组成部分

（1）销售单模块（图18-2）。

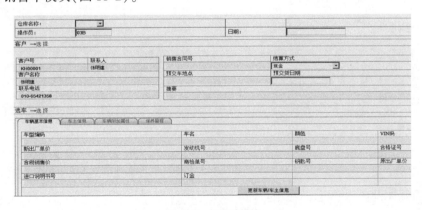

图18-2　销售单模块

全面集中记录、管理客户资源，将客户的详细资料、销售过程完整记录，通过对客户资源和关系的有效管理，从而建立客户资源信息库。

方便车辆采购：记录车辆采购渠道、所购车型、配置、颜色、数量、价格、选配内容等信息，并随时可查看采购合同履行情况，并且可根据实际情况更改采购合同数据。

全面提高服务质量：通过对车辆档案跟踪、特殊日期等资料为客户提供体贴的维护、保险、年检提醒及温馨的生日关怀，从而提高服务质量、提升客户满意度与忠诚度。

为营销策划提供准确数据：通过记录分析客户特征、购车意向、意见反馈等数据，为营销策划提供准确的决策数据，比如客户来源、客户区域、年龄段、意向价位、关注内容等分布情况制订广告策略、促销政策等。

便于业务员业绩考核：系统自动通过客户名称、证件号码、联系电话、手机等信息判断提示记录的相同性，有效杜绝业务员间相互争抢客户、争夺销售业绩。

(2)一条龙模块(图 18-3)。

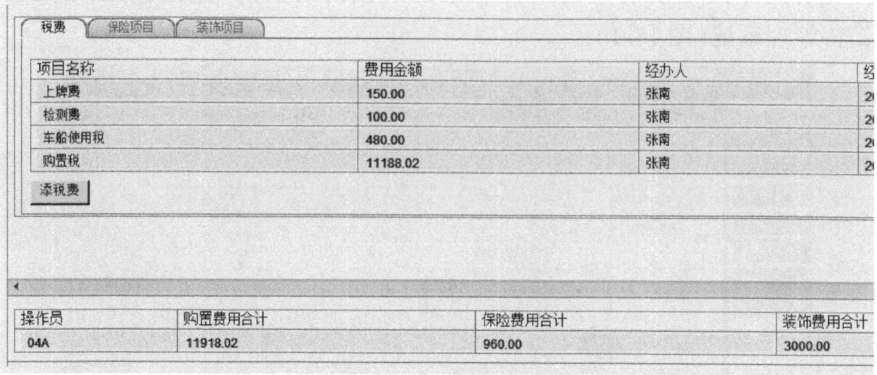

税费 保险项目 装饰项目

项目名称	费用金额	经办人
上牌费	150.00	张南
检测费	100.00	张南
车船使用税	480.00	张南
购置税	11188.02	张南

添税费

操作员	购置费用合计	保险费用合计	装饰费用合计
04A	11918.02	960.00	3000.00

图 18-3　一条龙模块

汽车专营店为客户购买新车提供车辆购置税、上牌服务费的缴费服务，代办汽车保险项目，装饰费用的选择记录和缴费统计功能，为客户提供汽车缴税、上牌、保险、装饰一条龙的服务功能，帮助客户解决购车后为达到各项国家政策要求而必须走的程序，达到即可为客户节约时间又能增加汽车专营店盈利的“双赢”局面。

(3)收款单模块(图 18-4)。

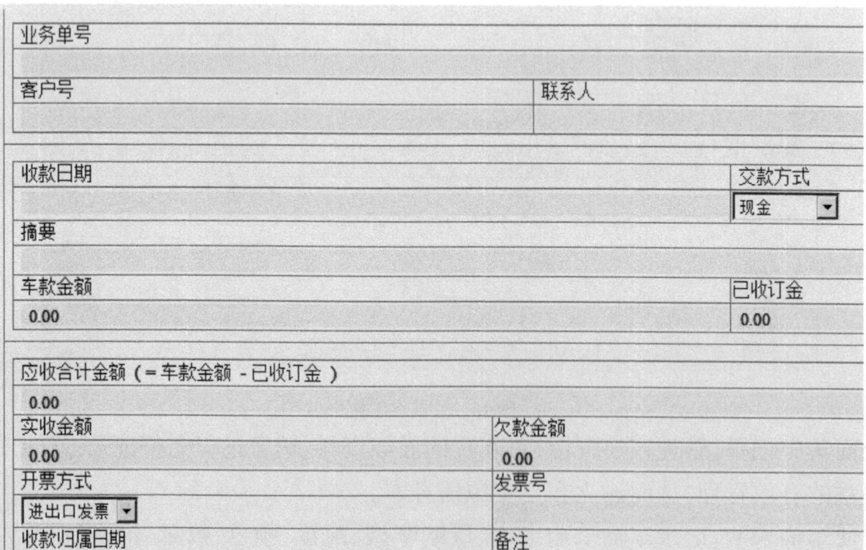

图 18-4　收款单模块

记录客户已付订金，根据购车价格计算应付购车余款，灵活选择付款方式，开具收款单据证明，同时为汽车专营店提供准确高效的资金管理和数据统计。

(4)交车单模块（图18-5）。

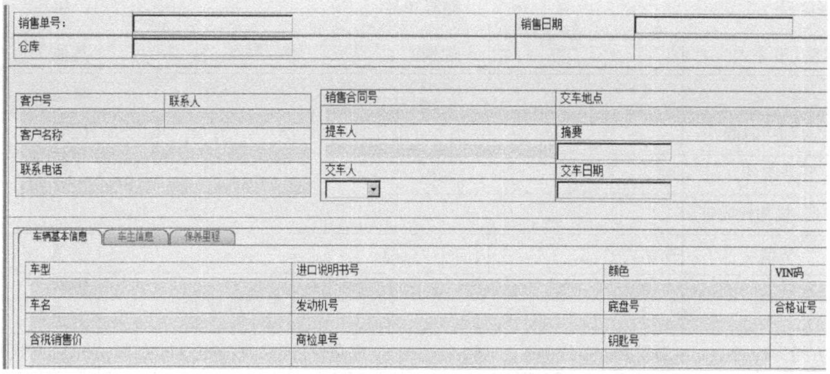

图18-5 交车单模块

根据销售单号，汽车专营店工作人员提取对应型号汽车，在交付客户时将车辆基本信息（车名、颜色、VIN码、发动机号、底盘号等）、交车人、交车时间、车主信息、维护里程等重要信息录入软件系统，建立客户与车辆的信息数据库，为汽车提供售后维护服务。

2　系统特点

(1)先进的客户关系管理。本系统引入先进的客户关系管理理念，全面协助企业管理客户资源。通过对客户资源的有效管理，达到缩短销售周期、提高服务质量、提升客户满意度与忠诚度，增强企业综合竞争能力。

(2)全面流畅的业务管理。系统功能包括售前的客户接待跟踪，售中车辆订购或销售、财务收款开票、销售代办服务，售后客户回访等功能。软件功能全面、流程清晰，业务单据可以通过计算机查询打印输出。

(3)强大的数据统计查询功能。系统除提供各种业务数据、财务数据的查询汇总功能外，还提供数据的分析功能，包括客户特征分析、成交率分析、销售周期分析、库存周期分析、销售分类汇总分析等。

(4)稳定可靠的数据库功能。系统通过收集、记录、存储关于汽车专营店的整车库存管理系统、精品库存管理系统、销售管理系统、汽车维修服务系统、财务管理系统、统计报表系统等模块的全部信息，集所有数据于一身，将汽车专营店经营的大量数据存储于计算机中集中管理，形成一个稳定安全可靠的数据库。

汽车销售管理系统是一款专业的汽车销售管理软件，是专门为汽车销售行业定制的包含销售、库存、维修服务、财务管理的综合系统。软件界面设计简洁，美观，人性化的软件流程，使普通用户简单培训后也能快速掌握软件操作使用方法，是企业进行系统化、信息化管理的强有力工具。

(二)销售单系统需要录入的信息主要包括以下6个方面。

1　汽车销售单基本信息（图18-6）

汽车销售单需要录入系统的内容主要包含销售单号、车库名称、操作员姓名、时间、客户号、联系人、联系电话、销售合同号、结算方式、预交车地点、预交货时间及摘要、业务员等信息。

新车销售开票(结算)单

结算单号：　　　　　　　　　　　年　月　日

购车人	名称(联系人)		性别		手机		其他	
	地　址						邮编	
	首次到店时间			订车日期			交车日期	

开票名义人	开票名称							
	身份证/机构代码证							
	车型			款式			颜色	
	车架号			发动机号			付款方式	□全款 □按揭
	厂方指导价(元)	当期财务黄线价	折扣(元)	成交价(格式为:车价+车装额)			开票价(元)	
	折扣类型	□正常销售 □促销活动　折扣_____元 □特殊销售　折扣_____元			折扣原因：		批准人	

付款类型	全款 是□ 否□	已交订金	车款余额	车辆商业险金额	装饰金额	其他	总合计 (不含保险金额)
	分期付款 是□ 否□	放款银行或 金融机构	贷款 年限	首付款	贷款额	按揭 手续费	车辆 商业险金额	装饰金额	其他	总合计 (不含保险金额)

附加值明细	选购明细 有□ 无□	商品名称		选购汇总	
		报价		小计	
		成交价		小计	
		批准人		优惠额	
	赠送明细 有□ 无□	商品名称		赠送汇总	
		报价		小计	
		批准人			

其他项目	是否转介绍 是□ 否□	基盘客户	车型	购买日期	车架号	手机	赠送礼品
	是否回扣 是□ 否□	回扣金额	其他原因 是□ 否□	原因：			

财务部	财务收款 合计	现金	转账	刷卡____次	首付款	银行放贷	订金	其他
	大写：							
	收款日期			收款人			开票人	
	销售顾问 (签字)			销售经理 (签字)			财务经理 (签字)	

注：装潢(脚垫、挡泥板、四门膜、后挡膜)用字符"A"表示。

图18-6　销售单基本信息

❷ 车辆基本信息

需要录入车型编码、车名、颜色、VIN码、底盘号、发动机号、合格证号、钥匙号、进口说明书号、原出厂单价、订金等信息。VIN是英文Vehicle Identification Number(车辆识别码)的缩写(图18-7)。因为SAE标准规定：VIN码由17位字符组成，所以俗称十七位码。它包含了车辆的生产厂家、年代、车型、车身型式及代码、发动机代码及组装地点等信息。正确解读VIN码，对于我们正确地识别车型，以致进行正确地诊断和维修都是十分重要的。VIN码标牌位置固定在仪表板的左侧,前风窗玻璃左下方。

 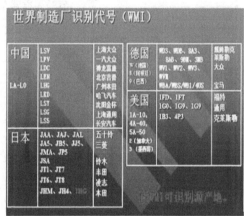

图18-7 车辆基本信息

❸ 车主信息(图18-8)

需要录入车主姓名、车主电话、身份证号/机构代码等信息。车主信息需要用本人的身份证进行核实，确保姓名没有差错，避免因为客户口音、服务人员理解不一致而导致产生错误，影响销售交车过程，比如"卢晓宇"和"卢晓宇"，区别在哪里？都是同音字，但是第一个"晓"是口字旁。

图18-8 车主信息

❹ 车辆附加属性(图18-9)

需要通过下拉式菜单来录入价位、购车用途、车主年龄、职位、行业类别、准驾车型、排量、产地、生日、性别等信息。购车用途直接与汽车保险费用有直接关系，家用代步车辆保险费用最低，相比而言商业和营运用途车辆保险费用更高。准驾车型主要分为A1、A2、A3、C1、C2等，大部分车主持有的最常见的驾照为C1驾照，准驾车型及代号一览表具体划分见表18-1，例如：持有C1驾照车主可以驾驶手动挡和自动挡轿车，持有C2驾照车主只能驾驶自动挡轿车，不能驾驶手动挡轿车。

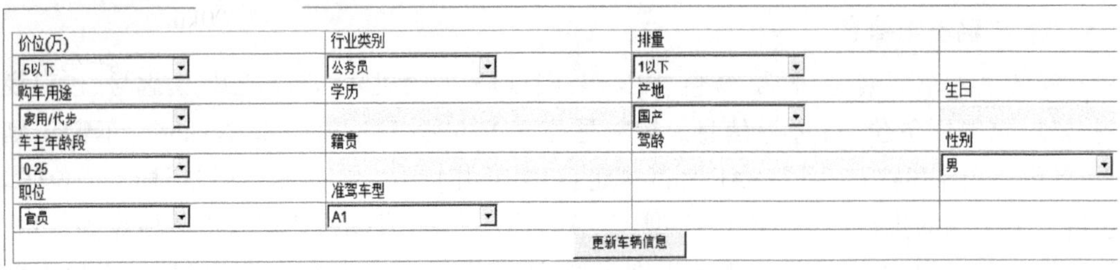

图 18-9　车辆附加属性

驾驶人准驾车型及代号一览表　　　　　　　　　表 18-1

驾照代号	准驾车型	准驾的车辆	准予驾驶的其他准驾车型
A1	大型客车	大型载客汽车	A3、B1、B2、C1、C2、C3、C4、M
A2	牵引车	重型、中型全挂、半挂汽车列车	B1、B2、C1、C2、C3、C4、M
A3	城市公交车	核载10人以上的城市公共汽车	C1、C2、C3、C4
B1	中型客车	中型载客汽车(含核载10人以上、19人以下的城市公共汽车)	C1、C2、C3、C4、M
B2	大型货车	重型、中型载货汽车;大、重、中型专项作业车	C1、C2、C3、C4、M
C1	小型汽车	小型、微型载客汽车以及轻型、微型载货汽车、轻、小、微型专项作业车	C2、C3、C4
C2	小型自动挡汽车	小型、微型自动挡载客汽车以及轻型、微型自动挡载货汽车	无
C3	低速载货汽车	低速载货汽车(原四轮农用运输车)	C4
C4	三轮汽车	三轮汽车(原三轮农用运输车)	无

5 维护里程(图 18-10)

主要录入首保里程、二保里程。维护里程是汽车维护的重要参数和执行标准,汽车维护时间一般按照一定的汽车行驶累积公里数作为维护的界定节点。

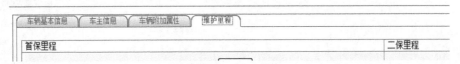

图 18-10　维护里程

汽车维护是指根据车辆各部位不同材料所需的维护条件,采用不同性质的专用护理材料和产品,对汽车进行全新的维护的工艺过程。现代的汽车维护主要包含了对发动机系统(引擎)、变速器系统、空调系统、冷却系统、燃油系统、动力转向系统等的维护。

首保里程一般是指新车投入使用后,需要进行第一次维护所行驶的累积公里数(图18-10)。目前国内的大部分厂商要求首保在经过认可的汽车专营店进行,大部分车型首保是免费的。各个厂家规定的里程数是不一样的,一般是在5000~7500km,具体数值依据厂家附带送的汽车《保修手册》为准,比如捷达车首保是 5000～7000km,奥迪 A6 是 10000km,但是汽车专营店应建议车主在未到维护里程数上限之前做首保,避免新车造成不必要的磨损,影响汽车的全寿命使用性能。首次维护的主要内容是:检查、添加发动机润滑油,检查或者添加冷却液、风窗洗涤液、制动液、动力转向液,检查 ECU 记录(包括 ABS、BVA、BSI 等)。检查管路、发动机及变速器壳的密封状况,检查底盘各部件的密封状况和固定情况,检查轮胎状况,调整轮胎气压和车轮拧紧力矩,检查蓄电池状况等。

二保里程是指首保之后进行第二次维护的里程数,视汽车生产商的《保修手册》为准,一般首保后 5000～7500km 即可进行二保养护。

汽车专营店汽车销售系统做好客户汽车的首保里程和二保里程登记,方便查询客户汽车的维护信息,及时通知客户按照汽车《保修手册》要求做好汽车的养护,延长汽车的使用寿命和保持汽车在较长时间内具有良好的技术性能,提升汽车专营店的服务质量和客户满意度,建立良好的企业形象。

❻ 一条龙服务

汽车专营店能为客户提供汽车缴税、上牌、保险、装饰一条龙的服务,销售单模块主要是记录客户是否选择汽车专营店的一条龙服务项目,具体操作内容在一条龙模块中做详细讲解。

二 任务实施

❶ 准备工作

打开汽车销售系统,单击汽车销售单一栏进入汽车销售单界面。

❷ 技术要求与注意事项

按照业务员的销售单将所有信息(销售单的基本信息、车辆基本信息、车主信息、车辆附加属性、维护里程)准确录入相对应系统项目栏空格内,文字及数字必须和销售单相一致,准确无错误。

❸ 操作步骤

按照销售单的基本信息、车辆基本信息、车主信息、车辆附加属性、维护里程顺序依次录入至对应系统项目空白栏内。

第一步:录入销售单基本信息:销售单号、车库名称、操作员姓名、时间、客户号、联系人、联系电话、销售合同号、结算方式、预交车地点、预交货时间及摘要、业务员等信息。

(1)录入销售单号、车库名称(图 18-11)。

销售单号:	XS1369357320843
仓库名称:	大众

图 18-11　录入销售单

(2)录入操作员姓名、操作时间(图 18-12)。时间可以单击时间空白栏,自动产生下拉选择菜单,通过单击选择具体时间。

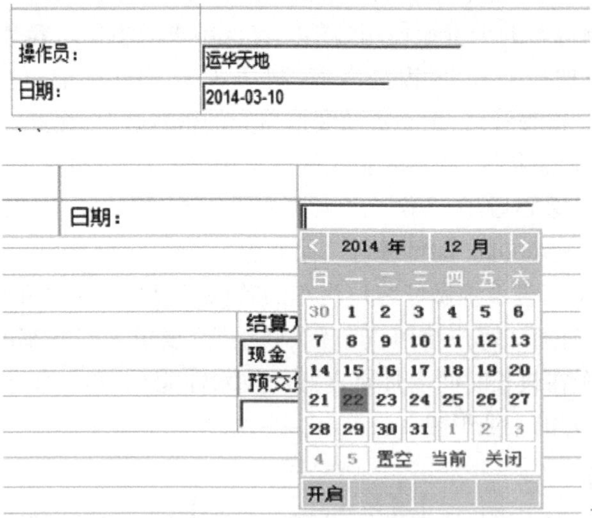

图 18-12　选择具体时间

(3)录入客户号、联系人、联系电话、销售合同号、结算方式、预交车地点、预交货时间及摘要(图18-13)。预交货日期选择方法与上一步操作时间相同,单击产生下拉菜单,选择具体时间;汽车购车款结算方式有以下几种:现金、挂账、转账、支票、银行汇票、电子汇款、异地存款、其他,操作方法类似时间的操作方法,单击空白栏产生下拉菜单,再选择相应方式(图18-14)。

图 18-13　录入车主信息

图 18-14　结算方式选项

第二步:录入车辆基本信息(图18-15)。需要录入车型编码、车名、颜色、VIN码、底盘号、发动机号、合格证号、钥匙号、进口说明书号、原出厂单价、订金等信息。

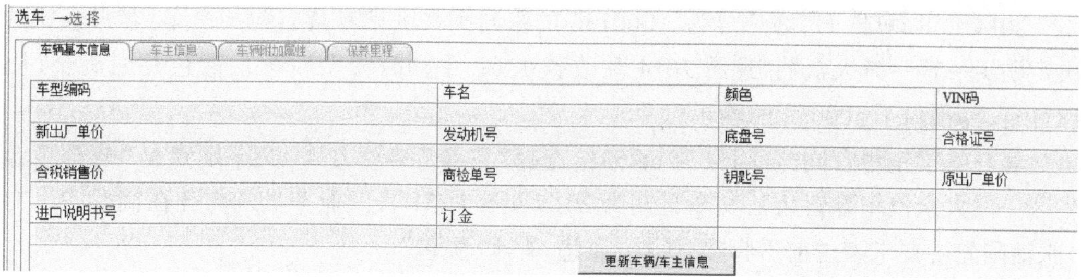

图 18-15　车辆基本信息

第三步:录入车主信息(图 18-16)。需要录入车主姓名、车主电话、身份证号/机构代码等信息。

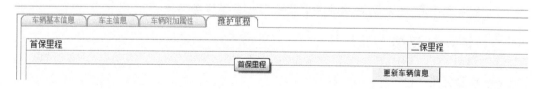

图 18-16　车主信息

第四步:录入车辆附加属性。需要通过下拉式菜单来录入价位、购车用途、车主年龄、职位、行业类别、准驾车型、排量、产地、生日、性别等信息(图 18-17)。通过单击对应空白栏产生下拉菜单,再对应销售单上的信息选择正确的选项,记录准确的数据。

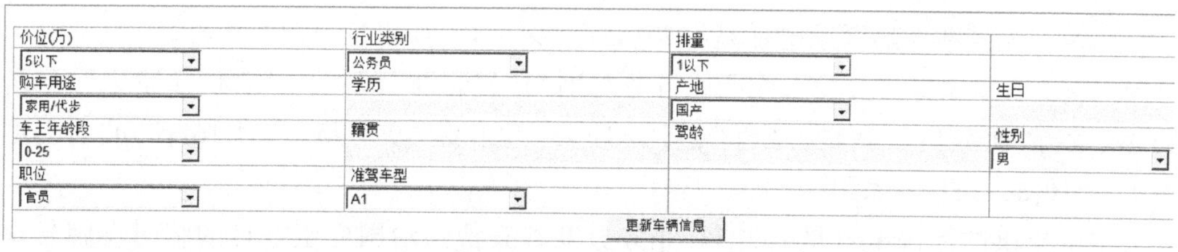

图 18-17　车辆附加属性

第五步:录入维护里程(图 18-18)。主要是录入首保里程、二保里程两个数据。

图 18-18　维护里程

三　学习拓展

(1)下面的业务员收集到的销售信息,哪些信息是对汽车专营店汽车销售有使用价值?请用笔在有用信息下面画线。

(2)请将下面的业务员收集到的销售信息填写在汽车销售系统的销售单模块中,销售单信息填写在对应空白栏中,要求必须准确无误,没有任何遗漏。

汽车销售流程

　　2014年8月25日,客户号为AD00136的张治国来汽车专营店购买汽车,客户经挑选决定购买一辆一汽大众的"速腾2014款改款1.6L手动时尚型轿车",颜色是凯旋金(图18-19),并预付了5000元的购车订金。

　　客户签了销售合同,合同号为ht2631,选择"现金"结算方式,交车地点是"成都市金牛区一汽大众汽车专营店",交车日期为2014年8月31日。业务员刘鑫齐在摘要中写有"张治国先生要求赠送前后脚垫、头枕、靠垫、香水、炭包"。

图18-19　速腾2014款改款1.6L手动时尚型轿车

　　张治国先生本人的联系电话是"1701551×××6",身份证号码是"××××××××××××××××××",工作所属行业类别"建筑装饰",职位是"部门负责人",年龄37岁,学历"研究生",籍贯"成都",驾龄12年,生日是1977年10月16日,准驾类型"C1",购买的目的是"家用"。

　　本店提供的保修卡号是bx2736,业务员刘鑫齐帮张治国先生办理的临时车牌号是"川AD608L",张治国先生购买的速腾轿车排量为1.6L,国产车,价格为129000元,首保里程是5000km,二保里程是10000km。

　　注:仓库选择是"大众",此次业务需要进行一条龙服务。

四　评价与反馈

1 自我评价

(1)通过本学习任务的学习你是否已经知道以下问题:

①需要录入系统的车主信息主要有哪些?

_____。

②需要录入系统的车辆基本信息有哪些?

_____。

③汽车的首保里程和二保里程一般是多少?

_____。

(2)实训过程完成情况如何?

(3)通过本学习任务的学习,你认为自己的知识和技能还有哪些欠缺?

签名:_____　　___年__月__日

❷ **小组评价**(表18-2)

小组评价表　　　　　　　　　　　　表18-2

序号	评价项目	评价情况
1	着装是否符合要求	
2	是否能合理规范地使用仪器和设备	
3	是否按照安全和规范的流程操作	
4	是否遵守学习、实训场地的规章制度	
5	是否能保持学习、实训场地整洁	
6	团结协作情况	

参与评价的同学签名:_____　　___年__月__日

❸ **教师评价**

教师签名:_____　　___年__月__日

五 技能考核标准(表18-3)

技能考核标准表　　　　　　　　　　表18-3

序号	操作内容	规定分	评分标准	得分
1	基本信息录入	20分	记录信息是否全面	
2	车辆基本信息录入	20分	记录信息是否全面	
3	车主信息录入	20分	记录信息是否全面	
4	车辆附加属性录入	20分	记录信息是否全面	
5	维护里程录入	10分	记录信息是否全面	
6	一条龙服务录入	10分	记录信息是否全面	
	总分	100分		

学习任务 19　操作一条龙服务

学习目标

★ 知识目标

1. 了解汽车销售一条龙服务的知识和构成；
2. 掌握汽车一条龙的操作使用方法；
3. 掌握汽车收款单的操作使用方法；
4. 掌握汽车交车单的操作使用方法。

★ 技能目标

1. 能掌握一条龙服务的重要知识；
2. 能正确录入汽车一条龙信息；
3. 能正确录入汽车收款单信息；
4. 能正确录入汽车交车单信息。

建议课时

6课时。

任务描述

活动任务重点是认识汽车销售系统售后一条龙服务。通过学习汽车销售系统的一条龙、收款单、交车单三个功能模块及每一个功能模块包含的内容和操作使用方法，形成对汽车销售系统的认识。通过实训室实际操作练习使用汽车销售系统，能够正确录入系统所要求的一条龙服务、收款单、交车单等信息，从而具有个人独立使用操作汽车销售系统的能力。

一条龙是指记录和计算车辆税费项目费用、保险项目费用、装饰项目费用，为客户提供汽车缴税、上牌、保险、装饰的服务。

汽车收款单根据客户预付订金情况和购车价格计算应付购车余款，确定付款方式，收纳购车余款，注明收款日期和收款人，开具收款单据证明等服务。

汽车交车单根据销售单号，汽车专营店工作人员提取对应型号汽车，在交付客户时将车辆基本信息、交车人、交车时间、车主信息、维护里程等重要信息录入软件系统，建立客户与车辆的交车信息数据库。

一 理论知识准备

(一) 汽车一条龙系统的录入信息

汽车一条龙系统的录入信息主要包括 3 个方面。

1 购买车辆须缴的税费项目费用

购买车辆须缴的税费项目主要包含以下几种(图 19-1):

税费	保险项目	装饰项目		
项目名称		费用金额	经办人	经办日期
上牌费		150.00	张南	2014-03-1
检测费		100.00	张南	2014-03-1
车船使用税		480.00	张南	2014-03-1
购置税		11188.02	张南	2014-03-1

图 19-1 车辆缴纳税费项目

(1) 上牌费。汽车专营店可以为车主提供摇号、选号、上牌照、办理汽车行驶证服务,解决汽车上牌照的问题。上牌费主要包括拓号照相 38 元、汽车号牌(反光) 100 元、机动车行驶证工本 15 元、机动车临时登记证书工本费 10 元、机动车临时号牌 5 元、装牌费 20 元,费用加起来一共 200 元左右。

(2) 检测费(又称出库验证费)。入户时,需对车辆安全、排放等性能重新检测,费用一般在 150 元左右。

(3) 车船使用税。车船使用税是指对在我国境内应依法到公安、交通、农业、渔业、军事等管理部门办理登记的车辆、船舶,根据其种类,按照规定的计税依据和年税额标准计算征收的一种财产税。从 2007 年 7 月 1 日开始,由于车船税属于地方税,在遵照《中华人民共和国车船税暂行条例》等规定的基础上,车船税征收标准还应该根据各地税务局制定的具体管理办法予以确定,车主们可在投保交强险的同时一并缴纳车船税,每年缴费一次。

根据四川省人民政府制定的《四川省车船税实施办法》规定,排气量在 1.0L(含)以下的,维持原税额标准 180 元/年不变。排气量在 1.0L 以上至 1.6L(含)的,税额标准从原来的 420 元/年下调至 300 元/年。排气量在 1.6L 以上至 2.0L(含)的,税额标准由原来的 420 元/年下调至 360 元/年。排气量在 2.0L 以上至 2.5L(含)的,每年 720 元。2.5L 以上至 3.0L(含)的,每年 1800 元。3.0L 以上至 4.0L(含)的,每年 3000 元。4.0L 以上的,每年 4500 元。

(4) 车辆购置税。车辆购置税是指购买汽车时所要缴纳的税,购置税额是征收汽车售价(含税价)的 10%,是对在我国境内购置规定车辆的单位和个人征收的一种税,属于一次性支出。车辆购置税由汽车专营店经销商替国家税务机关代收。车辆购置税应纳税额的计算公式为:应纳税额 = 计税价格 × 税率。新车购置税额 = 购车价格(含税价)/1.17(增值税率 17%) ×10%,以一部售价 10 万元的科鲁兹轿车为例,购置税 = 10 0000 元/

(1+17%)×10% =8547元。进口车由于所交税费多,计算方法复杂一点,进口车购置税计算方法:进口车购置税=(关税完税价+关税+消费税计税价格)×10%。

有一种类新兴汽车可以免交购置税,新能源汽车免购置税。财政部、国家税务总局、工信部联合下发《关于免征新能源汽车车辆购置税的公告》(以下简称《公告》),自2014年9月1日至2017年12月31日,对购置的新能源汽车免征车辆购置税(图19-2)。

新能源汽车纯电动续驶里程要求(单位:km)

类别	乘用车	客车	货车	专用车	测试方法
纯电动	≥80	≥150	≥80	≥80	M1、N1类采用工况法,其他暂采用40km/h等速法。
插电式(含增程式)混合动力	≥50(工况法)≥70(等速法)	≥50	≥50	≥50	M1、N1类采用工况法或60km/h等速法,其他暂采用40km/h等速法。
燃料电池	≥150	≥150	≥200	≥200	M1、N1类采用工况法,其他暂采用40km/h等速法。

注:1.超级电容、钛酸锂快充纯电动客车无纯电动续驶里程要求。
2.M1类是指包括驾驶员座位在内,座位数不超过九座的载客车辆。N1类是指最大设计总质量不超过3500kg的载货车辆。

图19-2 新能源汽车标准

《公告》规定列入《目录》的新能源汽车,必须是获得许可在中国境内销售的纯电动汽车、插电式(含增程式)混合动力汽车、燃料电池汽车。但不包括使用铅酸电池的车型。纯电动车的续航里程不低于80km。如果特斯拉(图19-3)、宝马i3等进口豪华电动汽车能顺利进入《目录》,将为消费者节省一笔数目可观的车辆购置税。

图19-3 特斯拉电动汽车

特斯拉采用纯电动力,充满电理想状态下一次可跑400~600km,加速能力比传统动力汽车更快,0~100km/h加速度为5.4s,MODEL S P85D型甚至减少到3.4s。

❷ 保险项目费用

机动车辆保险是以汽车、电车、蓄电池车、摩托车、拖拉机等机动车辆作为保险标的的一种保险(图19-4)。机动车辆保险已成为保险业务中举足轻重的险种,是社会经济生活中必不可少的险种之一,它在促进社会经济的发展,保障交通安全以及稳定社会心理和保障人民财产安全等方面都有积极的作用。

图19-4 防不胜防的交通事故

机动车辆保险一般包括交强险和商业险,商业险又分基本险和附加险两部分。总体上看,汽车保险项目主要包括以下几种车险:①交通事故责任强制保险(简称交强险):本险属于国家强制性购买的险种,根据车辆用途、座位数不同而价格有高低之分,普通6座以下家庭用车缴费为950元,6座以上家庭用车为1100元,营业类客车及其他车辆交强险价格更高,比如营业客运大巴35座为3420元;②车辆损失险:(车辆价格+基本保费)×费率;③第三者责任险(图19-5):根据投保金额5万元、10万元、20万元、50万元、100万元,分为交710元、1026元、1270元、1721元、2242元,最高投保金额上限不超过1000万元;④车上责任险:每人保费为50元;⑤全车盗抢:车辆价格×费率;⑥自燃损失险:车辆价格×费率;⑦玻璃单独破碎险:车辆价格×费率;⑧无过失责任险:第三者责任险×费率;⑨不记免赔特约险:(车辆损失险+第三者责任险)×费率。

险费率表

车辆性质	保额	5万元	10万元	15万元	20万元	30万元	50万元	100万元
家庭自用车	6座以下	710	1026	1169	1270	1434	1721	2242
	6~10座	659	928	1048	1131	1266	1507	1963
	10座以上	659	928	1048	1131	1266	1507	1963
企业非营运客车	6座以下	758	1067	1206	1301	1456	1734	2258
	6~10座	730	1039	1179	1275	1433	1711	2228
	10~20座	846	1207	1370	1484	1669	1995	2599

图19-5 第三者责任险费率表(单位:元)

如何向客户推荐比较实用的汽车保险?在此,可向车主介绍三个较常见的汽车保险险种组合方案供车主参考:

(1)经济保障方案。险种组合如下:交强险+车辆损失险+第三者责任险+不计免赔特约险+全车盗抢险,特点是:投保4个最必要、最有价值的险种。适用对象:精打细算的个人。以价值12万元的家庭自用5座的新车为例,交强险950元,不计免赔特约险按车辆损失险和第三者责任险保险费之和的20%计算;全车盗抢险的费率为0.778%;车上责任险按核定座位数每个10万元保额,投保50万元,费率为0.440%,则第一年需缴纳保险费为:950+2572.8×(1+20%)+120000×0.778%≈4970元。

（2）最佳保障方案。险种组合如下:交强险+车辆损失险+第三者责任险+不计免赔特约险+车上责任险+全车盗抢险,特点:在经济投保方案的基础上,加入了车上责任险或不计免赔特约险,保障更全面。以价值12万元的家庭自用5座的新车为例,交强险950元,不计免赔特约险按车辆损失险和第三者责任险保险费之和的20%计算;车上责任险按核定5个座位足额投保,每个座位保10万元,费率为0.440%,则第一年需缴纳保险费为:950+2572.8×(1+20%)+500000×0.440%+120000×0.778%≈7190元。

（3）完全保障方案。险种组合:交强险+车辆损失险+第三者责任险+不计免赔特约险+车上责任险+全车盗抢险+新增加设备损失险+无过失责任险+车辆停驶损失险,特点:能保的险种全部投保,驾驶、存放、修理车辆过程中可能遇到的风险基本都能得到保障。以价值12万元的家庭自用5座的汽车为例,新增加设备1万元,新增加设备损失险费率为1.2%;无过失责任保险费为(50+50000×0.5%);车辆停驶损失保险费为(最长天数60天×每天最高赔付限额300元×10%),则当年需缴纳保险费为:950+2572.8×(1+20%)+500000×0.440%+120000×0.778%+10000×1.2%+(50+50000×0.5%)+(60天×300×10%)≈9390元。

针对不同用途的车辆,保险保费是不相同的,同时各个保险公司的报价也是有所差别。系统能在客户选择了保险项目后自动计算总保费,生成保险公司的保单。客户一般会选择交强险、车辆损失险、第三者责任险(成都地区建议购买20万元以上保费,但是由于成都市经济发展好,交通事故造成的人员、车辆等损失赔偿额在不断上涨,应当建议客户选择30万元级和50万元级保费能产生更好的交通事故风险承受能力)及其他险种,12万元汽车的保费在4000元左右,如果1年内报销保险次数在2次以内,第二年保费可以打折,最低低至7折。

❸ 装饰项目费用

汽车装饰是指通过增加或者替换一些附属的物品,以提高汽车表面和内室的美观性、实用性、舒适性的行为。所增加或者替换的附属物品,称为装饰品或者装饰件。汽车装饰还包括:汽车改装、汽车美容等。随着汽车保有量的猛增,人们的消费理念已经从想拥有一辆车逐渐向拥有一辆漂亮、有个性的车转变,注重人性化和时尚化的设计,汽车饰品消费也随之水涨船高,汽车装饰行业前景广阔,商机无限。

汽车专营店开展汽车装饰项目服务主要是以下几类:

（1）汽车美容(图19-6)。包括底盘装甲、轮胎更换、新车开蜡、封釉美容、车身彩贴、汽车灯光组件改装、加装氛围灯、加装LED灯、车顶行李架、车身大包围装饰、加装运动组件等。

(2)汽车防护(图19-7)。包括安装防爆隔热膜、倒车雷达、中央门锁、防盗器、DVD导航一体机、汽车隔声、汽车音响、汽车行车记录仪等。

图19-6　汽车美容——汽车灯光组件改装　　　　图19-7　汽车防护——装防爆隔热膜

(3)汽车精品。包括汽车内部装饰、转向盘套、真皮座椅、车用香水、蜡掸、护目镜、把套、坐垫(图19-8)、座套、附加头枕、精品挂件(图19-9)等。

图19-8　汽车精品——皮革保暖车垫套　　　　图19-9　汽车精品——佛珠水晶车挂

(二)收款单系统的录入工作

收款单系统的录入工作主要包括两个方面。

(1)根据客户预付订金情况和购车价格计算应付购车余款,确定付款方式,收纳购车余款。订金是当事人可以约定一方向对方给付订金作为债权的担保。一般情况下,交付订金的视作交付预付款。预付订金的一方不履行合同约定的事项,可以要求返还订金;收受订金一方不履行合同约定的事项时,应当返还订金原款。比如一客户看中一款新车哈弗H9(价格24万元),交了2万元订金,请问客户在提车时候需要再交多少余款便可以提走新车?

订金和定金(图19-10)存在区别吗?交付定金的一方不履行合同的,丧失定金;而收受定金的一方不履行合同的,则应双倍返还定金。在法律上讲,定金的法律效力比订金大。

(2)录入收款日期和收款人信息,选择发票类型增值税发票(图19-11),存入系统作为发票单据证明。

图 19-10　订金与定金的区别

图 19-11　收款日期、增值税发票

(三)交车单系统的录入信息

交车单系统的录入信息主要包括 4 个方面。

(1) 准确录入交车地点、交车人、交车日期(图 19-12)。

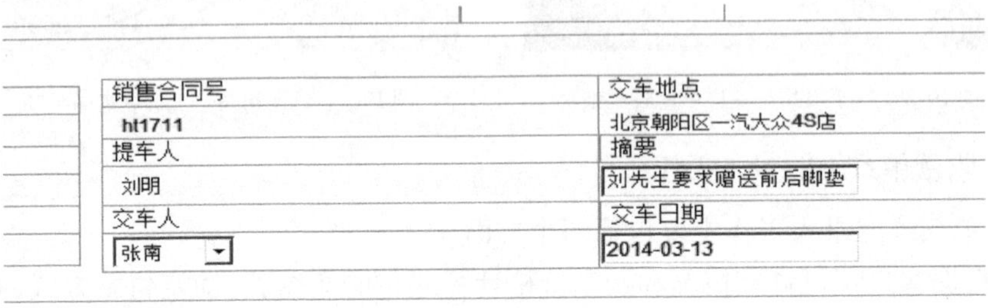

图 19-12　交车项目信息

(2) 准确录入车辆基本信息(图 19-13)。需要录入车型编码、车名、颜色、VIN 码、底盘号、发动机号、合格证号、钥匙号、进口说明书号、原出厂单价、订金等信息。

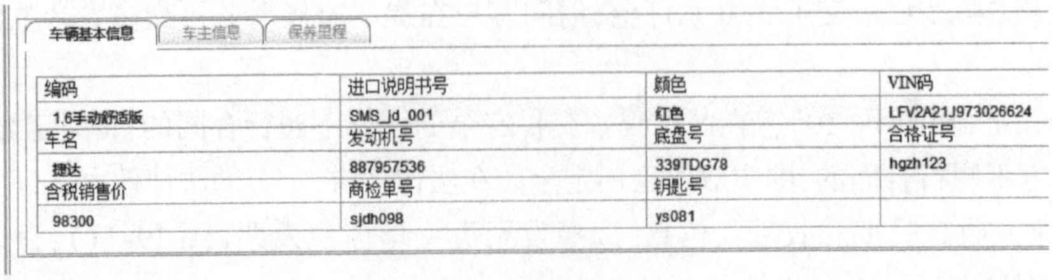

图 19-13　车辆基本信息

(3)准确录入车主信息。需要录入车主姓名、车主电话、身份证号、保修卡号、车牌号等信息。

(4)准确录入维护里程。需要录入首保里程、二保里程、交车里程。交车里程是指新车在交付买家之前的行驶里程数,一般为1~50km,以10km内为佳,交车里程显示数过高则此车可能是展示车或者试驾车,车性能和质量会有较大幅度下降。

二 任务实施

1 准备工作

打开汽车销售系统,按照不同任务分别单击汽车一条龙、汽车收款单、汽车交车单一栏进入任务操作界面。

2 技术要求与注意事项

(1)将所有客户车辆税费项目费用、保险项目费用、装饰项目费用的一条龙信息准确录入相对应系统项目栏空格内,文字及数字必须和销售单相一致,准确无错误。

(2)按照客户姓名或客户号或业务单号调取客户信息,根据客户预付订金情况和购车价格计算应付购车余款,客户选择付款方式,收纳购车余款,注明收款日期和收款人,开具增值税发票单据证明。

(3)按照交车单将所有信息准确录入相对应系统项目栏空格内,文字及数字必须和销售单相一致,准确无错误。

3 操作步骤

(1)汽车一条龙操作。按照车辆税费项目费用、保险项目费用、装饰项目费用的顺序依次录入项目名称和金额数目至对应系统项目空白栏内,要求准确无误、无遗漏。

第一步:录入购买车辆须缴的税费项目费用(图19-14)。在对应栏目没依次输入上牌费、检测费、车船使用税、车辆购置税的金额数字。

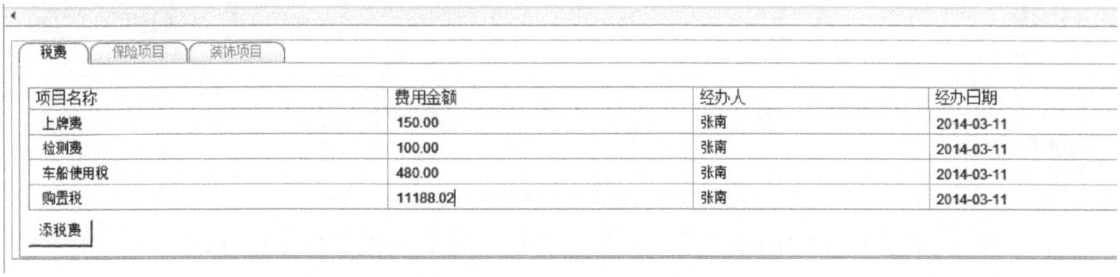

税费	保险项目	装饰项目		
项目名称		费用金额	经办人	经办日期
上牌费		150.00	张南	2014-03-11
检测费		100.00	张南	2014-03-11
车船使用税		480.00	张南	2014-03-11
购置税		11188.02	张南	2014-03-11
添税费				

图19-14 汽车缴纳的税费项目

第二步:录入保险项目费用(图19-15)。按照客户所选择的汽车保险组合,依次录入汽车保险险种名称及对应险种的保费、保险公司,仅以强制保险为例,还可以增加其他险种。

第三步:录入装饰项目费用(图19-16)。根据客户购车时选定或增加的汽车装饰项目名称依次录入到"装饰项目"栏内,可以通过"添装饰"按键增加装饰项目,输入项目的装饰费用。

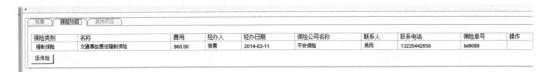

税费 | 保险项目 | 装饰项目

保险类别	名称	费用	经办人	经办日期	保险公司名称	联系人	联系电话	保险单号	操作
强制保险	交通事故责任强制保险	960.00	张南	2014-03-11	平安保险	吴雨	13235442658	bx9099	

添保险

图 19-15　汽车保险案例

税费 | 保险项目 | 装饰项目

项目名称	费用金额	经办人	经办日期	操作
装真皮座椅	3000.00	张南	2014-03-12	

添装饰

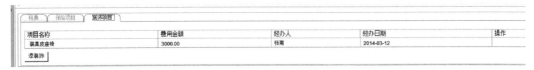

图 19-16　汽车装饰项目

(2)汽车收款单操作。按照客户姓名或客户号或业务单号调取客户信息,根据客户预付订金情况和购车价格计算应付购车余款,客户选择付款方式,收纳购车余款,注明收款日期和收款人,开具增值税发票单据证明。

第一步:根据客户姓名或客户号或业务单号调取客户信息(图 19-17)。

业务单号		
QMXS20141222-0001		
客户号	联系人	客户名称
KH00014	刘明	刘明
收款日期	交款方式	
2014-03-10	现金	

图 19-17　调取客户信息

第二步:确认客户购车应收合计金额及交款方式,录入收款日期(图 19-18)。收款日期和交款方式可以通过单击下拉菜单中选取客户交款的具体方式。

KH00014	刘明
收款日期	交款方式
2014-03-10	现金
摘要	
车款金额	已收订金
146778.02	3000.00
应收合计金额(= 车款金额 - 已收订金)	
143778.02	

图 19-18　应收合计金额及交款方式

第三步:收款及打印增值税发票,录入发票号及收款人姓名(图 19-19)。

(3)汽车交车单操作。按照交车单及其他单据材料,将交车人、交车日期、车辆基本信息、车主信息、维护里程的顺序依次录入至对应系统项目栏内。

第一步:根据客户姓名或客户号或业务单号调取客户信息,录入交车人、交车日期(图 19-20)。

第二步:调取车辆基本信息核对(图 19-21)。将所提车辆信息与客户所购车型进行核对,确认无误后,补充登记车辆的其他信息,比如钥匙号。

第三步:补充车主信息。补充保修卡号、车牌号信息(图 19-22)。

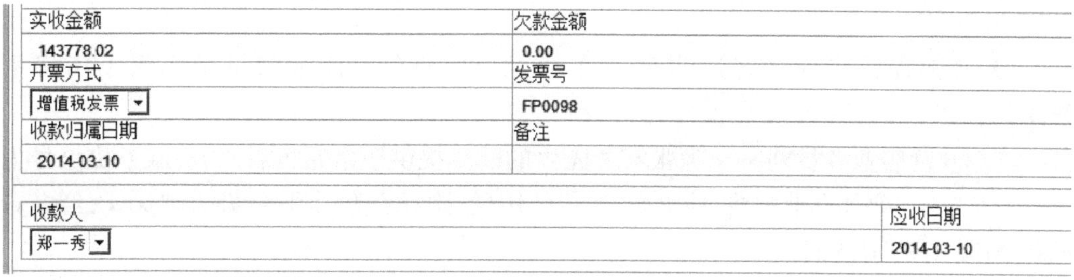

项目九　汽车销售系统

图 19-19　收款操作内容

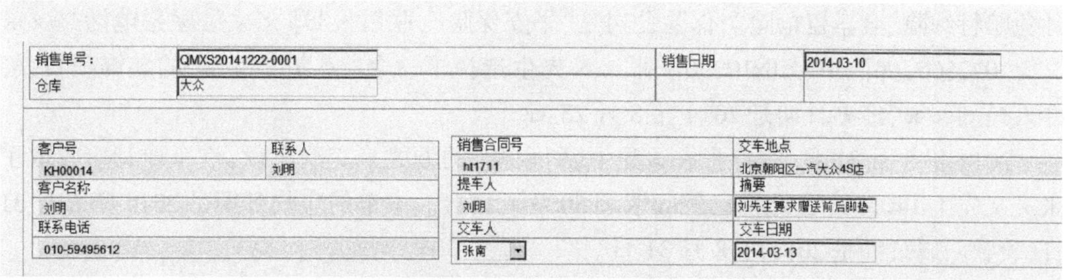

图 19-20　录入交车人、日期

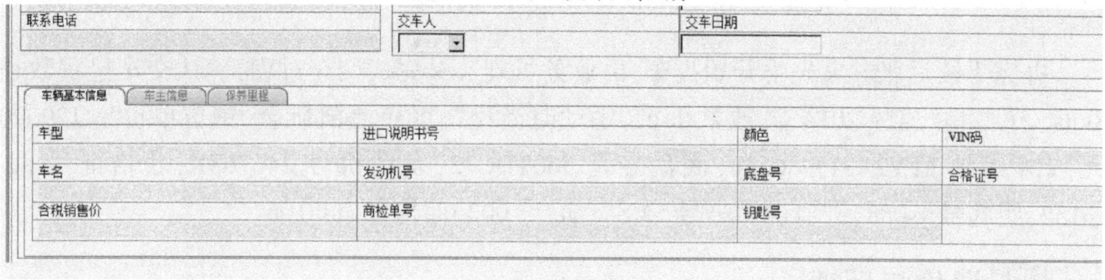

图 19-21　车辆基本信息

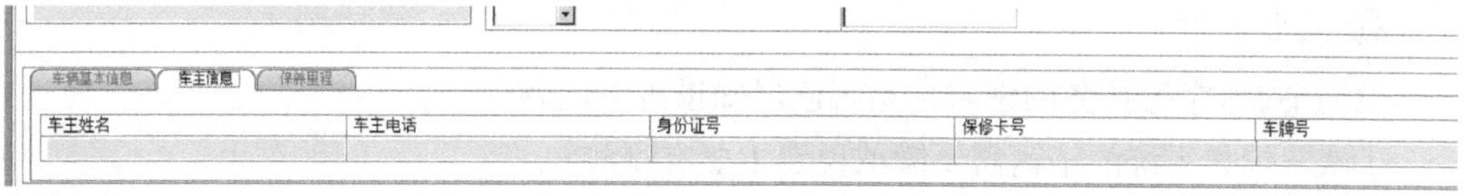

图 19-22　车主信息

第四步：录入维护里程（图 19-23）。依次录入首保里程、二保里程、交车里程，其中交车里程必须填写。

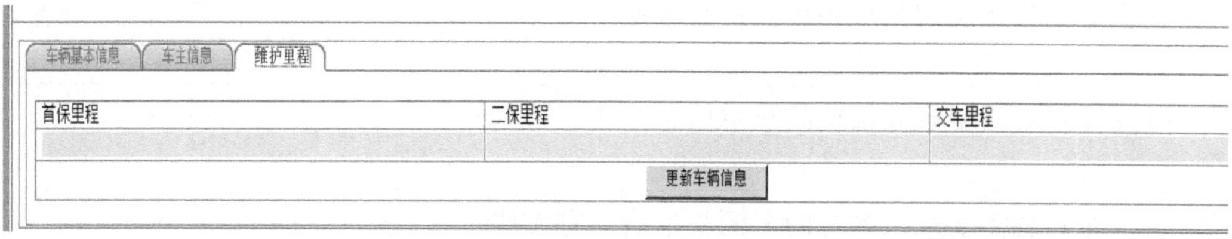

图 19-23　车辆维护里程

三　学习拓展

（1）请在下面销售信息里找出客户的购车一条龙、收款、交车方面的主要有用信息，并用横线标注。

(2)按照操作步骤将客户购车一条龙、收款、交车等详细信息录入汽车销售系统中。

汽车专营店业务员刘××为张××先生的购车提供一条龙售后服务,服务协议号为"fw10786"。需要代办上牌费、检测费、车船使用税、购置税等项目,经办人刘××,经办日期是2014年8月25日。

客户选定的汽车保险项目是"交通事故责任强制保险、车辆损失险、第三者责任险、不计免赔特约险、全车盗抢险",保险公司是"平安保险",联系人"郑××",联系电话是×××1022666,保险单号bx10256。张××先生选择了一个"装真皮座椅"的装饰项目,经办人是刘××,经办日期是2014年8月25日。

2014年8月31日,客户张××先生以"现金"的方式来交购车款,汽车专营店收取了张××先生140650元,之前已经收取了5000元订金。本单的应收日期是2014年8月31日,收款归属日期是2014年8月31日。

发票为增值税发票,发票号为"FP10035",由会计"郑××"进行收款,没有任何摘要和备注。

办完手续后张××先生开始提车,由业务员刘××完成交车过程,确认交车里程数是8km。车型是"速腾2014款 改款1.6L 手动时尚型",颜色是凯旋金,销售单价是129000元,VIN码是LFV2A21J986612,底盘号是560TDG72,发动机号246768K,合格证号hg-zh152,钥匙号ys088,进口说明书号SMS__gef__003,商检号sjdh106。

四 评价与反馈

1 自我评价

(1)通过本学习任务的学习你是否已经知道以下问题:

①汽车销售系统的车辆需要缴纳税费主要有哪些?
_____。

②汽车销售系统的汽车保险项目有哪些?
_____。

③汽车销售系统的汽车装饰项目有哪些?
_____。

④交车过程需要录入系统的车主信息主要有哪些?
_____。

⑤交车过程需要录入系统的车辆基本信息有哪些?
_____。

(2)实训过程完成情况如何?
_____。

最困难的是_____,最容易出错的是_____。

(3)通过本学习任务的学习,你认为自己的知识和技能还有哪些欠缺?

_____

_____

_____。

签名:_____   ___年__月__日

❷ 小组评价(表19-1)

小 组 评 价 表   表19-1

序 号	评 价 项 目	评 价 情 况
1	着装是否符合要求	
2	是否能合理规范地使用仪器和设备	
3	是否按照安全和规范的流程操作	
4	是否遵守学习、实训场地的规章制度	
5	是否能保持学习、实训场地整洁	
6	团结协作情况	

参与评价的同学签名:_____   ___年__月__日

❸ 教师评价

_____

_____。

教师签名:_____   ___年__月__日

五 技能考核标准(表19-2)

技能考核标准表   表19-2

序号	操作内容	规定分	评分标准	得 分
1	车辆税费项目费用	10分	记录信息是否全面	
2	保险项目费用	10分	记录信息是否全面	
3	装饰项目费用	10分	记录信息是否全面	
4	填写收款日期、收款人	10分	是否填写正确	
5	付款方式	10分	是否正确选择	
6	开票方式	10分	是否正确选择	
7	填写交车人和日期	10分	是否填写	
8	录入车辆基本信息	10分	是否填写全面正确	
9	录入车主信息	10分	是否填写	
10	录入维护里程	10分	是否填写正确	
	总分	100分		

参考文献

[1] 李刚.汽车及配件营销实训[M].北京:北京理工大学出版社,2009.
[2] 高玉民.汽车特约销售服务站营销策略[M].2版.北京:机械工业出版社,2006.
[3] 顾燕庆,朱小燕.汽车销售顾问[M].北京:机械工业出版社,2012.
[4] 程戈,刘新江.汽车销售实务[M].北京:人民交通出版社,2013.